教育部人文社会科学研究规划基金西部和边疆地区项目（No.16XJA910001）
兰州财经大学科研创新团队（环境经济统计与分析）支持计划 资助

中国供给侧结构性改革中省际创新能力的测度与综合评价

ZHONGGUO GONGJICE JIEGOUXING GAIGE ZHONG SHENGJI CHUANGXIN NENGLI DE CEDU YU ZONGHE PINGJIA

马 蓉／著

中国财经出版传媒集团

图书在版编目（CIP）数据

中国供给侧结构性改革中省际创新能力的测度与综合评价／马蓉著．—北京：经济科学出版社，2020.12
ISBN 978-7-5218-2169-7

Ⅰ.①中… Ⅱ.①马… Ⅲ.①中国经济-经济改革-研究②国家创新系统-研究 Ⅳ.①F12②F204③G322.0

中国版本图书馆CIP数据核字（2020）第245908号

责任编辑：杜 鹏 刘 悦
责任校对：蒋子明
责任印制：王世伟

中国供给侧结构性改革中省际创新能力的测度与综合评价
马 蓉/著
经济科学出版社出版、发行 新华书店经销
社址：北京市海淀区阜成路甲28号 邮编：100142
编辑部电话：010-88191441 发行部电话：010-88191522
网址：www.esp.com.cn
电子邮箱：esp_bj@163.com
天猫网店：经济科学出版社旗舰店
网址：http://jjkxcbs.tmall.com
固安华明印业有限公司印装
710×1000 16开 13.5印张 210000字
2020年12月第1版 2020年12月第1次印刷
ISBN 978-7-5218-2169-7 定价：68.00元

前　言

1978年改革开放以来，中国经济依赖大量要素投入驱动模式历经了自20世纪90年代起近20年的快速增长，然而2008年受全球金融危机冲击和国际经济格局调整的影响，经济开始出现产能过剩、结构性失衡，再加上人口红利和土地资源禀赋优势日渐丧失以及环境污染等一系列条件变化，依赖资本要素、劳动要素的大量投入驱动经济的增长方式难以为继。为协调经济持续发展，2015年党中央提出在适度扩大总需求的同时，着力加强供给侧结构性改革，着力提高供给体系质量和效率，增强经济持续增长动力，推动我国生产力水平实现整体跃升。以供给侧结构性改革为主线，推动经济发展质量变革、效率变革、动力变革，提高全要素生产率，将供给侧结构性改革明确表述为在“建设强国”新时代过程中构建现代化经济体系的主线。通过供给侧要素改革提高增长质量，由扩大要素投入驱动转向创新驱动经济增长。值此经济发展方式转变、增长动力转换、经济结构优化的特殊时期，技术进步则成为解放和发展生产力、推动经济增长最为核心的驱动力，是建设我国现代化经济体系的战略支撑。

联合国经合组织（OECD）基于技术来源视角，将技术进步界定为技术发明、技术创新和技术扩散三种要素互相重叠、相互作用的综合过程。技术发明是一个技术范畴的概念，强调的是一定范围内首创的技术，体现的是崭新的发明创造；技术创新则是经济范畴的概念，它是出于盈利目的，把已有的技术发明引入应用领域，形成一种新的生产能力；技术扩散则将新技术、新创新实现发达国家之间或由发达国家向技术落后国家的扩散。从经济意义上讲，技术发明是全盘否定后的全新创造，它仅仅是技术创新过程中的中间环节，技术创新更强调的是“螺旋式上升”地更新，技术扩散则是打破技术空间的约束，我国自改革开放以来，通过国际贸易和外商直接投资等渠道实现了对技术领先国家的技术跟随，目前技术扩散的跟随空间已越来越小。因此，在目前资源环境约束条件下，深化供给侧结构性改革是实现创新发展的重要决策。首先，内生增长理论是通过供给侧结构性改革实现创新发展的理论基础，它强调技术进步因素对增长的内生驱动作用；其次，技术创新是当前中国技术进步的核心内容；再其次，区域发展不均衡是我国的基本国情，如何推动落后地区的技术效率提升与技术创新，是促进我国经济全面协调发展最为紧迫的关键问题；最后，从管理体制上看，打破以往单一追求 GDP 的政绩考核评价体系，尽快建立以新发展理念为指导，供给侧结构性改革为主线，实现更高质量、更高效率、更公平、可持续发展的社会经济发展为目标的政府绩效评价体系势在必行，其中创新能力的测度与评价则是政府绩效评价体系的核心。鉴于此，本书提出构建一个以内生增长理论为分析框架的技术创新能力指标体系，展开省际创新能力测度与综合评价研究，对推动中国供给侧结构性改革，实现中国经济增长模式转换有着重要的理论意义和现实应用价值。

本书构建的中国省际创新能力测评体系不是对国家创新系统理论、区域创新能力及企业创新能力测度理论的简单综合，而是结合中国供给侧结构性改革实践，将内生增长理论分析逻辑纳入国家创新系统、区域创新系统以及企业创新过程体系中，是对创新测度理论的延展和补充。进行我国省际创新能力的测度与综合评价，有助于认识各省份创新能力的相对比较优势，发掘其创新潜能；有助于找出影响各地区创新能力的主要因素，并有针对性地提出提升地区创新能力的对策建议，促进地区经济增长与经济发展。更重要的是它打破了以往单一追求 GDP 增速的政绩考核评价体系，以此作为经济新常态下高质量、可持续发展的社会经济发展综合评价体系的核心组成部分，成为政府及管理部门的核心考核指标，为我国创新政策制定提供可靠的数据支撑，并以此作为市场调节信号，充分发挥市场经济自我调节作用，实现创新对经济增长的内生驱动作用。

本书主要包括六个方面的内容。

第一，供给侧结构性改革中我国省际创新能力测度与综合评价问题研究的背景。

第二，内生增长理论作为研究的理论基础。将创新理论、宇泽—卢卡斯两部门内生增长模型以及技术扩散理论作为省级创新能力测度与评价指标体系构架的理论基础。

第三，我国省际创新能力指标体系的构建。本书在对创新能力含义及其影响因素分析的基础上构建了我国省际创新能力指标体系，涉及4个一级评价指标、11个二级指标、19个三级指标、33个四级指标。

第四，我国省际创新能力的测度。基于内生增长理论框架下构建的指标体系，依次对我国各个省份的技术创新环境支撑、高技术产业创新引领作用、企业技术效率与创新发展、技术扩散能力展开测度。

第五，我国省际创新能力的综合评价。运用熵权－TOPSIS法测算我国各省份创新能力综合评价得分及排名，以此作为省际创新能力的评价依据，成为政府及管理部门的核心考核指标，也成为技术创新政策制定的依据，并以此作为市场调节信号，实现技术创新对增长的内生驱动作用。

第六，对策与建议。在分析综合评价得分基础上，针对中国省际创新能力的提升提出相应的对策建议。

本书的主要观点及特色有以下五个方面。

第一，辨析中国经济新常态下供给侧结构性改革同经典内生增长理论之间的关系，得出在既有环境资源约束条件下，推进供给侧结构性改革是实现创新发展的重要决策，内生增长理论是其分析逻辑关系的理论本质。

第二，从经济理论基础研究方面来看，在我国供给侧结构性改革视角下，提出以内生增长理论为研究的核心理论基础，具体以创新理论、宇泽—卢卡斯两部门内生增长模型以及技术扩散理论三个基本理论构架作为我国省际创新能力指标体系构建的理论基础。其中以宇泽—卢卡斯两部门经济增长模型作为省际人力资本和物质资本生产的两个环境支撑的测度理论基础。

第三，从统计测度研究方面来看，本书首先在上述理论的基础上构建了中国省际创新能力测度指标体系；其次对该指标体系中相应各级分级指标展开测度及数据收集，并运用熵权 - TOPSIS 法对我国省际创新能力的综合评价得分进行测度。

第四，从经验分析研究视角来看，本书运用了计量分析方法、数据包络分析方法等对我国 2017 年省际创新能力及相应分级指标进行了测度和经验分析，并得出以下经验分析结论。①在我国省际创新能力的四个影响因素中技术扩散能力得分是最高的，然后为企业技术效率和创新发展，位居第三的是高技术产业的创新引领，而创新环境支撑作用则为最低。②尽管企业技术效率与创新发展对省际创新能力的贡献居于第二位，但其创新能力水平较低，没有真正起到核心主体的作用，而且其创新发展主要依赖于外部获取技术、企业外部研发力量，企业内部研发投入作用相对较小。③高技术产业没有很好地起到创新引领作用，引领示范效应水平低，其创新过度依赖于国家级高新区企业的创新。④创新环境支撑在省际创新能力总体评价中是水平最低的因素，并且物质生产部门技术效率远高于人力资本技术效率。⑤各省份创新能力综合评价排名与一级指标技术扩散能力、企业技术效率与创新发展评价的排名完全一致：第一层级为广东、上海；第二层级为江苏、北京、天津；第三层级为山东、广西、浙江、河南、吉林、重庆、福建、湖南、河北、湖北、四川 11 个省份；第四层级为安徽、辽宁、陕西、甘肃、江西、贵州、宁夏 7 个省份；第五层级为山西、云南、内蒙古、黑龙江和新疆 5 个省份。

第五，将本书的研究成果“中国供给侧结构性改革中省际创新能力测评体系”作为新常态高质量经济发展的综合评价体系核心组成部分，纳入政府管理部门考核体系，是本书研究的现实实践意义所在。

本书为 2016 年度教育部人文社会科学研究规划基金西部和边疆地区项目《中国供给侧结构性改革中省际创新能力的测度与综合评价》（No. 16XJA910001）的最终成果。本书力求全面、客观、前瞻地开展相关研究工作，在理论和实践两个层面形成相应的研究框架、分析逻辑、结论建议，以期较好地实现最初设定的研究目标。

本书最终的出版不仅得益于笔者近年来的研究积累，更得益于各位专家、同仁和学术研究团队成员的创新努力和大力支持。感谢我的导师天津财经大学肖红叶教授和师兄河北大学顾六宝教授这两位专家的智慧和无私的帮助，在我项目申报选题方面给予了宝贵的指导意见和启发。感谢我的硕士生赵杉杉、赵向荣、胡亚玲、董晓锦、庞茹娜、马昊和张明旭的辛勤工作，他们在前期文献收集整理、模型推导、原始数据收集整理以及后期书稿校对等方面做出了大量的基础性工作，在此一并表示感谢。

鉴于笔者水平和能力所限，书中难免存在不当、错误和疏漏之处，恳请各位专家和广大读者批评指正。

马　蓉
2020 年 11 月

Contents

目录

第 1 章
绪　论

1.1　问题的提出

1.1.1　研究背景

改革开放以来，我国依靠大量要素投入驱动经济，尤其是在 20 世纪 90 年代初期至 21 世纪初期，我国经济得到快速增长。2008 年受金融危机冲击，我国市场需求规模与结构发生较大变化，出现产能过剩、结构性失衡，加之伴随着中国人口红利衰减、土地资源等发展禀赋优势丧失、环境污染、国际经济格局调整等一系列深刻变化，中国依赖资本要素、劳动要素的大量投入驱动经济增长方式难以为继。

为协调经济持续发展，2015 年 11 月习近平总书记在中央财经领导小组会议提出："在适度扩大总需求的同时，着力加强供给侧结构性改革，着力提高供给体系质量和效率，增强经济持续增长动力，推动我国社会生产力水平实现整体跃升。"2017 年 10 月党的十九大报告指出："我国经济已由高速增长阶段转向高质量发展阶段，正处在转变发展方式、优化经济结构、转换增长动力的攻关期，建设现代化经济体系是跨越关口的迫切要求和我国发展的战略目标。必须坚持质量第一、效率优先，以供给侧结构性改革为主线，推动经济发展质量变革、效率变革、动力变革，提高全要素生产率。”把供给侧结构性改革明确表述为在“建设强国”新时代我国构建现代化经济体系的主线。供给侧结构性改革实际上是要通过供给侧要素改革提高增长质量，由扩大要素投入驱动转向创新驱动经济增长。

在我国经济由高速增长阶段转向高质量发展阶段，值此经济发展方式转变、增长动力转换、经济结构优化的特殊时期，技术进步则成为解放和发展生产力、推动经济增长最为核心的驱动力，是建设我国现代化经济体系的战略支撑。实现要素供给质量提升及配置效率提高、激发微观主体创新能力、调整产业结构、实现产业升级，这成为实现经济由高速增长向高质量发展转型的重要路径。

1.1.2 研究意义

针对新常态下我国经济面临增长下行压力、资源环境约束趋紧、经济结构调整以及增长动力转换等问题，党的十八大以来以习近平同志为核心的党中央带领全党全国各族人民，直面经济社会发展的主要矛盾和挑战，明确提出创新、协调、绿色、开放、共享的发展理念，并以此来认识、把握和引领经济发展新常态，以供给侧结构性改革为主线推动中国经济实现持续稳定发展。

在资源环境约束条件下，深化供给侧结构性改革是实现创新发展的重要决策。首先，内生增长理论是通过供给侧结构性改革实现创新发展的理论基础，它强调技术进步因素对经济增长的内生驱动作用。其次，技术创新是当前中国技术进步的核心内容，而作为技术进步的另一个组成部分——技术扩散，自中国改革开放以来，通过国际贸易和外商直接投资等渠道，实现了对发达国家的技术跟随，目前跟随空间已越来越小。再其次，区域发展不均衡是我国的基本国情，如何解决好区域发展不平衡问题，推动落后地区的效率提升与经济增长，是促进我国经济全面协调可持续发展最为紧迫的关键问题。最后，从管理体制上看，打破以往单一追求 GDP 的政绩考核评价体系，尽快建立以新发展理念为指导，供给侧结构性改革为主线，实现更高质量、更高效率、更公平、可持续发展的社会经济发展为目标的政府绩效评价体系，势在必行，其中创新能力的测度与评价则是政府绩效评价体系的核心。鉴于此背景下，本书提出创建一套以内生增长理论为分析框架的技术创新能力指标体系，展开省际创新能力测度与综合评价的研究，对推动中国供给侧改革、实现中国经济增长模式转换有着重要的理论意义和现实应用价值。

1.1.2.1 研究的理论意义

本书展开的“中国供给侧结构性改革中省际创新能力的测度与综合评价”问题研究，在借鉴了国家创新系统理论、区域创新能力及企业创新能力测度理论基础上，基于中国供给侧改革背景下，以内生增长理论为研究框架而创建的中国省际创新能力测评体系，这并非是对国家创新系统理论与区域创新能力及企业创新能力测度理论的简单综合，而是将内生增长理论分析逻辑纳入国家创新系统、区域创新系统以及企业创新过程分析体系中，是对创新测度理论的延展和补充。

1.1.2.2 研究的应用价值

展开省际技术创新能力测度与综合评价，有助于认识各省市技术创新能力方面的优势、劣势，发掘其科技创新的潜能；有助于找出影响该地区技术创新能力的主要因素，并有针对性地提出提升各个地区技术创新能力的对策建议，促进地区经济增长与经济发展。更重要的是它打破了以往单一追求国内生产总值（GDP）增速的政绩考核评价体系，以供给侧结构性改革中省际创新能力综合评价结果作为经济新常态下，高质量发展、可持续发展的社会经济发展综合评价体系核心组成部分，成为政府及管理部门的核心考核指标，为我国创新政策制定提供可靠的数据支撑，并以此作为市场调节信号，充分发挥市场经济自我调节作用，实现创新对经济增长的内生驱动作用。

1.1.3 研究目的

基于中国供给侧结构性改革背景下，本书选择内生增长理论作为基本的理论分析框架，展开省际创新能力的测度与综合评价研究，其中以宇泽—卢卡斯两部门内生增长模型为基础，将物质产品部门生产率、教育部门生产率作为技术创新环境支撑；以高技术产业的创新作为引领；以基于产出—效率视角的企业技术效率和创新发展指标作为企业创新能力的体现；将技术市场交易、引入技术各项费用、高技术产品进出口贸易等指标作为技术扩散能力的体现，运用熵权 - TOPSIS 法得到我国各省市创新能力综合评价得分及排名，以此作为省际创新能力的评价依据，形成新常态下社会经济发展综合评价体系的主要组成部分，成为政府及管理部门的核心考核指标，为我国技术创新政策制定提供可靠的数据支撑，并以此作为市场调节信号，充分发挥市场经济自我调节作用，实现技术创新对增长的内生驱动作用。

1.2 研究思路与研究内容

1.2.1 研究思路

本书研究的主题是供给侧结构性改革背景下中国省际创新能力的测度与综合评价，研究的核心内容是省际创新能力的测度与评价，具体围绕六个问题展开研究：一是，供给侧结构性改革这一研究背景；二是，内生增长理论作为研究的理论基础；三是，省际创新能力指标体系的构建；四是，省际创新能力的测度，围绕基于内生增长理论下构建的指标体系依次展开测度，包括创新环境支撑、高技术产业创新引领作用、企业技术效率与创新发展、技术扩散能力四个模块的测度；五是，省际创新能力的综合评价；六是，在综合评价结论基础上，对中国省际创新能力问题提出对策与建议。具体研究技术路线如图1－1所示。

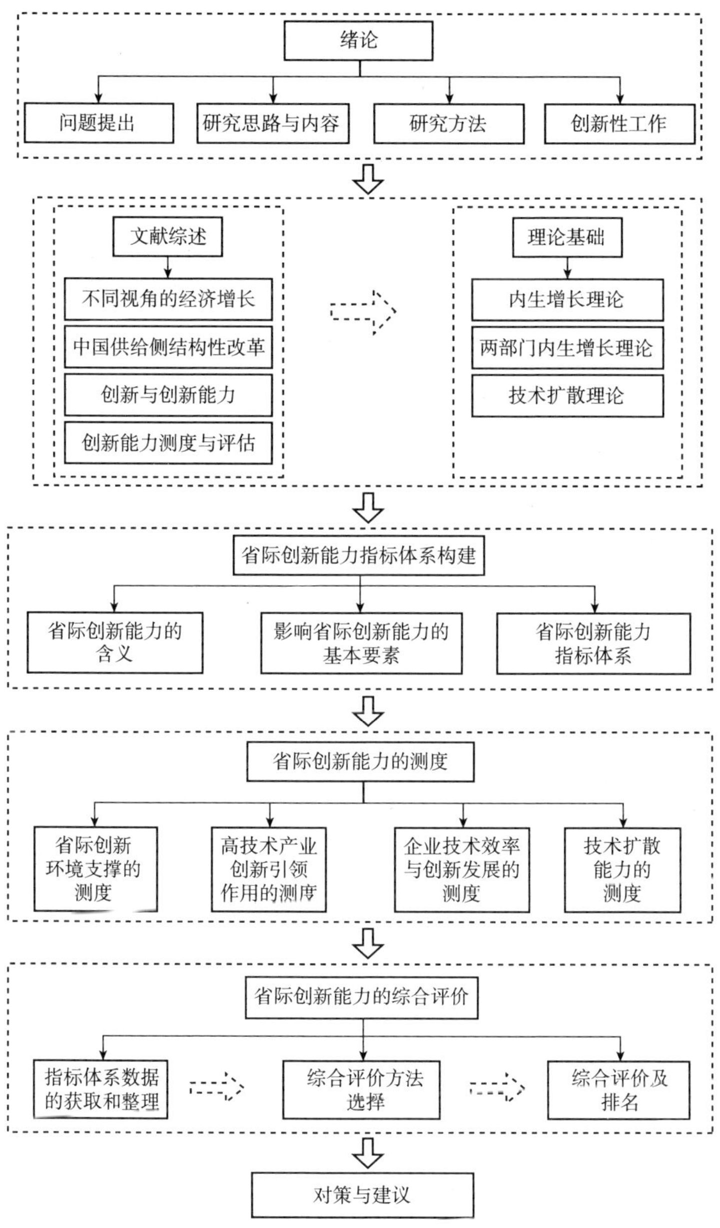

图1－1　研究的技术路线

1.2.2 研究内容

根据研究思路和技术路线，全书共分为10章，各章节内容简介如下。

第1章 绪论。阐述本书的研究背景、理论意义与实际应用价值、研究目的，研究思路与内容框架，研究方法以及可能的创新性工作。

第2章 基本概念界定与相关研究文献综述。该部分从供给侧和需求侧两种不同视角阐述了经济增长的影响机制；同时通过对中国供给侧结构性改革的提出背景、目标和措施的梳理，提出技术进步是供给侧结构性改革的关键；并进一步阐述了国内外学者们对于创新理论、创新能力的概念界定及分类；并在此基础上对创新能力测度指标体系及综合评价做出相关综述。

第3章 供给侧结构性改革实现创新发展的理论基础。总结了供给侧结构性改革实现创新发展的理论基础，并以此作为供给侧结构性改革中省际创新能力测度与评估工作的理论基础。主要有内生增长理论、两部门内生增长理论、技术扩散理论。

第4章 省际创新能力评价指标体系的构建。在对中国省际创新能力的内涵做出界定的基础上，找出影响区域创新能力的基本要素——区域创新环境、创新主体、高新技术的引领作用和技术扩散能力四个方面，然后构建适合我国的省际技术创新能力评价指标体系。

第5章 省际创新环境支撑的测度。以宇泽—卢卡斯两部门内生增长理论为基础展开对物质生产部门和人力资本生产部门生产率的测度，并以此作为省际创新环境支撑的测度。

第6章 高技术产业创新引领作用的测度。创新能力是保持区域经济相对竞争优势、实现区域经济持续发展的关键，而高技术产业作为带动产业发展与经济效益的技术产业，是实现创新驱动发展战略的前沿阵地，因此，高技术产业创新能力的测度是省际创新能力评价体系中不可缺少的重要因素。

第7章 企业技术效率与创新发展的测度。企业技术创新是省际创新能力的主体，本章围绕企业技术效率水平及效率变动展开企业技术效率的测度，并通过企业创新调查的相关指标作为企业创新发展的测度。

第 8 章 技术扩散能力的测度。本章通过对技术市场（输出地、流向地）技术交易规模、引入技术等各项费用（技术引进、消化吸收、技术改造和购买国内技术）、高技术产品进出口贸易以及外商直接投资占比指标的测算，反映该地区技术扩散能力。

第 9 章 我国省际创新能力的综合评价。在构建创新能力指标体系的基础上，采集并汇总指标体系中指标数据，并运用熵权 - TOPSIS 法，利用 33 个指标对全国 28 个地区展开创新能力的综合评价。

第 10 章 结论与对策建议。根据省际创新能力测算与综合评价结论提出相应的对策建议。

1.3 研究方法

关于中国供给侧结构性改革中省际创新能力的测度与综合评价问题的研究方法分为三个层次。

（1）整体研究构架上看，运用了经济理论研究、统计测度与经验研究结合的研究方法。经济理论研究方面，在供给侧结构性改革背景下，提出以内生增长理论为研究基础，具体以创新理论、宇泽—卢卡斯两部门内生增长模型以及技术扩散理论三个理论基本构架作为我国省际创新能力指标体系构建的理论基础；统计测度主要包括省际创新能力指标体系的构建和指标体系中各级指标的测度，指标体系构建是建立在前述三个基本理论基础上。

（2）从中国省际创新能力的测度来看，主要包括创新环境支撑、高技术产业创新引领、企业技术效率和创新发展、技术扩散能力四个方面的测度。本书选择了基于内生增长理论分析框架的创新能力的测度，将物质生产部门全要素生产率、教育（研究）部门的生产率、高技术产业技术效率和国家级高新区企业效率为代表的创新引领、企业技术创新能力以及技术扩散能力置于内生增长的应用分析框架中展开统计测度，真正反映了技术创新对增长的内生驱动作用。

（3）在对中国省际创新能力测度与综合评价研究中，综合运用计量经济模型法、DEA 方法、DEA-Malmquist 指数方法、熵权 – TOPSIS 法综合评价方法。

1.4 创新性工作

本书研究的主题是基于内生增长理论完成供给侧结构性改革背景下中国省际创新能力的统计测度，因此，如何实现供给侧结构性改革、内生增长理论与技术创新能力测度和评价三者之间科学、合理地对接，这是本书研究的难点，也是研究工作的创新之处。

（1）辨析中国经济新常态下供给侧改革同内生增长理论之间的关系，得出在既有环境资源约束条件下，推进供给侧结构性改革是实现创新发展的重要举措，内生增长理论是其分析逻辑关系的理论本质。

（2）以内生增长理论为研究基础，将创新理论、宇泽—卢卡斯两部门内生增长模型及技术扩散理论与省际创新能力测度指标体系科学对接，构建了我国省际创新能力指标体系；并以此作为测度指标及方法选择的理论基础，这是作为测度环节的创新。

（3）将研究成果——中国供给侧结构性改革中省际创新能力测评体系，作为新常态高质量经济发展的综合评价体系核心组成部分，纳入政府管理部门考核体系的建议也是一项创新性的改革实践对策。

第 2 章
基本概念界定与相关研究文献综述

2.1　不同视角的经济增长

供给与需求是构成市场经济的两个重要方面，对供给侧和需求侧经济政策的运用应始于正确认识宏观经济运行规律在长期或中短期（动态或静态视角）两种不同时间视角、总量分析或结构分析两种不同空间视角分析的认识。无论是基于宏观经济总供给的中短期或长期变化视角，还是基于经济总量GDP的生产法和支出法核算视角，均能体现供给侧与需求侧两条路径对经济增长决定因素及其决定机制的研究。

2.1.1　经济增长的需求侧视角

凯恩斯的有效需求（不足）理论和总需求管理理论是基于中短期、相对静态分析框架，建立在实际增长率小于潜在增长率的经济基础上，依据需求侧视角通过财政政策和货币政策刺激有效需求，其政策目标是追逐潜在GDP的实现，实现充分就业。它所需要做到的是如何“分好蛋糕”，实现现有经济资源完全、有效地分配，从而达到经济增长向潜在增长的逼近。该分析框架将宏观经济运行结果量化为生产总量指标——国内生产总值（GDP），将GDP

支出法核算归结为消费、投资和净出口三个组成部分，其核算恒等式为：GDP =（C + G）+ I +（EX - IM），其中，所谓消费主要包含居民消费 C 和政府购买支出 G（政府消费）；投资为 I；（EX - IM）为净出口，它是出口与进口的差值。这就是我们常用的需求视角分析拉动经济增长的消费、投资和净出口“三驾马车”，在经济出现衰退、有效需求不足时政府运用扩张性财政政策和宽松货币政策来刺激经济，通过扩大这三个方面的需求拉动经济。相当长一段时期内中国宏观经济政策都采取的是凯恩斯有效需求拉动经济增长的政策。

2.1.2 经济增长的供给侧视角

供给对于经济的重要性最早可源自萨伊定律——“供给自动创造出等量的需求”，其理论意义在于分析市场上供给与需求的均衡是如何形成的，而非解决国民经济的宏观领域是需求还是供给决定了经济增长（李俊慧，2017）。20 世纪 80 年代美国总统里根、90 年代美国总统小布什推行的“供给经济学”是围绕减税政策推动经济增长，主要通过大幅度减税计划，结束对部分行业的竞争管制和削减社会福利等，其本质是以自由化和放松管制为主的结构性改革框架。萨伊的“供给创造需求”和凯恩斯的“需求决定供给”似乎是针锋相对的，其实两者的局限性主要体现在他们各自仅关注了供给和需求两者在市场经济运行中的静态平衡，而没有关注于两者的动态平衡，并且双方研究的落脚点均为总量分析，而非结构分析（许小年，2014）。

新常态下的中国经济不再是由需求数量决定的经济，而是由供给质量决定的经济。经济增长和发展的主要动力是供给侧的技术进步和要素效率提高。因此，以提高供给要素生产效率为目标的技术进步是中国推动经济持续增长的唯一动力。供给侧增长理论是基于长期、动态分析视角的增长理论分析框架，其目标是实现更大的潜在经济增长，其重点是如何做大潜在经济增长这块“蛋糕”。

我们可以用生产函数的一般表达式 Y = F（AK，BL）来表述供给侧视角的经济增长。Y 为潜在 GDP，K、L 分别为资本要素投入存量与劳动要素投入存量，A、B 分别为资本要素和劳动要素各自的生产效率，F 为资本与劳动参与生产的组织形式。当 A = B 时，则 Y = TFP · F（K，L）为希克斯中性生产函数，其中，TFP 为全要素生产率。从经济增长理论与实践来看，长期内推动潜在经济增长的主要因素有两个方面：第一是生产要素投入的增加，主要包括土地、劳动、资本等要素，这种要素存量增加推动经济增长为外延型经济增长，它存在边际收益递减情况；第二是技术进步因素，主要体现在技术（包括数据、人工智能、互联网技术）通过与资本、劳动的结合推动单要素生产效率提高，或通过组织、营销等方式推动全要素生产效率的提高实现潜在经济增长，这种方式被称为内涵的增长方式，它是通过技术进步抵消了要素投入的边际收益递减，从而实现潜在经济的长期持续增长。目前，新常态下中国经济追求的供给侧结构性改革则是由供给质量决定的经济增长为目标，其根本是技术进步推动潜在经济持续增长。

2.2 中国供给侧结构性改革

2.2.1 供给侧结构性改革的提出

国外学者认为，东亚经济增长难以持续的原因是其经济增长主要依靠要素投入的增加，而技术进步推动经济增长的贡献份额很低，改革开放以来中国经济增长的实践也证实了学者们的上述观点。尤其是在 20 世纪 90 年代初期至 2012 年这 20 多年间，中国宏观经济调控政策主要以需求侧经济政策为基础（纪念改革开放 40 周年系列选题研究中心，2016）。然而后期随着中国人口红利衰减、环境污染严重，国际经济格局调整等一系列深刻变化，中国依赖资本要素、劳动要素的大量投入驱动经济增长方式难以为继。2008 年受金融危机冲击，我国市场需求规模与结构发生很大变化，多个行业生产受到波及，引发产能过剩、结构性失衡等一系列问题。2006 年，被国务院列为产能过剩或潜在过剩行业有10个。[①] 2009年一季度国家统计局监测的24个行业中有19个行业存在不同程度产能过剩；同年第三季度产能过剩行业上升至21个（李杨，2009）。[②] 我国经济处于“经济增速的换挡期”“产业结构调整阵痛期”“前期刺激政策的消化期”三期叠加时期。2015年11月10日，习近平在中央财经领导小组会议提出，在适度扩大总需求的同时，着力加强供给侧结构性改革，着力提高供给体系质量和效率，增强经济持续增长动力，推动我国社会生产力水平实现整体跃升。2015年11月18日习近平在APEC会议上再次提出，推进经济结构性改革，使供给体系更适应需求结构的变化。

2.2.2 供给侧结构性改革的目标

针对我国粗放式发展模式不可持续；人口红利、土地资源等发展禀赋优势逐渐丧失，要素成本全面上扬；需求侧经济政策加剧产能过剩、供需结构失衡的发展现状，党中央为了协调经济持续发展提出了供给侧结构性改革。2017年10月党的十九大报告指出：“我国经济已由高速增长阶段转向高质量发展阶段，正处在转变发展方式、优化经济结构、转换增长动力的攻关期，建设现代化经济体系是跨越关口的迫切要求和我国发展的战略目标。必须坚持质量第一、效率优先，以供给侧结构性改革为主线，推动经济发展质量变革、效率变革、动力变革，提高全要素生产率。”[③] 基于中央财经小组会议供给侧结构性改革提出，以及党的十九大报告中供给侧经济性改革的关键作用的阐述，可以将供给侧结构性改革的目标分为三个层次。

第一层次，实现“三去一降一补”这一短期目标。即去产能以优化供给结构，去库存清除供给的冗余，去杠杆确保供给安全，降成本提升供给能力，补短板扩大有效供给。

---

① 2006年，国务院《关于加快推进产能过剩行业结构调整的通知》将10个行业列为产能过剩或潜在过剩行业。

② 李扬．于“2009年中国工业经济秋季运行形势报告会”上发言，2009－11－5。

③ 习近平．决胜全面建成小康社会夺取新时代中国特色社会主义伟大胜利［N］．人民日报，2017－10－19.

第二层次，基于增长动力这一长期目标，实现新旧动能转换。供给侧结构性改革实际上是要通过供给侧要素（资本、劳动、效率）的改革提高增长质量（杨瑞龙，2016）。由扩大要素投入驱动转向创新驱动经济增长，通过结构性改革让传统增长要素继续发挥作用的同时，培育新的增长要素，促进经济高质量发展，使得供需之间达到有效契合，满足人民对美好生活的需要。

第三层次，基于政府职能与市场关系的制度创新目标，深化政府“放管服”改革，加快转变政府职能，减少微观管理、直接干预，建设服务型政府，加强政府的宏观调控、市场监管和公共服务的职能，保证市场在资源配置中发挥决定作用，充分释放市场在配置资源过程中的活力。

2.2.3 供给侧结构性改革的措施

针对第一层次实现“三去一降一补”① 这一短期目标而言，供给侧结构性改革主要有四个方向的措施（沈坤荣，2016）。第一，通过完善退出机制、出清僵尸企业、深化国企改革、盘活国企存量资产、引导产业结构向中高端发展来化解过剩产能，优化产业结构。第二，通过结构性减税降低企业负担；确立有效的政府干预边界，放松政府管制，降低交易成本；深化金融体制改革，降低企业融资成本。第三，两个方面化解房地产库存：即深化户籍制度改革，加快农民工市民化，释放购房需求；增加公共品供给，提高居民购买力。第四，防范金融风险，稳步推进金融市场化和法制化，降低金融杠杆；加快信用体系建设，防范互联网金融风险。

针对第二层次实现新旧动能转换这一长期目标而言，供给侧结构性改革依托经济增长理论，其核心是通过技术创新而不再依靠劳动和资本的大规模、高强度的投入来提高全要素生产率（王一鸣，2015）。技术创新将决定“供给侧”改革的内涵、外延，因而应通过提升产业核心竞争力和全要素生产率来推进供给侧结构性改革（刘鹤，2015；巴曙松，2015；刘世锦，2019）。通过

① 摘自郎丽华，赵家章．中国经济二次转型与防范外部冲击——中国经济增长与周期（2016）高峰论坛（沈坤荣的观点）［J］．经济研究，2016（10）．

鼓励企业创新和结构升级，并降低企业税费负担等方式进行结构改革（潘建成，2019）。实际上是要通过供给侧要素——资本、劳动、要素效率的改革提高增长质量，提升经济增长的潜在空间。归根到底均落实到技术创新能力、人力资本水平以及全要素生产率的提高，最终实现要素规模驱动经济向创新驱动经济的新旧动能转变。

针对第三层次制度创新目标，滕泰（2015）、沈建光（2015）和陈宪（2015）等学者认为，供给侧改革是依托制度经济学理论为基础，对教育体制、财税体制、金融体制、国有企业和行政管理体制等进行改革。供给侧结构性改革的过程中尤为关键的问题是要处理好政府和市场的关系，如何在市场机制起决定作用条件下，更好地发挥政府作用。供给侧改革过程中既要发挥国有企业的主导作用，更要发挥非公有制企业、民营企业在市场中的作用。让政府在维护和服务方面发挥好的作用，提供各种所有制公平自由竞争的环境，只有这样才能同时处理好发展的逻辑和治理的逻辑，其关键是政府的定位必须恰当。习近平总书记强调，科学的宏观调控、有效的政府管理是发挥社会主义市场经济体制优势的内在要求。

总之，基于微观视角，通过降税、控制成本、投资三个渠道，提高经济体供给能力；基于宏观视角，通过技术创新及创新能力提升经济体（企业—产业—区域）核心竞争力和全要素生产率。

2.2.4 技术进步是供给侧结构性改革的关键

首先，我国经济面临的问题表现为实体经济结构性供需失衡、金融和实体经济失衡、房地产和实体经济失衡这三大失衡问题，其主要根源在于供给侧结构性失衡。采取总需求管理的政策失效，甚至会加剧失衡。[①] 其次，目前我国经济面临严峻经济下行压力和潜在通胀压力双重风险，经济下行深层动因在于供给侧结构性失衡，而且通胀压力主要源自因数量型“人口红利”日

① 中共中央文献研究室. 习近平关于社会主义经济建设论述摘编［M］. 北京：中央文献出版社，2017.

趋殆尽，劳动力成本不断上升；因资源环境约束日趋强化，土地和自然资源要素成本上涨，是成本推动型通胀，属于供给侧结构调整方面的问题。鉴于此，推进供给侧结构性改革是化解我国经济发展面临困难和矛盾的重大举措，也是培育增长新动力、形成先发优势、实现创新引领发展的必然选择。其核心是进一步解放和发展社会生产力，提高供给体系的质量和效率，使之能有效适应需求结构变化，实现由低水平供需平衡向高水平供需平衡跃升。①

由此可见，在我国经济由高速增长转向高质量发展阶段，值此经济发展方式转变、增长动力转换、经济结构优化的特殊时期，技术进步将成为解放和发展生产力、推动经济增长最为核心的驱动力，是建设现代化经济体系的战略支撑。实现要素供给质量提升及配置效率提高、激发微观主体创新能力、调整产业结构实现产业升级，是实现高速增长向高质量发展转型的重要路径。

技术进步可以通过与资本、劳动的结合推动单要素生产效率提高；可以通过投资方式将科技创新融入不同产业、不同行业，例如产业数字化、人工智能化及其在互联网平台或互联网网络中的应用；还可以通过组织、营销等渠道的科技创新推动全要素生产效率的提高，通过上述三种路径实现技术进步对潜在经济增长的驱动。

2.3 创新理论与创新能力

2.3.1 技术进步

技术进步即为技术的改善或提高，技术进步存在狭义和广义两种不同范畴的定义。一般来说，狭义技术进步仅指在生产工艺、中间投入品以及制造技能等方面的革新和改进，它包括旧设备改造、新设备采纳；旧工艺改进、新工艺采用；使用新的能源、原材料；对原来生产的产品进行改进，研究开

① 中共中央文献研究室．习近平关于社会主义经济建设论述摘编［M］．北京：中央文献出版社，2017.

发新产品；提高工人的劳动技能等。而广义的技术进步是指技术所涵盖的以各种形式存在的知识的积累与改进，它既包括对原有生产工艺、技能及中间投入品等技术的改进，还包含管理组织效率的提高、决策沟通机制的完备、融资渠道通畅、规模经济效益的获得以及生产要素使用效率的提高等方面。

联合国经合组织（OECD）1958 年于《科技政策概要》中界定了技术进步的经济含义，基于技术获得视角认为技术进步是技术发明、技术创新和技术扩散三种要素互相重叠、相互作用的综合过程。其中，技术发明是一个技术范畴的概念，强调的是一定范围内的“首创性”技术，体现的是崭新的发明创造。技术创新是一个经济范畴的概念，它是指出于盈利的目的，把已有的技术发明引入应用领域，形成一种新的生产能力。技术发明是全盘否定后的全新创造，它仅仅是技术创新过程中的中间环节，技术创新更强调的是“螺旋式上升”地更新改造。而技术扩散则是打破空间的约束，将新技术、新创新实现发达国家之间或由发达国家向技术落后国家的扩散。技术扩散可以是有意为之、付费的引进——技术转移；也可以是无意识地、“搭车”式地模仿——技术溢出。

2.3.2　创新理论

2.3.2.1　熊彼特的创新理论

约瑟夫·熊彼特（1912）首次将创新（innovation）一词引入经济学，提出以创新为核心的经济发展理论，将创新作为推动现代经济增长的核心动力。他认为创新是发明的第一次商业化应用，只有将发明引入生产体系才能作为创新。熊彼特从以下五个方面解释技术创新：一是新品的推出、质量的提高；二是新生产方法的采纳；三是新市场的开辟；四是原材料新供给来源的取得或控制；五是新的产业组织方式的获得或企业重组的实现。这是广义的创新界定，它既包括技术创新，又包括市场创新和组织创新。

熊彼特认为，创新先由敢于承担风险又有组织实干的个别有才能企业家组织并实施的，将一种发明应用于经济活动并成功实现了创新。创新只是蜂聚在某些时间而发生并发挥作用，并非是以一种连续方式分步发生，这种蜂聚使得创新具有群集性。

熊彼特创新理论强调创新是推动经济增长的内生因素，不断破坏旧的、创造新的经济结构。创新者或创新企业利用新技术、新方法，提高效率，获得超额垄断利润。而其他企业则通过各种方式渠道进行技术模仿，以分享创新所带来的超额利润。在已经创新的企业和模仿创新的企业的挑战之下，一些采用旧生产方式的企业为能在市场上得以生存而不得不去模仿创新的适应过程，这就会形成更大范围、更大规模的技术扩散，也就是技术创新的吸收与应用过程，即实现了技术进步。

2.3.2.2 单一范畴的创新理论

单一范畴的创新主要是指处于单一领域的创新，主要涉及技术创新、制度创新、管理创新和市场创新等，相应地便有这些单一范畴的创新理论。例如20世纪50年代以来，曼斯菲尔德、卡曼和施瓦茨、门斯等提出的技术创新理论，主要是立足于新古典学派的经济理论和创新理论的结合。20世纪70年代，新制度经济学家将制度因素纳入创新理论体系中形成了制度创新理论。它运用一般静态均衡和比较静态均衡方法分析研究制度因素。随着管理学理论在企业生存和发展中发挥的作用越来越突出，管理创新理论则逐步从制度创新理论中剥离开来。

彼得·德鲁克提出系统化的创新的观点，他认为创新包括技术创新、制度创新、管理创新、市场创新等，它不局限于具体的范围，而是一个复杂的系统，只有形成系统化的创新才能推动经济的发展，系统化的创新是经济增长的引擎，在该创新体系中更突出强调管理创新和市场创新。

2.3.2.3 国家创新体系理论

克里斯托夫·弗里曼（Christopher Freeman）运用创新投入和产出的历史数据的纵向比较讨论东亚对拉美国家的“技术追赶”问题，得到了技术扩散对经济结构的变革、贸易发展和就业有重大影响的结论，基于在20世纪80年代日本战后经济快速发展并成功实现技术追赶这一案例，提出了“国家创新系统”理论，强调政府的科学技术政策对技术创新起重要作用。

克里斯托夫·弗里曼认为，政府的科学技术政策才是对技术创新起最重要作用的因素。他提出三套科学技术政策：第一，政府政策以研发为长远考虑，注重扶持、资助和鼓励基础技术的发明与创新；第二，政策应用于基础创新产生之后，推动和促进基础创新的传播；第三，改善对外国先进技术的进口，并促进其在国内传播。即在其“科技政策鼓励支持技术创新，技术创新驱动经济增长，从而实现充分就业”的创新理论逻辑（科技政策→技术创新→经济增长→社会就业）中，政府的科技政策是根本因素，强调了制度环境对技术创新和经济的影响，因此，他强调国家创新体系的创建与完善则显得尤为重要。

弗里曼的国家创新体系理论探究国家应通过怎样的政策、建立何种机制来促进技术创新的发展。他按照技术创新对经济体系影响程度提出创新四分类法：第一类，渐进性创新（incremental innovation）是对现有产品和工艺进行不同程度的边际修改，这些改进来自“干中学”，并源自市场需求推动。许多持续的小创新不断完善和累积则会带来大的创新和巨大收益。第二类，激进性创新（radical innovation）是产生全新的产品和生产工艺，这些创新往往是企业、大学和科研院所潜心科研的结果，与渐进性创新相比，这类创新对经济体系的影响会更大，不过单个根本性创新对整个经济体系的影响仍然是局部的，除非是一系列根本性创新组合在一起促成全新的产业出现。第三类，“技术体系”的变革（change of technology system）是一系列相互关联的根本性创新和渐进创新的组合，甚至是相应的组织创新。例如，20 世纪 30 年代至 50 年代合成材料和石油化工的创新群的出现，加上喷射和挤压模具机械的发展，共同促成在建筑、包装、农业、纺织、石油、汽车、服装、玩具等行业的产品和生产工艺发生根本改变，从而改变了相应生产制度及消费模式，形成一个新的技术体系。第四类，“技术经济范式”的整体大规模变革（change of techno-economic paradigm），也就是技术范式的改变促成了整个经济体系做出相应重大、深刻的变化，即具有在经济体系中的渗透效应，即熊彼特的创造性破坏，例如蒸汽机、电力等在经济体系中的渗透效应。技术经济范式把技术范式和经济联系在一起，就是因为这种创新对经济体系的影响相当之大，不仅引起技术、工艺方式的改变，同时还伴随着企业的组织制度、管理制度和社会制度的创新，远非纯粹的技术创新。

此后伦德瓦尔等学者研究了国家创新体系的组成要素及其与企业、高校和科研机构等创新主体的关系，认为国家创新体系包括政府政策、教育与培训、非工业研究机构、企业的研发能力、产业机构状况五个方面。在对国家创新体系的研究方面，不仅有学界代表，还有一些国际组织参与其中，推动了国家创新体系理论的研究和发展。世界经济合作与发展组织（OECD）指出创新是不同创新主体和组织互动作用的过程，在国家层面和视角下，不同创新主体和组织在动态的创新过程中形成了国家创新体系。国家创新体系的核心内容是创新知识的循环过程，一方面各个创新主体在国家创新体系中各自发挥其功能性作用；另一方面整合起来的创新主体则协同促进创新知识在全社会的循环流转，进而推动经济社会的发展（周大亚，2013；李研，2014）。

2.3.2.4 区域创新体系理论

区域创新体系是国家创新体系的区域化体现。库克（Cooke，1992、1997）首次提出区域创新体系的概念，认为区域创新体系主要是指在地理上相对集中且相互作用的创新主体构成的区域性组织系统。区域创新体系是国家创新体系的组成部分，是国家创新体系在区域内的延伸，区域创新体系的创新目标和内容是国家创新体系在区域内的体现（王松等，2013）。企业、高校和研究机构的研发投入是区域创新体系发展的驱动器，研发投入要视地方知识生产和知识运用之间的合作程度而定，在构建区域创新体系上，知识生产和知识运用之间合作呈倒“U”形关系（Jiao，2016）。

2.3.3 创新能力

国内外学者将创新能力看作一种全面的、系统的，由多种因素共同构成的能力。创新能力的概念是由伯恩斯与史托克（Burns and Stalker，1961）提出，最初用来表示“组织成功采纳或实施新思想、新工艺以及新产品的能力”，而之后的众多文献对创新能力的诠释是基于国家创新能力、区域创新能力以及企业创新能力三个层面展开。正是因为存在对创新能力的多维度视角研究，导致不同文献对创新能力的定义不同，创新能力研究构成要素不同。

2.3.3.1 国家创新能力

波特（Porter，1999）将国家创新能力定义为“国家作为一个政治经济体长期推出商业化世界新技术的能力”；弗曼（Furman，2002）等定义为一个国家长期创造并商业化世界性新技术的能力，是国家源源不断形成商业化创新的潜力；江兵（2002）从政府干预、创新机制、科技与经济结合、产品竞争力等方面界定并评估国家创新能力。

2.3.3.2 区域创新能力

区域创新体系是国家创新体系的区域化体现，具有显著的空间差异性，受区域特征影响。国外关于区域创新能力评价基本都是以国家创新能力体系为主。而国内学者对区域创新能力研究相对较晚，始于 2000 年，将区域创新能力界定为区域内的创新主体依托创新资源与环境，通过创新活动推动区域社会经济发展的能力。对区域创新能力概念界定主要分为两类：一类是将其看作区域知识和技术发展的综合反映、潜在能力。或是基于创新网络理论将其定义为包括地区政府科技投入、企业创新能力、创新环境等因素在内的网络集结能力（中国科技发展战略研究小组，2003）；或是基于创新系统理论将其定义为区域内创新主体运用创新资源、协调与推动区域创新活动的能力（白嘉，2012）。另一类是突出强调创新的某一特征，而并非全面反映区域创新能力的内涵而提出的区域创新能力的界定。或是突出政策环境作用（詹湘东，2008）；或是体现创新目的（瞿辉、闫霏，2019）；或是突出强调技术创新的地位（张群等，2013）；或是强调创新转换为竞争优势的动态能力（韩春花、佟泽华，2016）。

2.3.3.3 企业创新能力

企业的创新能力是基于企业技术创新行为主体、创新过程、技术能力、技术创新资源要素等多个视角描述的。拉尔（Lall，1992）将其定义为“企业有效吸收、掌握和改进现有技术，并创造新技术所需要技能和知识的能力”；特罗特（Trott，1998）则定义为“企业创造创新产出的潜力”。魏江、许庆瑞（1995）认为企业创新能力是企业创新决策、研发、生产、营销、组织的能力。

2.4 创新能力测度与评估的文献综述

通过国内外相关文献的研究，创新能力按测度主体不同区分为国家、区域（或产业）和企业三个层次，其中大量研究集中在国家和企业两个宏、微观层面，而仅就测度指标体系及方法来看，国家层面与区域（或产业）层面的研究没有明显的差异，测度指标的选取分为多指标体系和单指标两种类型。

2.4.1 测度指标体系

2.4.1.1 国家创新能力测度

弗里曼（Freeman，1995）、尼尔森（Nelson，1993）等创新经济学家基于系统论视角提出了国家创新系统理论框架（NIS），它不仅重视科技在经济系统中的驱动作用，还关注技术与知识的产生、转移、消化与应用等创新活动运行过程，因此，创新被划分为产品创新、工艺创新、组织创新、市场创新和创新环境。

目前国际官方公布的国家创新能力评价体系有：INSEAD 开发的全球创新指数（GII）、欧盟开发的欧洲创新计分板（EIS）和全球创新记分牌（GIS）、经合组织 OECD 开发的科技工业记分牌（STI）、联合国开发计划署开发的技术成就指数（TAI）、联合国贸发会开发的创新能力指数（ICI）、联合国工业发展组织开发的产业竞争力绩效指数（CIP）、世界经济论坛开发的创新能力指数（ICI）、世界银行开发的知识经济指数（KEI）等。而国内较为权威的评价体系是中国科学技术发展战略研究院自 2011 年开始发布的国家创新指数。

2.4.1.2 区域创新能力的测度

区域创新体系是国家创新体系的区域化体现，因而国外相关文献主要采用的国家创新能力的测度与评价。而国内学者对区域创新能力研究相对较晚，始于2000年，它是一定的经济行政区域范围内，相关创新主体（政府、企业、高校、科研机构、科技中介机构、金融机构等）通过对各种创新资源（主要包括人才、资金、技术、信息等）进行整合，将知识转化为新的产品和工艺或者新服务的能力。区域创新能力并不是单一主体或单一路径的作用结果，而是由多主体参与形成知识创造、知识获取和转化、企业创新、创新环境和创新绩效协同互动的系统性行为（李涛，2016）。

梳理国内区域创新能力测度的相关文献，按照区域范畴不同分为地区创新能力、省际创新能力、城市创新能力和产业园创新能力的测度与评估问题研究。从研究主题指标体系构建的效果来看，由于区域范畴大小不同，其涉及创新特点范围也不同，因而在构建指标体系层级和最终指标数据量方面差别较大。一般而言，指标层级数量及指标数量与区域界定范围大小呈正比例变化。

省际创新能力指标体系构建，有来自《中国区域创新能力评价报告》，它从创新实力、创新效率、创新潜力三个角度构建了包括知识创造、知识获取、企业创新、创新环境和创新绩效在内的五个维度、137项四级指标（魏巍，2019）；也有文献按照系统性、可观察性、可比性原则，构建了包括创新投入、创新产出、创新环境在内的三个维度、18项二级指标（易平涛等，2016）。

城市创新能力指标体系构建，有李妃养等（2018）构建的包括创新投入、协调创新、创新环境、创新产出在内的四个维度、19项二级指标的城市创新能力指标体系。王公博等（2020）按照数据可得性与指标代表性原则构建了包括创新投入、创新环境、创新成果在内的三项一级指标、12项三级指标的城市创新能力指标体系。李斌等（2020）充分考虑各城市的市情和特点构建了包括知识创新能力、技术创新能力、政府支持与服务、创新基础环境在内的四个维度、19项二级指标。

2.4.1.3 企业创新能力测度

企业技术创新能力测度基于创新过程理论而设计，它强调技术创新从技术研发到技术商业化转化的全过程。克拉克（Clark. K，1990）认为，从产品创新和工艺创新两个方面度量技术创新能力。我国国家统计局用技术开发经费投入、科研人员、科研成果、技术转让、新产品销售和新产品出口六项指标创建技术开发能力综合指数。分析各类国内外文献对企业技术创新评价指标的选择，主要分为技术创新能力的投入、产出、效率以及环境指标。近期的研究则更多集中于基于“效率—产出”的企业创新效率测度研究，如贝内托（Beneito，2006）、贝尔基奇（Berchicci，2012）、姜滨滨等（2015）。针对我国企业创新能力测度数据基础问题，我国自 2014 年开始全国企业创新调查工作，它覆盖工业、建筑业和服务业（含金融业），为我国企业创新能力的测度提供数据基础。企业创新能力测度的前沿方法主要有两阶段 DEA 方法（官建成、陈凯华，2012；马建峰，2014）、随机前沿法（奇亚、卡基亚帕，Chia，Kakiappa，2005；桥本龙太郎，Hashimoto et al.，2008）、主成分分析法（陶爱萍等，2013；柏宇光，2015）、因子分析法等（张扬，2015）。

2.4.2 综合评价方法

创新能力评价的方法可以按不同的分类原则进行分类，例如定性评价、定量评价、综合评价。最具代表性的定性评价方法就是同行评议法，该方法主要依靠科学家的集体智慧、知识、经验等对某一科研活动或科研机构、科研人员的科研状况形成正确的评判，例如德尔菲法。然而多数情况下采用定量研究的方法，通过建立多层指标体系，采用因子分析法、灰色系统分析法、聚类分析法、网络层次分析法、模糊数学分析法等方法，对选取的指标进行打分，然后将选定的区域进行排序，分析差距，找出原因，提出建议（汪寅、黄翠瑶，2009）。

从权重选择方面来看，可以按照主观赋权的方法和客观赋权的方法来分类。主观赋权方法大多采用对相关领域专业人士综合咨询评分，经过进一步数值处理，对无量纲后的数据进行综合，例如专家评价法、层次分析法、模糊综合评判法等，这些方法或多或少都受到主观偏好的影响，导致指标权重分配不尽合理，难以进行客观公正的评判（王晓光、周静婷，2011）；客观赋权方法则依据各指标间的相关关系或各指标值的变异程度，通过计量经济的处理方法来确定权数，例如主成分分析法、因子分析法、熵值法等（杨冬梅，2006）。

综合评价方法众多、各有利弊，多数学者的创新点主要集中在指标体系构建及对应数据类型与相应综合评价方法及赋权方式的改进与组合上。例如，在对我国区域创新能力综合评价研究中所改进的“纵横向”拉开档次评价法（陈国宏等，2015）、AHP - TOPSIS 和 SOM 聚类法（朱梦菲等，2020）、粗糙集和 Choquet 积分法（尹彦，2015）、K - 均值聚类与贝叶斯判别法（汪欢欢，2019）等。

第 3 章
供给侧结构性改革实现创新发展的理论基础

3.1　内生增长理论

经济增长理论的核心问题是增长的驱动力研究，按其内生驱动因素的不同分为：投入要素内生化增长理论与技术内生化增长理论，它们经历了资本、劳动和技术因素对增长内生化驱动的理论发展过程。其中，技术进步内生化是新经济增长理论的标志，因而又被称为内生增长理论，该理论是以技术内生性为分析逻辑的增长理论体系。

按技术进步内生化方式的不同分为三种类型：第一类，技术进步内生于物质资本和劳动的内生化模型，包括干中学知识溢出模型和巴罗政府模型；第二类，技术进步寓于人力资本的内生化模型——人力资本溢出模型；第三类，技术进步寓于中间产品之中，通过对中间产品的水平细分或垂直细分实现技术内生的模型，包括产品种数扩大模型、产品质量改进模型。

3.1.1　内生增长理论的两个研究方向

内生增长理论发展的根本是围绕技术进步因素的内生化过程，基于不同视角放松新古典生产函数的假定，通过各种渠道、方式实现技术内生，以此实现了投入要素的边际收益递增或不变，从而保证经济长期持续增长。按其研究分析的逻辑分为两个路线：一是，基于完全竞争分析逻辑条件下，通过广义资本投入的积累而实现技术进步内生的增长理论；二是，基于垄断竞争分析逻辑条件下，通过技术创新而实现技术进步内生的增长理论。

3.1.1.1 完全竞争分析逻辑下广义资本积累内生技术进步增长分析框架

这一分析逻辑是以罗默（Romer，1987、1990、1991），巴罗（Barro，1990b），卢卡斯（Lucas，1988），宇泽弘文（Uzawa，1965）为代表，包括干中学知识溢出模型、巴罗政府模型以及人力资本溢出模型。他们的理论共同之处是借用了马歇尔的外部性概念，认为经济增长过程的主导力量由经济外部性所决定，厂商或个人对资本的积累，无法避免他人因外部性而获得的资本生产率的提高，这便是边干边学，即通过在实践中积累知识获得技术的溢出效应，同时在人力资本投资中这种知识溢出也有可能发生。这种外部性补偿了资本要素的边际收益递减，从而推动了经济持续增长。这种分析思想的意义在于突破了新古典增长理论关于技术进步外生的假定，使技术内生于经济增长的动态均衡体系中。上述内生增长模型，均是在完全自由竞争分析逻辑条件下，强调了技术内生是通过广义的物质资本（除了包含物质资本之外，还包含人力资本）的积累而实现。

3.1.1.2 垄断竞争分析逻辑下创新的内生技术进步增长分析框架

这一分析逻辑，以罗默（Romer，1987、1990、1991）的产品种数扩大模型以及阿洪和豪伊特（Aghion，Howitt，1992、1998a）的产品质量改进模型为核心，认为广义资本积累不能满足和支持长期持续增长，而只有“基于创新”（innovation-based）这种技术进步—生产方法更新—通过产品种数增加以及产品质量改进体现出来，这便是基于创新的技术变迁模型，包括产品种数扩大模型、产品质量改进模型。这两类模型均采用D－S生产函数，它是沿着水平和垂直两个方向细分中间产品，完全是通过物质资本的技术内生化，通过专业分工，或产品多样化，或产品质量提升两种方式来补偿了资本收益递减，实现资本收益不变或递增，促进经济长期持续稳定增长。① 这两个模型实现了对原有的完全竞争分析逻辑的突破，将研究思想转向垄断竞争分析逻辑，这将更加贴近经济的现实。

产品种数扩大模型是基于实物资本水平专业化分工视角，反映了技术进步是实物资本水平专业化细分（产品种数的扩大）引起的；产品质量改进模型则是将产品种数固定，并且假设现在存在的各种中间产品都是过去某一时刻发明的，基于实物资本垂直专业化细分视角，分析得出了技术进步是产品质量改进引起的。产品种数扩大模型反映的是一种基础性创新活动，产品质量改进模型是已有产品种数固定前提下正在生产的产品生产技术完善的过程。

3.1.2 内生增长理论模型中技术进步的界定

纵观现代经济增长理论发展的内生化过程，索罗—斯旺模型、储蓄率内生化模型、人口内生化模型等新古典增长理论的各种模型中技术水平因子 A 的变化一直被视为技术进步，它是一种非具体化的技术、经济系统的外生变量，更多地体现为模型中投入要素之外的剩余，称之为全要素生产率。② 它被细分为技术进步、规模经济、资源配置效率、政策法律、管理决策以及其他未纳入的随机因素等，从早期的这些模型来看，可以将全要素生产率的变化等同于技术进步，并用全要素生产率的变化率替代技术进步。然而自内生增长理论开始，技术进步与不同范畴的资本通过各种方式结合，将技术内生于不同的增长模型，用以补偿投入要素边际收益的递减，从而实现经济持续增长。此时的技术进步不再等同于索洛剩余得到的全要素生产率；不同的内生增长模型，采用不同的生产函数，其代表的技术因子也随之发生了变化，由此技术进步的度量也发生了相应地改变。

---

① 产品种数扩大模型和产品质量改进模型这两个技术变迁模型有别于之前的内生增长理论模型，它放弃了新古典生产函数，在垄断竞争分析框架下，引入由迪克西特和斯蒂格利茨提出的 D－S 生产函数，其一般表达为：$Y = A_j \cdot L_1^{1-a} \cdot \sum_{j=1}^{N} X_{ij}^{a}$。

② 源于 Solow，Robert M. Technical Change and the Aggregate Production Function 一文，采用产出方程中的剩余项作为技术的衡量。

3.1.2.1 完全竞争分析框架下外部性增长模型的技术进步界定

干中学知识溢出模型中技术进步表现为投资副产品的知识的正外部效应，促进了最终产品生产率水平的提高；巴罗政府模型中技术进步表现为基础设施建设、产权保护、政府税收等制度因素的外部效应促进了最终产品生产率水平的提高。然而这两个模型的技术进步（因子 A）的度量却不能运用标准的增长核算技术进行度量，由于模型中外部性的存在，其要素价格并不等于社会边际产品，也即无法对溢出的技术进行衡量①。

3.1.2.2 完全竞争分析框架下人力资本溢出模型的技术进步的界定

同样是基于完全竞争分析框架的人力资本溢出模型，采用了相同的新古典生产函数，但与知识溢出模型、巴罗政府模型却存在很大差异。它在假定劳动力存在差异前提下，给出更为广义的资本概念，分为人力资本与实物资本两个不同生产部门，并建立了各自的生产函数。② 无论是具有相同投入生产结构的单部门人力资本溢出模型，还是具有不同投入生产结构的两部门人力资本溢出模型，技术水平因子 A 的含义是实物资本与人力资本两种要素投入对社会最终产品生产部门的全要素生产率；技术因子 B 为实物资本与人力资本的投入，对人力资本生产部门——教育部门的全要素生产率。由于人力资本溢出模型中的“溢出”对应于具体地、实实在在地人力资本的投入，而且人力资本又有其自己的投入产出机制，因此，模型中两个部门技术因子 A、B 均能作为相应投入要素的生产率衡量因素，在长期内 A、B 的增长率则能作为对两部门技术进步的度量。

---

① 详见 Robert J. Baroo，Xavier Sala-I-Martin，Economic Growth，Page 351.

② 两部门的人力资本溢出模型的生产函数为：$\begin{cases} Y = C + \dot{K} + \delta K = A \cdot (vK)^{\alpha}(uH)^{1-\alpha} \\ \dot{H} + \delta H = B \cdot [(1-v)K]^{\eta}[(1-u)H]^{1-\eta} \end{cases}$，假定物质部门和人力部门具有不同生产技术参数，分别用 A、B 表示，A、B 为两部门技术水平参数；α、η 表示同样的物质资本分别在物质部门和人力部门两个部门的生产弹性；v、u 表示两种生产中使用的物质资本和人力资本的比率。该模型讨论的核心是 K 和 H 的关系、α 和 η 的关系，意味着两种资本的不平衡性决定了对经济增长产生非对称性作用。

3.1.2.3 垄断竞争分析框架下创新增长模型的技术进步的界定

中间产品种数的增加或是已有中间产品质量的提高是研究人员或企业意愿研发投资的结果，通过发明、技术改造，使新的中间产品种数扩大或质量提升。正是由于研发的激励是可持久获得的垄断利润，才会有企业或个人主动投资用于研发，而这种意愿投资则必须放弃完全竞争分析框架。因此，基于创新的产品种数扩大模型与产品质量改进模型，建立在垄断竞争分析框架下，它们另辟蹊径放弃了新古典生产函数，引入迪克西特和斯蒂格利茨建立的 D－S 生产函数，分别从中间产品的水平、垂直两个方向出发进行专业化细分与深化，通过产品种数扩大、产品质量改进体现了技术进步的内生化，而其中创新研发的投入则是技术进步的根本原因。在这两个模型中技术进步可以通过产品种数、质量指数的变化来衡量，模型中全要素生产率体现了在劳动规模不变的条件下，由于中间产品种数扩大或总质量指数变化所带来的社会最终产品的生产率的变化，其中，全要素生产率、产品种数、质量指数三者增长率相同①，而它们变化的根本动因是创新研发的投入、技术引进和技术扩散。

3.2 两部门内生增长理论

以前我们一直假设物质产品与教育由相同的生产函数所生成。这一假设忽略了教育部门的产出特征：把受过教育的人作为一种投入。因此，我们对之前的假设作以修正，反映人力资本的生产相对密集于人力资本这个性质。这一假设的修正引入了两部门内生增长模型。

3.2.1 两部门内生增长模型

假设经济中存在物质生产部门和人力资本生产部门（即教育部门）两个

① 参见 Robert J. Barro，Xavier Sala-I-Martin，Economic Growth，Page 219，模型 $Y = A \cdot L^{1-\alpha} \cdot X^{\alpha} \cdot N = A^{1/(1-\alpha)} \cdot \alpha^{2\alpha/(1-\alpha)} L \cdot N$；Page 246，模型 $Y = A^{1/(1-\alpha)} \cdot \alpha^{2\alpha/(1-\alpha)} L \cdot Q$。

生产部门，因教育生产部门强烈依赖于相对密集的人力资本投入这一特征。由此而导致的物质资本与人力资本之间的不平衡对经济增长率产生影响。我们依照雷贝多（1991）提出的具有不同生产技术特征的两部门内生增长理论的生产函数模型为：

$$\begin{cases} Y = C + \dot{K} + \delta_K K = A \cdot (vK)^{\alpha} \cdot (uH)^{1-\alpha} \\ \dot{H} + \delta_H H = B \cdot [(1-v)K]^{\eta} \cdot [(1-u)H]^{1-\eta} \end{cases} \tag{3.1}$$

其中，Y 是实物产品的产出，物质资本存量与人力资本存量的折旧分别为 δ_K 与 δ_H，物质资本存量为 $\dot{K} = I_K - \delta_K K$，人力资本存量可表示为 $\dot{H} = I_H - \delta_H H$；A，$B>0$ 是技术参数；$v(0 \leqslant v \leqslant 1)$、$u(0 \leqslant u \leqslant 1)$ 表示在生产中使用的物质和人力资本的比例，则教育部门的物质与人力资本的相应的比例为 $1-v$，$1-u$；$\alpha(0 \leqslant \alpha \leqslant 1)$ 与 $\eta(0 \leqslant \eta \leqslant 1)$ 是物质资本在每个部门产出中所占的份额，人力资本是由一种与产品生产所不同的技术所生产的，即 $\alpha \neq \eta$。如果在一项活动中使用这种技能，就不能在另一项活动中使用这种技能，由于人力资本是具有市场经济条件下的竞争性与排他性产品，因此，人力资本是一种竞争性产品。

3.2.2 宇泽—卢卡斯两部门内生增长模型

3.2.2.1 宇泽—卢卡斯基本假定及其生产函数

假定 1：教育部门的物质产品的投入份额远小于其在物质产品生产中的份额即趋向于 0，教育部门的产出弹性为 0，即 $\eta = 0$。

假定 2：由于教育部门生产的产出为物质生产部门提供与其相匹配的人力资本，因此，物质生产部门与教育部门紧密相关，物质资本存量与人力资本存量相同的折旧率 δ。

由上述两个假定，则其两部门生产函数模型为：

$$\begin{cases} Y = C + \dot{K} + \delta K = AK^{\alpha}(uH)^{1-\alpha} \\ \dot{H} + \delta H = B \cdot (1-u) \cdot H \end{cases} \tag{3.2}$$

3.2.2.2 构建汉密尔顿方程

$$J = u(C)e^{-\rho t} + \lambda_1(AK^{\alpha}(uH)^{1-\alpha} - C - \delta K) + \lambda_2(B \cdot (1-u) \cdot H - \delta H) \tag{3.3}$$

其中，$u(C) = \frac{C^{(1-\theta)}-1}{1-\theta}$，$\lambda_1$、$\lambda_2$ 分别是关于 $\dot{K}$、$\dot{H}$ 的表达式的乘子，如果非负总投资的不等式约束不是等式，则满足通常的一阶条件，这些条件来自令 J 对 C、u 偏导数等于 0 以及条件 $\dot{\lambda}_1 = -\frac{\partial J}{\partial K}$与$\dot{\lambda}_2 = -\frac{\partial J}{\partial H}$。

3.2.2.3 物质资本与人力资本比率的增长率

由式（3.2）可得 K 与 H 的增长率分别为：

$$\gamma_K = \frac{\dot{K}}{K} = \frac{AK^{\alpha}(uH)^{1-\alpha} - C - \delta K}{K} = A \cdot u^{1-\alpha}\left(\frac{K}{H}\right)^{-(1-\alpha)} - \frac{C}{K} - \delta \tag{3.4}$$

$$\gamma_H = \frac{\dot{H}}{H} = \frac{B \cdot (1-u) \cdot H - \delta H}{H} = B \cdot (1-u) - \delta \tag{3.5}$$

K/H 的增长率为：

$$\gamma_{\frac{K}{H}} = \gamma_K - \gamma_H = A \cdot u^{1-\alpha}\left(\frac{K}{H}\right)^{-(1-\alpha)} - B \cdot (1-u) - \frac{C}{K} \tag{3.6}$$

3.2.2.4 份额增长率

由一阶条件式（3.3）可知：

$$\frac{\partial J}{\partial C} = U'(C) \cdot e^{-\rho t} - \lambda_1 = 0 \Rightarrow \lambda_1 = U'(C) \cdot e^{-\rho t} \tag{3.7}$$

$$\frac{\partial J}{\partial u} = \lambda_1(1-\alpha)AK^{\alpha}u^{-\alpha}H^{1-\alpha} - \lambda_2 B \cdot H = 0 \tag{3.8}$$

由式（3.8）变换得到：

$$\frac{\lambda_1}{\lambda_2} = \frac{B \cdot H}{A(1-\alpha)K^{\alpha}u^{-\alpha}H^{1-\alpha}} = \frac{B}{A} \cdot \frac{1}{1-\alpha} \cdot \left(\frac{K}{H}\right)^{-\alpha} \cdot u^{\alpha} \tag{3.9}$$

对式（3.9）两边同时取对数可得：

$$\ln\lambda_1 - \ln\lambda_2 = \ln\left(\frac{B}{A}\right) - \ln(1-\alpha) - \alpha\ln\left(\frac{K}{H}\right) + \alpha\ln u \tag{3.10}$$

由条件$\dot{\lambda}_1 = -\frac{\partial J}{\partial K}$与$\dot{\lambda}_2 = -\frac{\partial J}{\partial H}$可知：

$$\dot{\lambda}_1 = -\frac{\partial J}{\partial K} = -\lambda_1[\alpha AK^{\alpha-1}(uH)^{1-\alpha} - \delta] \tag{3.11}$$

$$\dot{\lambda}_2 = -\frac{\partial J}{\partial H} = -\lambda_1(1-\alpha)\cdot u\cdot AK^{\alpha}(uH)^{-\alpha} - \lambda_2[B\cdot(1-u) - \delta] \tag{3.12}$$

将式（3.12）两边同时除以 λ_2 可得：

$$\frac{\dot{\lambda}_2}{\lambda_2} = -\frac{\lambda_1}{\lambda_2}\cdot(1-\alpha)\cdot u\cdot AK^{\alpha}(uH)^{-\alpha} - [B\cdot(1-u) - \delta] \tag{3.13}$$

将$\frac{\lambda_1}{\lambda_2}$代入可得：

$$\frac{\dot{\lambda}_2}{\lambda_2} = -\frac{B}{A}\cdot\frac{1}{1-\alpha}\cdot\left(\frac{K}{H}\right)^{-\alpha}\cdot u^{\alpha}\cdot(1-\alpha)\cdot u\cdot AK^{\alpha}(uH)^{-\alpha} - [B\cdot(1-u) - \delta] \tag{3.14}$$

化简可得：

$$\frac{\dot{\lambda}_2}{\lambda_2} = -(B-\delta) \tag{3.15}$$

由式（3.11）变换得到：

$$\frac{\dot{\lambda}_1}{\lambda_1} = -[\alpha AK^{\alpha-1}(uH)^{1-\alpha} - \delta] \tag{3.16}$$

由式（3.10）变化得到（此推导过程中假定 B 和 A 为与时间无关的常数）：

$$\alpha\ln u = \ln\lambda_1 - \ln\lambda_2 - \ln\left(\frac{B}{A}\right) + \ln(1-\alpha) + \alpha\ln\left(\frac{K}{H}\right)$$

$$\Rightarrow \alpha\frac{\dot{u}}{u} = \frac{\dot{\lambda}_1}{\lambda_1} - \frac{\dot{\lambda}_2}{\lambda_2} + \alpha\gamma_{K/H}$$

将式（3.15）、式（3.16）分别代入上式可得：

$$\alpha\frac{\dot{u}}{u}=-\left[\alpha AK^{\alpha-1}(uH)^{1-\alpha}-\delta\right]+(B-\delta)+$$
$$\alpha\left[A\cdot u^{1-\alpha}\left(\frac{K}{H}\right)^{-(1-\alpha)}-B\cdot(1-u)-\frac{C}{K}\right] \tag{3.17}$$

由式（3.17）可得 u 的增长率 γ_u：

$$\gamma_u=B\cdot\frac{(1-\alpha)}{\alpha}+Bu-\frac{C}{K} \tag{3.18}$$

3.2.2.5 消费增长率

将式（3.7）两边同时对 t 求导可得：

$$\frac{d}{dt}U'[C(t)]\cdot e^{-\rho t}-\rho U'[C(t)]\cdot e^{-\rho t}=\frac{d}{dt}\lambda_1 \tag{3.19}$$

由于$\frac{d}{dt}\lambda_1=\dot{\lambda}_1$将$\dot{\lambda}_1$代入式（3.19）可得：

$$\frac{d}{dt}U'[C(t)]\cdot e^{-\rho t}-\rho U'[C(t)]\cdot e^{-\rho t}=-\lambda_1\left[\alpha AK^{\alpha-1}(uH)^{1-\alpha}-\delta\right] \tag{3.20}$$

将式（3.7）中的 λ_1 代入式（3.20）可得：

$$\frac{d}{dt}U'[C(t)]\cdot e^{-\rho t}-\rho U'[C(t)]\cdot e^{-\rho t}=-U'[C(t)]\cdot$$
$$e^{-\rho t}\left[\alpha AK^{\alpha-1}(uH)^{1-\alpha}-\delta\right] \tag{3.21}$$

化简可得：

$$\frac{d}{dt}U'[C(t)]-\rho U'[C(t)]=-U'[C(t)]\cdot\left[\alpha AK^{\alpha-1}(uH)^{1-\alpha}-\delta\right] \tag{3.22}$$

两边同时除以 U'（C）可得：

$$\frac{\frac{d}{dt}U'(C)}{U'(C)}-\rho=-[\alpha AK^{\alpha-1}(uH)^{1-\alpha}-\delta] \tag{3.23}$$

对式（3.23）化简可得：

$$\rho-\left[\frac{u''[C(t)]\cdot C(t)}{u'[C(t)]}\right]\frac{\dot{C}(t)}{C(t)}=\alpha AK^{\alpha-1}(uH)^{1-\alpha}-\delta \tag{3.24}$$

又因为 u（C）$=\frac{C^{1-\theta}}{1-\theta}$，则式（3.24）可化为：

$$\rho+\theta\frac{\dot{C}(t)}{C(t)}=\alpha AK^{\alpha-1}(uH)^{1-\alpha}-\delta \tag{3.25}$$

则：

$$\frac{\dot{C}(t)}{C(t)}=\frac{1}{\theta}[\alpha AK^{\alpha-1}(uH)^{1-\alpha}-\delta-\rho] \tag{3.26}$$

整理可得消费增长率 γ_c 为：

$$\gamma_c=\frac{\dot{C}(t)}{C(t)}=\frac{1}{\theta}\left[\alpha Au^{1-\alpha}\left(\frac{K}{H}\right)^{-(1-\alpha)}-\delta-\rho\right] \tag{3.27}$$

3.2.2.6 消费与物质资本比率的增长率

$\frac{C}{K}$的增长率为：

$$\gamma_C-\gamma_K=\gamma_{\frac{C}{K}}=\frac{1}{\theta}\left[\alpha A\cdot u^{1-\alpha}\left(\frac{K}{H}\right)^{-(1-\alpha)}-\delta-\rho\right]-\left[A\cdot u^{1-\alpha}\left(\frac{K}{H}\right)^{-(1-\alpha)}-\frac{C}{K}-\delta\right] \tag{3.28}$$

化简式（3.28）可得：

$$\gamma_{\frac{C}{K}}=\frac{\alpha-\theta}{\theta}\cdot A\cdot u^{1-\alpha}\left(\frac{K}{H}\right)^{-(1-\alpha)}+\frac{C}{K}-\frac{1}{\theta}[\delta(1-\theta)+\rho] \tag{3.29}$$

3.2.3 宇泽—卢卡斯模型的稳态分析

通过令 $\gamma_{\frac{K}{H}}$、γ_u 与 $\gamma_{\frac{C}{K}}$ 这三个时间导数为 0，即 $\dot{\left(\frac{K}{H}\right)}=\dot{\left(\frac{C}{K}\right)}=\dot{u}=0$ 则可以得到这个系统的稳态方程：

$$\left(\frac{K}{H}\right)^{-(1-\alpha)}=\frac{B\cdot(1-u)+\frac{C}{K}}{A\cdot u^{1-\alpha}} \tag{3.30}$$

$$\frac{C}{K}=B\cdot\frac{(1-\alpha)}{\alpha}+Bu \tag{3.31}$$

$$\frac{C}{K}=\frac{1}{\theta}[\delta(1-\theta)+\rho]-\frac{\alpha-\theta}{\theta}\cdot A\cdot u^{1-\alpha}\left(\frac{K}{H}\right)^{-(1-\alpha)} \tag{3.32}$$

将 $\left(\frac{K}{H}\right)^{-(1-\alpha)}$ 代入式（3.32）可得：

$$\frac{C}{K}=\frac{1}{\theta}[\delta(1-\theta)+\rho]-\frac{\alpha-\theta}{\theta}\left(B\cdot(1-u)+\frac{C}{K}\right) \tag{3.33}$$

化简式（3.32）可得：

$$\frac{C}{K}=\frac{1}{\alpha}\cdot[\delta(1-\theta)+\rho]-\frac{\alpha-\theta}{\alpha}(B\cdot(1-u)) \tag{3.34}$$

则式（3.31）与式（3.34）联立可得：

$$\frac{1}{\alpha}\cdot[\delta(1-\theta)+\rho]-\frac{\alpha-\theta}{\alpha}[B\cdot(1-u)]=B\cdot\frac{(1-\alpha)}{\alpha}+Bu$$

$$\Rightarrow u=\frac{[\delta(1-\theta)+\rho]}{B\theta}+\frac{\theta-1}{0} \tag{3.35}$$

则 u^* 为：

$$u^*=\frac{1}{B\theta}[\delta(1-\theta)+\rho]+\frac{(\theta-1)}{\theta} \tag{3.36}$$

令 $\varphi\equiv[\rho+\delta\cdot(1-\theta)]/B\theta$，则：

$$u^{*}=\varphi+\frac{(\theta-1)}{\theta} \tag{3.37}$$

将式（3.37）代入式（3.31）可得：

$$\left(\frac{C}{K}\right)^{*}=B\cdot\left[\varphi+\frac{(1-\alpha)}{\alpha}+\frac{(\theta-1)}{\theta}\right] \tag{3.38}$$

进一步化简可得：

$$\left(\frac{C}{K}\right)^{*}=B\cdot\left(\varphi+\frac{1}{\alpha}-\frac{1}{\theta}\right) \tag{3.39}$$

将式（3.37）与式（3.38）代入式（3.30）可得：

$$\left(\frac{K}{H}\right)^{-(1-\alpha)}=\frac{B\cdot\left[1-\left(\varphi+\frac{(\theta-1)}{\theta}\right)\right]+B\cdot\left(\varphi+\frac{1}{\alpha}-\frac{1}{\theta}\right)}{A\cdot\left\{\varphi+\left[\frac{B(\theta-1)}{B\theta}\right]^{1-\alpha}\right\}} \tag{3.40}$$

将式（3.39）进行化简可得：

$$\left(\frac{K}{H}\right)^{*}=\left(\frac{\alpha A}{B}\right)^{\frac{1}{1-\alpha}}\left(\varphi+\frac{\theta-1}{\theta}\right) \tag{3.41}$$

宇泽—卢卡斯模型中的稳态报酬率等于产品部门中 K 的边际产品与教育部门中 H 的边际产品报酬率为：

$$r^{*}=\alpha Au^{1-\alpha}\left(\frac{K}{H}\right)^{-(1-\alpha)}-\delta=B-\delta \tag{3.42}$$

宇泽—卢卡斯模型中的稳态增长率为：

$$\gamma^{*}=\frac{1}{\theta}(r^{*}-\rho)=\frac{1}{\theta}(B-\delta-\rho) \tag{3.43}$$

3.3 技术扩散理论

技术扩散概念最早由经济学家熊彼特（Schumpeter，1912）提出，他认为技术扩散实质是一种模仿行为，即当一项通过大幅降低成本或大幅提高效率而带来可观收益的技术创新，在个别企业首先实施并产生良好的示范效应，引起其他众多企业的纷纷模仿；其次接踵而来的是模仿高潮过后，技术扩散过程结束，创新技术变为普遍应用的通用技术；最后由下一轮创新技术所替代，即所谓的创新毁灭。

3.3.1 技术扩散动力机制的研究

斯通曼（Stoneman，1981）和曼斯菲尔德（Mansfield，1980）将技术扩散的过程视为一个不断学习模仿的过程，并且学习模仿（即技术推广）的速度取决于模仿率的大小，而模仿率又会受到已采用新技术的企业的影响，影响程度越大，模仿率越高扩散速度越快。梅特卡夫（Metcoalf，1984）认为技术扩散源自企业对产品和技术的理性选择。企业出于降低成本、追求利润最大化而选择带来高效率的先进技术，而当先进技术给企业带来垄断利润后，又会被作为示范继而该技术被广泛采纳，实现技术的扩散，总体角度来看实现对经济的增长。曼斯菲尔德认为，技术扩散是跨国公司国外直接投资理性选择的结果，因为这种对外投资建厂的运营机制更有利于跨国企业控制专有技术，获取垄断利润。邓宁（Dunning，1983）认为，对外直接投资、国际贸易均是企业理性选择的结果，特别是对拥有区位优势的企业通过对外直接投资，实现技术专有权控制前提下，保持高额垄断利润，从而成为国家间技术扩散的主渠道。

3.3.2 国际技术扩散动力机制理论

3.3.2.1 国际技术扩散的均衡论

凯夫（Caves，1971）作为技术扩散均衡论的代表人物，他将技术作为一种生产的市场产品，当技术交易的收益与成本相等时，实现技术市场的稳态。凯夫将该理论扩展到国家之间的技术交易问题，认为国家之间之所以会形成技术扩散，是因为企业很难控制技术市场而只能进行国际间的技术交易，企业随机选择构成了凯夫选择论的核心思想。克鲁格曼（Krugman，1979b）是技术扩散均衡论的另一核心代表人物，他把技术扩散融入世界资源配置、收入分配中。该理论将国家福利水平和收入分配结合起来作为一个国家国民整体收入水平的反映，关系到该国国民生活富足程度，这也是基于国家总体视角展开研究国际技术扩散的衡量基础。该理论认为新技术由发达国家创新后进而通过各种渠道转移到发展中国家，而发展中国家将所获得的源自发达国家的技术，吸收转化为本土技术，甚至改进创新后，提升本国技术进步水平，从而推动了本国经济的增长与发展，使得本国福利水平得以提高、收入分配趋于公平有效。

3.3.2.2 国际技术扩散的需求资源关系论

斋藤优（1979）提出了国际技术转移的“NR关系假说”。该假说定义一国国民需求（N）和该国资源（R）之间关系为需求资源关系，斋藤优认为一国经济发展以及对外经济活动受这种需求资源关系的制约，即需求资源关系论。需求与资源两者之间的关系决定了技术扩散的规模和速度。[①]

3.3.3 国际技术扩散渠道理论

莫嫩（Mohnen，2001）提出了六种国际技术扩散渠道，即中间产品、资本品和最终产品（尤其是信息技术产品）的国际贸易；伴随有设备引进、新产品生产和人力资源管理的外商直接投资；各种技术、学术、商业方面的交流往来及技术人才的移民；科学期刊等出版物的发行传播、专利申请、专利引述等；国际并购、国际合作等方面的研究；涉及著作权、许可证、专利、技术咨询等国外技术购买及国外研发资金支持等。[②] 在上述六种国际技术扩散

---

① 日本学者斋藤优在其1979年所著《技术转移论》一书提出“NR关系假说”，并于其1986年所著《技术转移的国际政治经济学》中正式作为一种理论加以运用。

② Mohnen, P., International R&D Spillovers and Economic Growth. Information Technology Productivity and Economic Growth: International Evidence, Oxford University Press, 2001.

的渠道中，国际贸易和外国直接投资被称为以市场为中介的物化型技术扩散的两种主要渠道。

3.3.3.1 国际贸易技术扩散渠道理论

国际贸易技术扩散理论包括南北贸易技术扩散模型和干中学技术模型体现的技术溢出两个研究方向。克鲁格曼（Krugman，1979b）通过创建的南北贸易扩散模型，将技术创新、技术扩散和国际收入分配融入一个分析框架中，即南北贸易技术扩散模型。该理论认为国际贸易在世界收入分配方面有利于北方国家；技术创新和技术扩散的速度决定了南北方国家收入分配格局。格罗斯曼和赫尔普曼（Grossman and Helpman，1991、1995）、泰勒（Taylor，1993、2002）针对内生增长模型在国际贸易中的研究，提出了内生的技术在国际间扩散，实现技术对增长的内生作用。他们认为，国际贸易对一国产品创新最终至经济增长具有广泛的影响，当所有产品之间都存在自由贸易，包括技术在国际间的自由流动，一国经济增长不仅与本国的技术创新（R&D支出）有关，还与贸易伙伴国技术创新（R&D支出）扩散有关。芬斯特拉（Feenstra，1994、1999）、芬斯特拉和马库森（Feenstra and Markusen，1995）将产品种数作为技术进步因素引入内生增长模型，在商品贸易能带来国际技术扩散情况下，实现了商品贸易会导致两国增长率的共同提高做出了大量的验证。巴罗—萨拉伊马丁（Barro and Sala-I-Martin，1997）针对全球研发高度集中在几个少数发达国家这种现状，提出了领先国与跟随国的技术扩散增长模型，展开了体现技术扩散的一般均衡分析。[①] 本书将在下一章基于该理论建立一个适合中国实践的分析框架，该理论在此不再做过多的阐述。

综合国际贸易的技术扩散理论的研究，主要体现在三种路径：一是，通过进口贸易途径实现技术扩散，进而对本国生产率产生影响；二是，通过出口贸易途径实现技术扩散，对本国生产率产生影响；三是，通过贸易结构变

① 卡玛（Kumar，2002）据1977～2000年经验分析显示，美国、日本和德国为首的前十个国家占有全世界的84%的研发资源，94%的专利和91%的专利许可费，由此得出全球研发高度集中在几个少数发达国家的结论。

化的路径实现技术扩散，对本国生产率产生影响。综合这三种路径的研究得到以下共识：首先，进出口贸易和结构对本国技术进步存在长期均衡的正相关关系；其次，技术贸易较服务贸易、服务贸易较一般货物贸易而言技术扩散效应更显著，这也体现了国际贸易发展的一般规律和趋势。

3.3.3.2 外商直接投资技术扩散渠道理论

外商直接投资（FDI）作为国际技术扩散主要渠道，其理论研究最早源于海默（Hymer，1960）将垄断优势引入对美国企业的外国直接投资的解释；而麦克杜格尔（MacDougall，1960）将东道国的技术进步和经济增长视为外商直接投资的一般福利效应；卢卡斯—宇泽弘文的人力资本溢出模型强调的人力资本积累对于技术进步的内生作用，使人们从外商直接投资带来人力资本提升视角，重新认识、理解外商直接投资这一技术扩散渠道对技术模仿国家技术进步、经济增长的推动作用。

早期的外商直接投资技术扩散理论研究是将外部性加入技术扩散过程中。埃蒂尔（Ethier，1996）和马库森（Markusen，1998）认为，出于东道国企业竞争动机而进行的主动模仿和劳动力的自然流动，跨国公司的技术优势则形成被动扩散溢出，只有通过产权保护等制度阻止技术的扩散。拉尔（Lall，1980）、库科（Kokko，1992）、陈（Chen，1996）等学者基于外商直接投资的扩散方向和扩散渠道理论展开研究。库科（Kokko）将外商直接投资的技术扩散划分为竞争、示范—模仿、人员培训和产业关联四种效应。陈（Chen）根据外商直接投资方向将技术扩散分为水平和垂直两种效应，基于外商直接投资的技术扩散分析的产业关联问题的研究则成为产业经济研究的重要问题。拉尔（Lall）提出外资企业通过具有后向产业关联的本地化采购，提高了当地供应商技术水平。里威瑞·贝蒂兹（Rivera-Batiz，1990）、莫兰（Moran，2001）、库格勒（Kugler，2005）等学者认为，尽管跨国公司会采取产权保护来尽力阻止技术的扩散，然而由于存在水平或垂直产业关联，特别是垂直产业关联导致自愿和非自愿的技术的扩散。外商直接投资的技术扩散效应体现在两个方面：一是，以小泉和科佩基（Koizumi and Kopecky，1977）、芬德利（Findlay，1978）、达斯（Das，1987）、王和布隆斯特伦（Wang and Blomstrom，1992）等学者为代表提出的产业组织理论认为，实现跨国公司内部总公司向外设子公司的技术转移，以及对东道国的技术扩散。二是，以王（Wang，1992）、瓦尔兹（Walz，1997）等学者为代表，建立在内生增长理论基础上的分析认为，通过外商直接投资的技术扩散效应，促进东道国经济快速增长，缩小了发达国家与发展中国家的收入差距。布隆斯特伦和库科（Blomstrom and Kokko，1998）将跨国公司对外直接投资的扩散效应归纳为生产力扩散和市场进入扩散两个方面效应。而国内学者关于外商直接投资技术扩散效应主要体现为：外商直接投资企业与东道国本地企业之间发生的联系效应；外商直接投资企业对东道国雇员的通过各种培训带来的技术扩散效应；因外商直接投资带来的示范效应（即生产力和市场进入带来的技术扩散效应）和对国内企业造成竞争而带来的国内企业的模仿、创新等竞争效应；因外商直接投资企业在东道国投资建厂而产生的区域集聚效应。

综上所述，从技术扩散的渠道来源角度，无论是通过国际贸易还是外商直接投资途径，技术扩散理论主要围绕技术扩散的动力机制、技术扩散过程和技术扩散效应分析三个方面展开研究。而从技术扩散理论发展的历史看主要包括三个阶段：第一阶段体现了克鲁格曼和多拉尔对国际技术扩散理论分析框架的构建，它主要是通过南北贸易中对国际技术扩散的产生、发展和结果的分析而实现的。第二阶段实现了技术创新、技术扩散的内生化过程，该过程是由詹森、赫尔普曼和西格斯特朗等学者基于技术扩散机制展开的局部均衡分析研究而体现出来的。第三阶段以巴罗—萨拉伊马丁等为代表，在开放经济分析框架下，对技术领先国家和技术跟随国家通过贸易和外商直接投资建立了一般均衡分析，这将使得国际技术扩散的研究向前迈进了一大步，同以往的研究相比有了质的飞跃。

第4章 省际创新能力评价指标体系的构建

4.1 我国省际创新能力的含义

我国省际创新能力实际上是基于我国31个省、直辖市、自治区行政区域范围内（以下简称“31个省份”）经济行政区域范围内，相关创新主体通过对各种创新资源整合，将知识转化为新的产品和工艺或者新服务的能力，它是由多主体参与形成知识创造、知识获取和转化、企业创新、创新环境和创新绩效协同互动的系统性行为。

我国省际创新能力的含义主要包括以下五个方面。

第一，它属于经济学范畴，强调知识、广义技术创新转化形成创新产出，继而创新产出通过创新市场化与产业化过程转化为经济产出能力，成为推动区域经济增长的核心驱动力。

第二，知识、技术的创造能力是省际创新能力源泉。知识、技术的创造源自其生产部门——教育部门，无论其生产、扩散过程如何复杂，其源头一定是教育部门的产出，因此，省际创新的环境支撑中教育部门的生产率是知识的创造、转化的重要因素，也是衡量省际创新能力的重要因素。

第三，省际创新能力还依托于该地区物质生产部门全要素生产率，它充分体现了该地区包括政策、制度在内的改革、开放程度，还包括知识产权保护等技术政策以及规模经济、组织管理等人文环境改善等推动地区创新能力的支撑环境。

第四，省际创新能力的有效提升最终带来区域技术水平、区域竞争优势以及区域产业及经济的提升，因此，省际创新能力的提升是区域经济增长的关键。

第五，省际创新能力因在自然要素禀赋、人文环境、产业结构以及经济发展水平方面存在显著差异而具有显著的空间差异性。

4.2 影响省际创新能力的基本要素

4.2.1 区域创新环境

区域创新环境体现的是该地区技术经济基础层面，广义视角来看它包括改革开放政策、创新政策以及更加细化的税收、投资、贸易等经济政策，还包括知识产权保护等技术政策，知识、教育、技术培训政策，人才引进及培养政策，规模经济、组织管理等人文环境改善等推动区域创新能力的一切支撑环境。具体包括以下三点。

第一，政策环境。政府创新政策的引导对区域促进创新能力的提升起到非常重要的作用。提高知识产权保护的力度能够显著提高创新主体的积极性，会加快创新成果的转化（靳巧花、严太华，2017）。

第二，市场环境。主要包括该地区有关推动改革、开放的具体政策及更加细化的税收、投资、贸易等经济政策，还包括政府服务所带来的规模经济及组织管理的优势。当一个地区对外开放程度、市场化程度越高，非国有经济发展越快，地区的经济发展也就越快，其创新融资渠道就越多，就越有增加研发投入、吸引高素质人才的能力，更具有较强的创新能力。

第三，知识、人力资本的生产与储备能力。无论是罗默所提出的知识溢出理论，还是卢卡斯—宇泽弘文两部门模型所强调的知识和人力资本对经济增长的内生推动作用。因此，知识生产和传播以及人力资本的积累储备均作为科技创新和技术进步的主体，是提高经济发展水平和产业竞争力的核心要素。而且它们还会在一定区域内形成集聚效应、知识溢出效应，从而加快技术的吸收与转化，提高人力资本生产率和自主创新效率，推动产业优化从而促进区域经济快速发展。

4.2.2 高新技术的引领作用

产业环境对区域创新能力的影响主要体现在产业结构与产业集群两个方面，其中高新技术产业的引领作用尤为突出。高新技术企业在空间上更倾向于与相似产业或关联企业集聚在一起。高技术产业拥有较强的前后向关联效应和带动效应，因此，发展高技术产业链是我国产业政策的重要内容。从产业结构方面来看，第二、第三产业的升级能够显著带动区域自主创新能力的提升（吴丰华、刘瑞明，2013）。从产业集聚方面来看，由于知识溢出效应的存在，产业集聚能够加速知识在不同企业间的传播与扩散，加速区域创新的效率（侯鹏等，2014）。而产业结构优化也为科技人才提供了更好的发展平台和更多的发展机会，反过来又会进一步吸引更多的科技人才流入本地，加速本地的科技人才集聚规模与速度（赵青霞等，2019）。

4.2.3 创新主体

企业、政府、高校及科研机构是主要的创新主体。其中，企业作为技术创新的主体，通过提高其创新能力，拥有专属的知识产权，增强企业核心竞争优势和盈利能力；政府则是创新政策的制度提供者，维护必要的创新环境，在创新系统起到管理、服务的作用；高校是基础研究与高新技术原始创新的主体之一，具有综合人才培养、基础科学研究、社会服务三大功能，成为知识创新和技术创新的核心；科研单位是基础研究的执行主体，也是连接知识创新与技术创新之间的重要桥梁。

4.2.4 技术扩散能力

联合国经合组织将技术进步界定为技术发明、技术创新和技术扩散三者的重叠和相互作用。其中，技术扩散则是在技术发明和技术创新之后的最后工序，它是为实现空间位移而进行的改进、推广和应用，它是一定时期内技术创新经由一定传播渠道，在社会体系的成员中转移、传播的过程，它包括时间、主体（创新技术）、介质（传播渠道）、环境（社会系统）四个关键因素。

技术转移是技术扩散市场化的一种表现形式，联合国将其界定为技术所有者将其拥有的生产、销售或管理技术通过各种渠道转移给他人的过程。它区别于技术转让，技术转让是一个较技术转移更为宽泛的概念，它包括技术转移，除此之外还含有对已获得的创新技术所做出的进一步消化、吸收的过程。但无论是技术转移还是技术转让都是技术供需双方有意而为之的行为，具有商业性、有偿性特征。技术扩散的另一种形式为技术溢出，由于技术具有外部性特征而引致的无意识、非主动的技术传播，又被视为技术外溢。内生增长理论中基于外部性的罗默的干中学模型和巴罗政府模型都具有知识溢出的特征，这是由于技术知识的非竞争性和部分排他性决定的。技术领先国家企业通过大量研发投入生产的先进技术的溢出无法获取全部收益。技术溢出不仅包括新知识、新思想、新生产技术的外溢，还包括国外先进管理经验、营销理念和营销渠道扩展及人力资源等的溢出。

技术扩散是个广义的概念，既包括技术供求双方有意而为之且有偿的技术转移，还包括外部性带来的技术溢出。国际技术扩散主要通过国际贸易和外国直接投资两个渠道实现，一方面是物化于进口的资本品或中间产品的内生技术创新；另一方面伴随着两国贸易和资本往来的正外部性带来的无形知识技术的无意识溢出。鉴于对上述三个概念的界定，本书统一使用技术扩散这一宽泛的概念，它既包括技术转移，也包括技术溢出。

我国完善的交通、通信基础设施为创新空间扩散创造了良好条件，其中人员和货物通过各种运输网络实现流动，资金、信息和知识的流动通过现代通信网络在最短的时间内得以实现。

4.3 我国省际技术创新能力评价指标体系

随着创新的不断发展，我国已经形成了包括国家层面、省际层面、城市层面等各个层次的创新体系，为创新能力的发展创造了有利条件。那么要进一步推动我国省际创新能力的发展，就要对传统的创新模式进行改进，并促进高技术产业的全面转型升级，建立符合新时代省际技术创新能力的体系。本书中省际创新能力评价指标体系涉及技术创新环境支撑、高技术产业的创新引领作用、企业技术创新效率和技术扩散能力 4 个一级指标，对应二级指标 11 个、三级指标 19 个、四级指标 33 个（见表 4－1）。

表 4－1　　　　中国省际技术创新能力指标体系

一级指标	二级指标	三级指标	四级指标
创新环境支撑	物质生产部门技术效率参数	物质生产部门技术效率参数	物质生产部门技术效率参数
	人力资本生产部门技术效率参数	人力资本生产部门技术效率参数	人力资本生产部门技术效率参数
高技术产业的创新引领作用	高技术产业技术效率	高技术产业技术效率水平指标	高技术产业纯技术效率 高技术产业规模效率
		高技术产业 TFP 变动	高技术产业技术变动 高技术产业纯技术效率变动 高技术产业规模效率变动
	国家级高新区企业劳动效率	国家级高新区企业人均营业收入 国家级高新区企业人均总产值 国家级高新区企业人均出口额	国家级高新区企业人均营业收入 国家级高新区企业人均总产值 国家级高新区企业人均出口额
企业技术创新效率	企业技术效率	企业技术效率水平	企业纯技术效率 企业规模效率
		企业全要素生产率	企业技术变动 企业纯技术效率变动 企业规模效率
	企业创新发展	企业创新费用支出	企业内部研发费用 企业外部研发费用 企业获取机器设备 企业从外部获取技术
		开展创新活动企业占比	开展产品或工艺创新企业占比 实现营销或组织创新企业占比

续表

一级指标	二级指标	三级指标	四级指标
技术扩散能力	技术市场输出地域合同金额	技术市场输出地域合同金额	技术市场输出地域合同金额
	技术市场流向地域合同金额	技术市场流向地域合同金额	技术开发 技术转让 技术咨询 技术服务合同金额
	引入技术等费用存量	技术引进费 消化吸收费 技术改造费 购买国内技术	技术引进费 消化吸收费 技术改造费 购买国内技术
	高技术产品进出口贸易	高技术产品进出口总额	高技术产品进口贸易额 高技术产品出口贸易额
	FDI 占 GDP 份额	FDI 占 GDP 份额	FDI 占 GDP 份额

4.3.1 创新环境支撑指标体系

技术创新环境是技术创新所需的环境支撑，它是该地区技术经济基础层面，是广义视角的技术进步，它不仅包括改革开放政策、创新政策以及更加细化的税收、投资、贸易等经济政策，还包括知识产权保护等技术政策，知识、教育、技术培训政策，人才引进及培养政策，规模经济、组织管理等人文环境改善等推动区域创新能力的一切支撑环境。它是支撑、保障和引导各省微观主体技术创新方向和促进各省技术创新实现的宏观技术环境。本书基于内生增长理论中两部门模型物质生产部门技术效率参数和人力资本生产部门技术效率参数来共同反映各省的技术创新环境情况，并在第 5 章展开其测算。这两个参数的大小反映了各省教育部门和物质生产部门的发展情况，从而可以看出各省技术创新环境的差别。

4.3.2 高技术产业的创新引领作用指标体系

一个地区高技术产业的发展对创新能力的提升有密切的关系，高技术产业的发展对各省技术创新能力有着正向的作用。本书主要从高技术产业技术效率和国家级高新区企业技术效率（劳动效率）两个方面对高技术产业的创新带动作用进行测度。高技术产业技术效率主要通过高技术产业技术效率（纯技术效率和规模效率）和高技术产业 TFP 变动（技术变动、纯技术效率和规模效率）来反映，国家级高新区企业技术效率（劳动效率）主要包括人均营业收入、人均总产值和人均出口额三个指标。

4.3.3 企业技术效率和创新发展指标体系

企业技术创新是创新体系中最为基本的主体，其技术创新效率是用来衡量各省企业在一定要素投入的情况下，其产出离生产前沿面的距离，距离越大技术效率越低，距离越小技术效率越高，运用数据包络分析方法（DEA 方法）可以求解技术创新效率的前沿面。本书主要从企业创新效率和企业创新发展两大方面对企业创新效率进行测度。企业技术效率主要由企业技术效率水平和企业技术效率变动两个方面来决定；其中，企业技术效率水平的测度指标包含纯技术效率和规模效率；企业技术效率变动通过面板数据测得全要素生产率的变动来反映，它又被分解为技术变动、纯技术效率变动和规模效率变动。企业创新发展情况通过绝对量指标——创新费用支出和相对指标——开展创新活动企业占比两个维度进行分析。其中，创新费用支出包括内部研发费用、外部研发费用、获取机器设备、从外部获取技术四个规模指标；而开展创新活动企业占比则由开展产品或工艺创新企业占比和实现营销或组织创新企业占比构成。

4.3.4 技术扩散能力指标体系

技术扩散发生在技术进步和技术创新之后，一项技术创新，除非得到广泛的应用和推广，否则它将不以任何物质形式影响经济。舒尔茨指出，没有（技术）扩散，创新便不可能有经济影响。[①] 本书中省际技术扩散能力从技术

① 舒尔茨（T. W. Scholtz）. 人力资本投资［M］. 北京：清华大学出版社，1990.

市场成交合同金额、技术市场流向地域合同金额、引入技术等费用存量、高技术产品进出口贸易（进口贸易额和出口贸易额）和 FDI 占 GDP 份额五个维度展开测度与评价。其中，技术市场流向地域合同金额进一步划分为技术开发、技术转让、技术咨询和技术服务合同金额四个分项指标；引入技术等费用存量通过技术引进费、消化吸收费、技术改造费和购买国内技术四个分项指标来进行测度。

第 5 章
省际创新环境支撑的测度

基于宇泽—卢卡斯两部门模型，我们对中国各地区物质生产部门和人力资本生产部门（教育部门）的技术参数（A 和 B）展开估算，并以此作为我国技术创新综合评价体系中最为核心的技术环境支撑指标。

关于对物质产品生产部门和人力资本生产部门技术参数 A、B 的估算涉及两部门模型中物质部门和人力资本部门的资本折旧率（折现率）δ、资本报酬率 r、物质资本存量 K 与人力资本存量 H、物质部门生产中人力资本的份额 U、物质资本存量与人力资本存量的比值$\frac{K}{H}$、消费与物质资本存量的比值$\frac{C}{K}$等相关变量的测算和参数的估算。

5.1　稳态资本报酬率的估算

在宇泽—卢卡斯模型中，假定人力资本的生产不涉及物质资本，即式（3.1）中的规定意味着式（3.1）中 v = 1，本书将该假设的现实意义理解为教育部门生产所使用物质资本规模同物质产品生产部门所使用的物质资本规模相比非常小，因而可以视为物质资本全部被用于物质产品的生产，不参与教育部门生产。于是有式（5.1）和式（5.2）：

$$Y = C + \dot{K} + \delta K = AK^{\alpha} \cdot (uH)^{1-\alpha} \tag{5.1}$$

$$\dot{H} + \delta H = B \cdot (1 - u) \cdot H \tag{5.2}$$

将式（5.2）两边同时除以 BH 并移项，得到：

$$u = 1 - \frac{\dot{H}/H + \delta}{B} \tag{5.3}$$

本书采用被 OECD 各国采用的折现率 4.58%。该折现率是基于美国私人部门的长期投资回报率估算得到。具体方法见乔根森和弗劳梅尼（Jorgenson and Fraumeni，1992）的研究。

由公式：

$$r^* = B - \delta \tag{5.4}$$

移项可知：

$$B = r^* + \delta \tag{5.5}$$

即人力资本部门技术参数 B 等于稳态报酬率与折旧率之和。如果能够求出稳态报酬率，就能得到技术参数 B，从而根据式（5.3）求得人力资本投入产品部门的比例 u。本书认为，物质资本报酬率 r_k 的简单算术平均值可以作为我国的稳态报酬率进行计算。公式为：

$$r^* = \frac{\sum_{i=1}^{n} r_k}{n} \tag{5.6}$$

本书在计算物质资本报酬率的时候，引用顾六宝教授（2002）的方法，顾六宝教授采用资本报酬率作为风险利率，并将风险利率的估算公式定为：

$$\text{物质资本报酬率}\ r_k = \frac{\text{人均 GDP 增量} - \text{人均收入增量}}{\text{人均资本增量}} \tag{5.7}$$

5.1.1 人均 GDP 增量

本书 1985～1992 年的人均 GDP 数据来自《新中国 60 年统计资料汇编》，1993～2019 年数据来自国家统计局数据库，并用地区生产总值指数将人均

GDP进行平减至1985年为基期。

在1985～2019年，各省份的人均GDP均呈现波动中增长的趋势，其中辽宁2015～2016年和天津2016～2017年存在大幅度的下降，这和本省他们自身的产业结构以及资源环境有关（见表5－1）。

5.1.2 人均收入增量

人均收入增量的计算方法，是在中国统计年鉴中查得“农村居民家庭人均纯收入”和“城镇居民家庭人均可支配收入”，再以乡村和城镇人口比例为权数，加权平均后求得（见表5－2），逐年相减即人均收入增量，即：

$$\text{全国居民人均收入}=\frac{\text{城镇居民人均可支配收入}\times\text{城镇人口比重}+\text{农村居民人均纯收入}\times\text{农村人口比重}}{100}$$

由于国家统计局以及统计年鉴对于城镇人口和农村人口的划分，在2005年之前只有各省份按户籍统计的农业和非农业户口数据，因此，2005年以后的数据和2005年之前的数据没有可比性，所以选择2006～2018年的城镇人口和农村人口数据。

5.1.3 人均资本增量

本书的人均资本存量数据来自《中国人力资本指数报告2019》，人均资本即用各年全国人口数去除当年物质资本存量。人口数用相邻两年的年末人口数取均值（见表5－3）。

其中，《中国人力资本指数报告2019》中对于物质资本存量的估计有详细的说明，本书不再赘述。需要补充的是，《中国人力资本指数报告2019》对于物质资本的估计截至2015年，为了满足本书研究的需要，我们采用趋势外推法，运用MATLAB软件对2016年和2017年的物质资本存量数据进行填充。

表5-1　1986~2019年全国31个省份实际人均GDP增量　单位：元/人

省份	1986年	1987年	1988年	1989年	1990年	1991年	1992年	1993年	1994年	1995年	1996年	1997年	1998年	1999年	2000年	2001年	2002年
北京	122	169	323	101	134	311	399	517	646	644	541	661	685	861	1033	1145	1257
天津	78	137	91	0	67	107	275	354	469	558	616	595	513	603	716	882	1045
河北	27	75	98	41	9	91	155	215	213	228	253	265	256	241	274	275	330
山西	41	32	55	33	33	27	115	154	137	176	193	207	202	164	226	266	374
内蒙古	39	65	77	14	58	64	111	145	155	155	244	209	229	209	279	306	418
辽宁	102	192	149	35	2	102	227	331	286	202	262	294	299	319	375	413	510
吉林	56	166	163	-46	19	56	146	181	156	171	262	198	218	214	260	287	321
黑龙江	29	82	87	63	61	77	80	114	139	165	200	216	197	193	227	278	333
上海	114	239	350	54	78	260	662	841	929	1050	1099	1214	1102	1228	1434	1519	1806
江苏	100	141	233	15	22	108	406	411	411	446	408	450	462	471	545	580	733
浙江	116	125	130	-23	44	250	313	445	493	497	439	432	441	477	577	617	812
安徽	64	25	28	26	2	-26	118	164	152	171	174	180	143	170	169	196	230
福建	33	91	108	59	48	123	228	323	355	307	321	383	337	342	353	361	460
江西	29	41	65	32	21	51	111	130	95	80	146	172	111	131	145	172	224
山东	42	121	105	29	35	149	217	323	309	311	306	315	340	349	395	423	545
河南	17	77	51	35	19	41	101	145	147	180	194	165	154	154	196	203	234
湖北	33	58	57	30	24	42	132	153	182	200	198	227	184	181	215	242	272
湖南	43	52	43	12	18	52	87	116	111	120	155	152	135	145	168	183	200
广东	109	193	176	72	143	253	371	539	568	538	450	497	533	552	692	705	920
广西	22	36	12	10	29	63	108	137	135	116	94	99	133	117	125	142	196
海南	53	74	65	35	31	132	456	335	222	83	106	161	215	234	268	296	340

续表

省份	1986年	1987年	1988年	1989年	1990年	1991年	1992年	1993年	1994年	1995年	1996年	1997年	1998年	1999年	2000年	2001年	2002年
重庆	42	23	51	26	42	62	129	149	149	154	160	175	150	147	173	199	246
四川	26	44	39	13	55	60	96	118	115	121	133	146	149	111	153	175	219
贵州	18	41	30	16	11	33	49	64	57	55	71	78	80	90	93	106	119
云南	13	52	78	26	44	33	70	89	109	117	124	120	110	107	118	115	163
西藏	-95	-16	14	50	66	-15	55	148	173	228	198	201	230	262	249	336	384
陕西	47	51	135	12	11	49	63	117	94	123	142	155	186	184	205	213	265
甘肃	59	48	87	52	29	40	73	116	120	128	163	139	161	164	193	214	237
青海	46	35	47	-1	20	31	57	101	93	99	116	131	141	140	166	237	274
宁夏	44	42	79	49	12	25	66	109	90	119	150	120	144	163	199	217	241
新疆	75	78	78	43	74	105	144	145	189	159	124	171	165	175	222	238	247

省份	2003年	2004年	2005年	2006年	2007年	2008年	2009年	2010年	2011年	2012年	2013年	2014年	2015年	2016年	2017年	2018年	2019年
北京	1341	1908	1822	2071	2803	2014	2463	2741	2378	2443	2632	2687	2725	2871	3021	3224	3132
天津	1373	1682	1812	2036	2507	3083	3592	4412	4883	4782	4930	4437	4539	4854	2095	2050	2992
河北	437	542	635	710	779	693	756	1014	1054	997	933	800	892	952	987	1036	1155
山西	487	571	546	575	867	537	370	1004	1070	939	911	546	363	543	895	891	892
内蒙古	642	867	1212	1135	1429	1579	1766	1832	2009	1847	1611	1522	1620	1631	972	1314	1382
辽宁	634	787	853	1075	1329	1366	1514	1856	1821	1591	1595	1156	633	-543	890	1236	1282
吉林	377	497	553	769	949	1095	1080	1245	1417	1402	1086	921	951	1107	909	795	566
黑龙江	367	465	514	594	665	733	791	982	1072	979	861	651	700	792	881	659	643
上海	2188	2837	2533	3042	4315	3173	2942	3999	3511	3475	3835	3755	3960	4234	4526	4768	4493
江苏	951	1176	1323	1556	1788	1751	1927	2218	2165	2207	2309	2294	2436	2425	2413	2407	2339

续表

省份	2003 年	2004 年	2005 年	2006 年	2007 年	2008 年	2009 年	2010 年	2011 年	2012 年	2013 年	2014 年	2015 年	2016 年	2017 年	2018 年	2019 年
浙江	1066	1206	1219	1461	1794	1414	1372	1997	1690	1638	1813	1818	2059	2113	2333	2289	2348
安徽	247	383	378	469	583	596	682	872	924	940	905	884	913	992	1054	1076	1090
福建	571	654	719	926	1192	1174	1255	1593	1606	1671	1796	1795	1793	1824	1907	2112	2094
江西	306	351	385	418	503	570	640	774	788	780	795	840	865	933	995	1070	1069
山东	697	909	1035	1153	1277	1233	1404	1588	1580	1576	1695	1683	1683	1726	1809	1654	1535
河南	288	408	481	546	645	612	618	786	842	800	785	846	859	908	945	992	984
湖北	313	397	477	534	723	760	869	1081	1157	1078	1073	1134	1142	1131	1178	1270	1316
湖南	232	321	345	401	557	594	667	808	812	808	804	833	816	833	900	948	995
广东	1234	1416	1516	1763	2125	1704	1755	2461	2231	2012	2257	2247	2484	2516	2704	2636	2567
广西	209	266	332	385	489	477	584	680	672	693	697	640	662	644	673	690	650
海南	412	460	485	656	932	704	882	1347	1172	995	1181	1115	1110	1150	1154	1023	1082
重庆	305	361	382	451	660	698	821	1082	1216	1173	1206	1200	1343	1450	1395	984	1095
四川	265	331	370	440	543	472	691	824	942	910	813	760	766	817	914	976	988
贵州	145	180	204	225	323	283	318	398	526	549	573	557	611	664	713	701	697
云南	174	243	215	310	356	347	438	499	624	673	708	531	617	671	796	817	809
西藏	404	456	511	634	752	618	836	932	1080	1131	1297	1297	1464	1492	1627	1593	1578
陕西	313	383	422	479	672	807	779	950	1037	1096	1055	1033	923	958	1085	1186	950
甘肃	281	335	383	414	497	459	515	651	771	874	843	770	763	774	395	693	747
青海	302	350	389	437	542	616	523	872	887	917	905	854	831	877	865	902	857
宁夏	331	329	356	453	517	578	615	781	794	846	804	721	778	851	886	833	850
新疆	364	412	439	492	605	612	500	708	886	993	1019	1029	996	936	1007	869	938

资料来源：1993 ~ 2019 年由国家统计局数据整理所得，1985 ~ 1992 年数据由《新中国 60 年统计资料汇编》整理所得。

表 5-2　2005～2018 年全国 31 个省份居民人均收入

单位：元/万人

省份	2006 年	2007 年	2008 年	2009 年	2010 年	2011 年	2012 年	2013 年	2014 年	2015 年	2016 年	2017 年	2018 年
北京	2178. 64	1899. 05	2562. 79	1873. 28	2377. 69	3536. 80	3313. 96	7091. 89	3680. 81	4020. 05	4061. 43	4694. 81	5127. 95
天津	1443. 29	1816. 86	2654. 86	1807. 40	2776. 95	2690. 84	2670. 42	-218. 16	2409. 74	2449. 03	2812. 56	2915. 03	2506. 55
河北	720. 87	948. 60	1146. 84	917. 41	1207. 98	1671. 09	1699. 46	1547. 82	1608. 35	1731. 51	1824. 87	1972. 42	2123. 69
山西	697. 94	1018. 52	1023. 86	561. 29	1249. 24	1844. 28	1738. 68	1909. 19	1546. 25	1446. 39	1328. 43	1515. 98	1708. 41
内蒙古	865. 37	1422. 06	1534. 82	1051. 61	1519. 35	2150. 83	2151. 03	2391. 44	1935. 62	1812. 94	1957. 70	2214. 70	2269. 54
辽宁	923. 26	1434. 84	1641. 65	1004. 51	1743. 11	2472. 78	2377. 10	2680. 82	2037. 61	1713. 73	1449. 53	1738. 38	2014. 84
吉林	776. 27	1072. 44	1173. 40	791. 11	1205. 43	1871. 36	1830. 55	1207. 11	1556. 75	1238. 32	1352. 68	1466. 97	1543. 59
黑龙江	661. 02	863. 04	1154. 56	708. 78	1176. 01	1703. 52	1644. 78	2142. 66	1549. 00	1296. 51	1260. 54	1381. 19	1608. 86
上海	1852. 94	2735. 75	2838. 23	2034. 22	2956. 61	4143. 20	3718. 26	4419. 38	3757. 76	3309. 60	4518. 85	4528. 34	5234. 40
江苏	1273. 24	1678. 15	1721. 12	1475. 20	2513. 55	2927. 89	2790. 26	1890. 81	2498. 97	2569. 58	2702. 46	3106. 10	3209. 67
浙江	1454. 17	1795. 42	1709. 11	1447. 63	2733. 80	3023. 86	2968. 27	2840. 60	2978. 65	2981. 81	3203. 16	3650. 85	3938. 50
安徽	781. 93	1127. 87	1141. 34	775. 77	1264. 52	1974. 05	1829. 74	1915. 32	1729. 66	1708. 41	1824. 82	2074. 49	2293. 62
福建	991. 85	1298. 22	1804. 48	1353. 52	1838. 07	2523. 63	2600. 53	844. 76	2224. 96	2169. 45	2377. 77	2655. 31	2794. 91
江西	654. 87	1177. 65	1083. 36	862. 35	1120. 58	1678. 06	1808. 46	1911. 54	1786. 88	1824. 42	1848. 26	2130. 60	2258. 46
山东	977. 84	1348. 22	1394. 15	1051. 09	1660. 28	2275. 28	2293. 27	1394. 52	2029. 03	2122. 20	2249. 72	2454. 21	2276. 31
河南	740. 33	1082. 17	1146. 25	796. 99	1117. 07	1776. 42	1699. 18	1557. 26	1597. 90	1588. 81	1481. 83	1934. 10	1995. 63
湖北	659. 67	1099. 46	1181. 00	831. 52	1587. 21	1930. 17	1955. 58	1964. 26	1880. 21	1844. 53	1914. 64	2127. 90	2190. 19
湖南	655. 45	1154. 33	1137. 67	868. 24	1056. 83	1743. 47	1809. 96	2463. 32	1818. 63	1878. 13	2066. 03	2272. 35	2343. 99
广东	1162. 48	1279. 48	1600. 00	1357. 48	2278. 08	2542. 36	2782. 44	-227. 01	2196. 64	2282. 71	2485. 18	2833. 13	3000. 37
广西	461. 63	1237. 00	1203. 40	797. 47	1073. 47	1375. 17	1712. 41	1830. 25	1567. 77	1405. 73	1553. 69	1766. 02	1717. 45

续表

省份	2006年	2007年	2008年	2009年	2010年	2011年	2012年	2013年	2014年	2015年	2016年	2017年	2018年
海南	766.34	1110.81	1141.55	834.25	1240.90	2058.22	1907.64	1602.80	1768.58	1650.41	1882.20	2010.97	2139.35
重庆	763.38	961.51	1349.84	1047.82	1481.35	2281.85	2207.09	728.43	1828.79	1882.35	2152.04	2313.51	2439.98
四川	534.40	1055.19	1070.30	786.41	1163.61	1796.55	1741.72	1804.38	1642.73	1616.17	1777.66	1989.54	2106.22
贵州	380.09	777.38	686.32	544.89	1127.83	1384.74	1368.06	1615.45	1578.44	1584.17	1717.95	1845.07	1940.38
云南	462.03	798.79	1017.22	676.64	1027.79	1664.19	1750.64	1523.93	1390.04	1615.33	1740.53	1889.03	1900.32
西藏	203.62	773.28	637.42	548.86	831.91	879.41	1041.29	1319.34	1302.36	1886.49	1607.83	1974.62	1793.42
陕西	633.00	940.62	1286.42	859.09	1320.68	1869.88	1972.06	1667.44	1653.50	1677.62	1685.85	1998.38	2129.47
甘肃	431.22	563.22	683.04	610.46	851.56	1073.13	1382.97	1911.58	1428.43	1457.06	1398.13	1603.55	1687.72
青海	495.92	759.18	837.55	704.35	1069.91	1355.18	1466.12	2034.12	1565.28	1538.39	1706.39	1907.99	1973.37
宁夏	652.25	1038.88	1281.10	802.98	1136.72	1693.29	1625.36	1712.26	1573.48	1607.67	1597.45	1996.80	2002.84
新疆	537.04	908.67	673.15	573.40	1294.58	1313.18	1634.69	2274.87	1660.74	1987.30	1632.59	1766.59	1772.13

资料来源：由国家统计局数据整理所得。

表5-3　2002~2017年全国31个省份人均资本存量增量

单位：元/万人

省份	2002年	2003年	2004年	2005年	2006年	2007年	2008年	2009年
北京	35767980.1	43467949	47806838	50390515	47979892	46311653	31109956	31645749
天津	21817175.1	27794159	32129779	35799999	40060188	45708967	55441221	84918317
河北	6410192.73	8051163	10282547	14422874	16327919	18901781	24667204	27208310
山西	4854478.67	6410679	8629986	11094753	13354716	15965144	16910845	24477360
内蒙古	8827567.92	16393453	23771578	34294573	39910131	49328772	57473408	79517682

续表

省份	2002 年	2003 年	2004 年	2005 年	2006 年	2007 年	2008 年	2009 年
辽宁	6266300. 93	8867744	13136568	20764543	23889840	25617352	32049650	34156410
吉林	5314117. 54	6415437	8992691	13579098	22043485	30996448	43049672	46219753
黑龙江	5247527. 9	5485645	6662467	7869931	10175789	13050743	15876449	20186357
上海	20278210. 7	22216583	24108824	27227363	33718783	33602298	26895439	36405210
江苏	14336042. 4	20880275	23813565	30980015	33644797	36580639	40227985	52778804
浙江	16750121. 8	22585027	25472889	27960151	29439375	29817830	27734905	34302882
安徽	3058489. 93	3754099	5103146	6498856	8176347	9436610	10695166	12888766
福建	5276916. 59	6642470	8668709	11421192	13649244	17267814	22249958	25625562
江西	5528835. 83	7517043	9204599	10729393	13270694	15535094	17947031	19941336
山东	8333389. 2	10303445	13303331	17428891	20671508	22172974	24046635	29829321
河南	5094333. 89	6067670	7593094	12865826	17888802	21606757	25148022	32267140
湖北	6396848	6642722	8018753	9775991	13032300	15663138	17305282	22093594
湖南	2310270. 14	2641172	3227453	5273900	6711144	7412035	9223125	10736544
广东	10815733	13275034	14430674	18639746	19566619	20481285	20190700	26158702
广西	2712990. 31	3251156	4340789	7327029	9175018	10158712	12999802	20903744
海南	4326111. 42	5144161	5733473	7395217	8856174	10414349	13379008	15162575
重庆	9900386. 37	13171711	15859367	18718211	20121786	22366593	23399750	27873493
四川	4382426. 47	4557749	5500984	6454317	7915446	10364105	11390348	13075270
贵州	2880929. 96	3238433	3455120	4838633	6297363	6690279	7908420	9069965
云南	3357495. 99	4492304	5472004	5908107	6749320	7263485	7287285	13608814

续表

省份	2002 年	2003 年	2004 年	2005 年	2006 年	2007 年	2008 年	2009 年
西藏	6118819. 68	9708974	18437177	21105477	22246868	22722595	26724687	32052798
陕西	3728572. 41	4584108	5421998	7257307	9134473	12477924	15261930	18660598
甘肃	4049007. 87	4596743	5341006	6116101	6758405	7857679	8877230	10858708
青海	13490336. 1	14724938	15985203	17900295	18511414	20786264	23125112	34462664
宁夏	5838195. 13	8396530	10182727	12747979	15026042	16654405	23230788	29644526
新疆	8001615. 13	10326759	11130523	10784162	11861768	13978866	15010993	16116040
省份	2010 年	2011 年	2012 年	2013 年	2014 年	2015 年	2016 年	2017 年
北京	45108362. 5	41538364	63211192	62017913	63000737	72440767	90214630	97145488
天津	94972571. 3	1. 03E +08	1. 06E +08	1. 12E +08	1. 24E +08	1. 03E +08	2. 21E +08	2. 26E +08
河北	26528981	33305208	36970654	37610756	36684584	34949398	61068173	55910054
山西	24336332. 9	27990030	29642252	32489858	30726908	28125515	53357658	47479278
内蒙古	88869621. 7	97914714	1. 14E +08	1. 37E +08	1. 04E +08	1E −08	2. 11E +08	1. 87E +08
辽宁	40684574. 6	45852151	51443967	52503713	49172079	22392781	94299487	72201235
吉林	56258205. 6	50902836	55894569	54810520	56221485	59765045	1. 09E +08	99907568
黑龙江	22712624. 4	24640830	30212999	35727920	32252116	34811010	54930312	54565386
上海	27140589. 8	22498304	29375314	31873731	32329273	50052352	46435095	43398654
江苏	59720175. 8	69652452	71668330	70471396	66056871	69061955	1. 15E +08	1. 03E +08
浙江	33613460. 7	37198575	42688032	46148073	46721346	50136938	53530407	51685444
安徽	17475238. 6	20708891	21318571	22753120	23903400	23756774	34382713	34913999
福建	26223862. 6	29406113	32053778	35958479	37811794	40779728	54437532	54911721

续表

省份	2010 年	2011 年	2012 年	2013 年	2014 年	2015 年	2016 年	2017 年
江西	21418284. 9	22989383	23127665	23554895	20402852	23609801	35679668	30935254
山东	31842900. 8	33806097	36410403	38089447	38656035	42747505	54559235	52902100
河南	39100134. 7	43255998	47643478	51584944	53275203	52979745	84681572	82539299
湖北	26614104. 4	32407733	34055697	38145434	41420825	43249155	58598884	62035017
湖南	12806542. 5	13395833	15865926	16743611	17524828	15822454	27671216	26471517
广东	28536615. 8	33283248	39114239	43201119	46524951	45803947	59312861	58940601
广西	32416580. 5	38431608	34851860	27357311	26952981	28241291	61024571	52109781
海南	21558153. 1	24058902	33295469	37914459	40783293	31977680	61078152	60954824
重庆	32204913. 7	37629261	39336837	40809235	45676980	46744177	58650385	59850186
四川	15784777. 8	17714398	17911262	18559662	18251885	18312825	27274348	26125885
贵州	12596364. 6	12812407	15624478	17349078	18221014	20190980	22719080	25329969
云南	20879000. 9	25407449	29333742	32711014	37469076	40320591	52162782	58284206
西藏	47520920. 3	38119927	49432906	61431636	68194683	60129400	80828485	84098615
陕西	23097909	24757027	28014932	29199309	31241683	28056728	48897166	46065489
甘肃	12645742. 1	14783277	16639271	18592808	20600056	21478847	25196865	27243803
青海	43555704. 5	53961556	75115673	99140628	1. 13E +08	1. 23E +08	1. 22E +08	1. 56E +08
宁夏	34762184. 1	32256725	38159749	42398788	59372451	70829741	63781218	77843065
新疆	22478430. 4	25976330	39690917	49904656	56359715	54348471	55935135	70649205

资料来源：由国家统计局及《中国人力资本指数报告 2019》数据整理所得。

5.1.4 各地区物质资市报酬率及稳态报酬率

根据式（5.7）可以得到各省份的物质资本报酬率数据（见表5-4），进一步通过式（5.6）得到各省份的稳态报酬率数据（见表5-5）。

表5-4　　　　2006~2017年全国31个省份物质资本报酬率

省份	2006年	2007年	2008年	2009年	2010年	2011年	2012年	2013年	2014年	2015年	2016年	2017年
北京	0.43	0.61	0.65	0.78	0.61	0.37	0.39	0.42	0.43	0.38	0.32	0.31
天津	0.51	0.55	0.56	0.42	0.46	0.47	0.45	0.44	0.36	0.44	0.22	0.09
河北	0.43	0.41	0.28	0.28	0.38	0.32	0.27	0.25	0.22	0.26	0.16	0.18
山西	0.43	0.54	0.32	0.15	0.41	0.38	0.32	0.28	0.18	0.13	0.10	0.19
内蒙古	0.28	0.29	0.27	0.22	0.21	0.21	0.16	0.12	0.15	0.16	0.08	0.05
辽宁	0.45	0.52	0.43	0.44	0.46	0.40	0.31	0.30	0.24	0.28	-0.06	0.12
吉林	0.35	0.31	0.25	0.23	0.22	0.28	0.25	0.20	0.16	0.16	0.10	0.09
黑龙江	0.58	0.51	0.46	0.39	0.43	0.43	0.32	0.24	0.20	0.20	0.14	0.16
上海	0.90	1.28	1.18	0.81	1.47	1.56	1.18	1.20	1.16	0.79	0.91	1.04
江苏	0.46	0.49	0.44	0.37	0.37	0.31	0.31	0.33	0.35	0.35	0.21	0.23
浙江	0.50	0.60	0.51	0.40	0.59	0.45	0.38	0.39	0.39	0.41	0.39	0.45
安徽	0.57	0.62	0.56	0.53	0.50	0.45	0.44	0.40	0.37	0.38	0.29	0.30
福建	0.68	0.69	0.53	0.49	0.61	0.55	0.52	0.50	0.47	0.44	0.34	0.35
江西	0.31	0.32	0.32	0.32	0.36	0.34	0.34	0.34	0.41	0.37	0.26	0.32
山东	0.56	0.58	0.51	0.47	0.50	0.47	0.43	0.44	0.44	0.39	0.32	0.34
河南	0.30	0.30	0.24	0.19	0.20	0.19	0.17	0.15	0.16	0.16	0.11	0.11
湖北	0.41	0.46	0.44	0.39	0.41	0.36	0.32	0.28	0.27	0.26	0.19	0.19
湖南	0.60	0.75	0.64	0.62	0.63	0.61	0.51	0.48	0.48	0.52	0.30	0.34
广东	0.90	1.04	0.84	0.67	0.86	0.67	0.51	0.52	0.48	0.54	0.42	0.46
广西	0.42	0.48	0.37	0.28	0.21	0.17	0.20	0.25	0.24	0.23	0.11	0.13
海南	0.74	0.89	0.53	0.58	0.62	0.49	0.30	0.31	0.27	0.35	0.19	0.19
重庆	0.22	0.30	0.30	0.29	0.34	0.32	0.30	0.30	0.26	0.29	0.25	0.23
四川	0.56	0.52	0.41	0.53	0.52	0.53	0.51	0.44	0.42	0.42	0.30	0.35
贵州	0.36	0.48	0.36	0.35	0.32	0.41	0.35	0.33	0.31	0.30	0.29	0.28
云南	0.46	0.49	0.48	0.32	0.24	0.25	0.23	0.22	0.14	0.15	0.13	0.14

续表

省份	2006 年	2007 年	2008 年	2009 年	2010 年	2011 年	2012 年	2013 年	2014 年	2015 年	2016 年	2017 年
西藏	0. 29	0. 33	0. 23	0. 26	0. 20	0. 28	0. 23	0. 21	0. 19	0. 24	0. 18	0. 19
陕西	0. 52	0. 54	0. 53	0. 42	0. 41	0. 42	0. 39	0. 36	0. 33	0. 33	0. 20	0. 24
甘肃	0. 61	0. 63	0. 52	0. 47	0. 51	0. 52	0. 53	0. 45	0. 37	0. 36	0. 31	0. 14
青海	0. 24	0. 26	0. 27	0. 15	0. 20	0. 16	0. 12	0. 09	0. 08	0. 07	0. 07	0. 06
宁夏	0. 30	0. 31	0. 25	0. 21	0. 22	0. 25	0. 22	0. 19	0. 12	0. 11	0. 13	0. 11
新疆	0. 41	0. 43	0. 41	0. 31	0. 31	0. 34	0. 25	0. 20	0. 18	0. 18	0. 17	0. 14

资料来源：由国家统计局及《中国人力资本指数报告 2019》数据整理所得。

表 5－5　　全国 31 个省份人力资本部门的技术参数及稳态报酬率

省份	B	稳态报酬率
北京	0. 54	0. 49
天津	0. 46	0. 41
河北	0. 33	0. 29
山西	0. 33	0. 29
内蒙古	0. 23	0. 18
辽宁	0. 37	0. 32
吉林	0. 26	0. 22
黑龙江	0. 39	0. 34
上海	1. 17	1. 13
江苏	0. 40	0. 35
浙江	0. 50	0. 46
安徽	0. 50	0. 45
福建	0. 56	0. 51
江西	0. 38	0. 33
山东	0. 50	0. 45
河南	0. 24	0. 19
湖北	0. 38	0. 33
湖南	0. 59	0. 54
广东	0. 71	0. 66
广西	0. 30	0. 26

续表

省份	B	稳态报酬率
海南	0.50	0.46
重庆	0.33	0.28
四川	0.50	0.46
贵州	0.39	0.35
云南	0.32	0.27
西藏	0.28	0.24
陕西	0.44	0.39
甘肃	0.50	0.45
青海	0.19	0.15
宁夏	0.25	0.20
新疆	0.33	0.28

资料来源：由国家统计局及《中国人力资本指数报告2019》数据整理所得。

5.2 人力资本部门技术参数的估算

对B值的估算，国外有一些经验数据，如罗伯特·J. 巴罗在其著作《经济增长》中将B令为0.11以得到0.06的稳态报酬率值。本书估算的B值与巴罗书中所设定的B值有些偏差。由于B值可以由稳态报酬率与折旧率之和求得，因此，本书认为中国各地区B值和巴罗所求得的B值不同的原因在于我国稳态报酬率远离于美国的稳态报酬率。由 $r^* = B - \delta \Rightarrow B = r^* + \delta$，可以得到我国各省份的B值。

5.3 物资生产部门中人力资本份额的估算

将B的值、人力资本增长率以及折旧率的数据代入式（5.3），就可以得到人力资本投入产品部门的比例u的时间序列数据（见表5-6）。

表 5-6　　1986～2017 年全国省际人力资本投入产品部门的比例 u

省份	1936 年	1987 年	1988 年	1989 年	1990 年	1991 年	1992 年	1993 年	1994 年	1995 年	1996 年	1997 年	1998 年	1999 年	2000 年	2001 年
北京	0. 60	0. 91	0. 64	0. 94	0. 25	0. 74	0. 78	0. 89	1. 11	1. 07	0. 70	0. 67	0. 57	0. 44	0. 68	0. 78
天津	0. 81	0. 70	0. 87	0. 86	0. 46	0. 81	0. 87	0. 97	1. 06	0. 96	0. 78	0. 64	0. 58	0. 43	0. 22	0. 57
河北	0. 57	0. 55	0. 93	0. 93	0. 39	0. 51	0. 60	0. 84	1. 07	0. 95	0. 68	0. 57	0. 40	0. 44	0. 46	0. 57
山西	0. 52	0. 70	0. 91	0. 94	0. 50	0. 51	0. 58	0. 82	1. 09	0. 94	0. 70	0. 56	0. 32	0. 49	0. 65	0. 38
内蒙古	0. 30	0. 42	0. 79	0. 91	0. 37	0. 36	0. 54	0. 81	1. 16	1. 01	0. 51	0. 38	0. 19	0. 29	0. 25	0. 33
辽宁	0. 66	0. 71	0. 88	0. 95	0. 56	0. 69	0. 72	0. 90	1. 12	0. 98	0. 71	0. 72	0. 53	0. 47	0. 47	0. 61
吉林	0. 42	0. 59	0. 90	0. 94	0. 56	0. 49	0. 61	0. 75	1. 07	0. 94	0. 60	0. 58	0. 37	0. 27	0. 13	0. 34
黑龙江	0. 65	0. 74	0. 92	0. 89	0. 71	0. 71	0. 75	0. 92	1. 07	0. 98	0. 77	0. 72	0. 63	0. 51	0. 46	0. 50
上海	0. 81	0. 84	0. 95	0. 94	0. 89	0. 86	0. 92	1. 01	1. 04	1. 00	0. 88	0. 85	0. 83	0. 80	0. 76	0. 90
江苏	0. 71	0. 76	0. 93	0. 91	0. 56	0. 57	0. 70	0. 94	1. 07	0. 95	0. 72	0. 64	0. 50	0. 47	0. 65	0. 36
浙江	0. 74	0. 79	0. 96	0. 98	0. 68	0. 66	0. 80	0. 96	1. 07	0. 99	0. 74	0. 67	0. 52	0. 62	0. 64	0. 68
安徽	0. 74	0. 80	0. 94	0. 95	0. 66	0. 69	0. 83	0. 93	1. 10	0. 93	0. 80	0. 65	0. 68	0. 62	0. 64	0. 64
福建	0. 76	0. 83	1. 06	0. 97	0. 62	0. 68	0. 73	0. 92	1. 07	0. 95	0. 78	0. 72	0. 70	0. 71	0. 75	0. 66
江西	0. 65	0. 67	0. 97	0. 99	0. 57	0. 52	0. 65	0. 87	1. 15	0. 93	0. 75	0. 65	0. 57	0. 50	0. 51	0. 48
山东	0. 70	0. 75	0. 94	0. 94	0. 69	0. 69	0. 76	0. 89	1. 07	1. 00	0. 86	0. 74	0. 64	0. 65	0. 65	0. 72
河南	0. 40	0. 46	0. 82	0. 98	0. 21	0. 22	0. 47	0. 71	1. 23	1. 01	0. 63	0. 38	0. 10	0. 12	0. 20	0. 22
湖北	0. 55	0. 67	0. 88	0. 89	0. 51	0. 60	0. 76	0. 96	1. 13	1. 02	0. 76	0. 65	0. 39	0. 45	0. 23	0. 67
湖南	0. 75	0. 84	1. 05	0. 99	0. 67	0. 74	0. 87	0. 97	1. 09	1. 01	0. 83	0. 77	0. 69	0. 67	0. 67	0. 76
广东	0. 80	0. 90	1. 05	1. 00	0. 68	0. 73	0. 83	1. 00	1. 03	0. 95	0. 77	0. 69	0. 65	0. 66	0. 75	0. 76
广西	0. 64	0. 69	0. 89	1. 05	0. 49	0. 48	0. 60	1. 03	1. 21	1. 07	0. 67	0. 43	0. 24	0. 44	0. 44	0. 58
海南	0. 74	0. 88	1. 06	1. 10	0. 72	0. 66	0. 72	0. 99	1. 12	0. 95	0. 73	0. 65	0. 53	0. 58	0. 70	0. 71

续表

省份	1986年	1987年	1988年	1989年	1990年	1991年	1992年	1993年	1994年	1995年	1996年	1997年	1998年	1999年	2000年	2001年
重庆	0.53	0.70	1.06	0.95	0.47	0.59	0.78	0.98	1.23	0.99	0.80	0.53	0.27	0.40	0.53	0.59
四川	0.72	0.76	0.99	1.02	0.72	0.67	0.79	0.96	1.09	1.01	0.84	0.69	0.67	0.57	0.73	0.77
贵州	0.68	0.76	1.00	1.00	0.63	0.57	0.73	0.91	1.06	1.04	0.80	0.62	0.57	0.60	0.49	0.67
云南	0.58	0.64	0.98	1.01	0.54	0.46	0.65	0.99	0.92	1.05	0.69	0.56	0.43	0.45	0.37	0.39
西藏	0.51	0.55	0.86	0.93	0.53	0.66	0.59	0.80	1.25	1.02	0.41	0.35	0.21	0.12	0.65	-0.21
陕西	0.64	0.73	0.89	0.97	0.64	0.63	0.69	0.81	1.08	0.98	0.81	0.70	0.65	0.52	0.69	0.48
甘肃	0.73	0.78	0.94	0.95	0.74	0.72	0.79	0.94	1.09	1.02	0.84	0.70	0.62	0.62	0.68	0.73
青海	0.21	0.34	0.91	0.95	0.52	0.31	0.36	0.63	1.03	0.96	0.63	0.38	0.07	0.07	0.10	0.27
宁夏	0.31	0.59	0.80	0.88	0.59	0.45	0.55	0.78	1.09	0.92	0.51	0.31	0.25	0.18	0.43	0.12
新疆	0.51	0.57	0.77	0.88	0.59	0.60	0.60	0.76	1.13	1.08	0.72	0.51	0.45	0.38	0.48	0.64
省份	2002年	2003年	2004年	2005年	2006年	2007年	2008年	2009年	2010年	2011年	2012年	2013年	2014年	2015年	2016年	2017年
北京	0.69	0.76	0.75	0.78	0.50	0.60	0.71	0.60	0.81	0.81	0.77	0.80	0.73	0.81	0.81	0.81
天津	0.68	0.76	0.69	0.70	0.52	0.59	0.67	0.54	0.79	0.75	0.66	0.69	0.69	0.76	0.75	0.79
河北	0.60	0.69	0.72	0.56	0.59	0.68	0.71	0.51	0.66	0.67	0.63	0.72	0.66	0.65	0.67	0.68
山西	0.40	0.57	0.65	0.66	0.58	0.70	0.81	0.57	0.70	0.65	0.65	0.72	0.64	0.64	0.66	0.67
内蒙古	0.47	0.54	0.52	0.53	0.23	0.54	0.53	0.30	0.49	0.56	0.64	0.60	0.49	0.58	0.50	0.57
辽宁	0.69	0.74	0.79	0.73	0.60	0.78	0.77	0.61	0.71	0.75	0.76	0.73	0.75	0.77	0.74	0.76
吉林	0.61	0.53	0.73	0.66	0.50	0.71	0.66	0.55	0.63	0.59	0.67	0.66	0.50	0.72	0.64	0.68
黑龙江	0.67	0.67	0.75	0.74	0.70	0.81	0.81	0.67	0.77	0.99	0.81	0.78	0.91	0.80	0.87	0.74
上海	0.87	0.86	0.86	0.86	0.79	0.85	0.93	0.85	0.94	0.96	0.95	0.95	0.94	0.98	0.97	0.97
江苏	0.80	0.57	0.79	0.81	0.58	0.73	0.76	0.55	0.76	0.75	0.71	0.64	0.69	0.76	0.75	0.76

续表

省份	2002 年	2003 年	2004 年	2005 年	2006 年	2007 年	2008 年	2009 年	2010 年	2011 年	2012 年	2013 年	2014 年	2015 年	2016 年	2017 年
浙江	0. 72	0. 72	0. 77	0. 75	0. 65	0. 78	0. 78	0. 65	0. 83	0. 80	0. 80	0. 80	0. 78	0. 83	0. 75	0. 81
安徽	0. 68	0. 73	0. 80	0. 71	0. 67	0. 87	0. 83	0. 68	0. 81	0. 77	0. 72	0. 74	0. 74	0. 76	0. 73	0. 75
福建	0. 75	0. 81	0. 85	0. 82	0. 71	0. 81	0. 84	0. 72	0. 82	0. 81	0. 75	0. 83	0. 79	0. 82	0. 82	0. 80
江西	0. 62	0. 62	0. 73	0. 71	0. 53	0. 74	0. 77	0. 59	0. 64	0. 70	0. 69	0. 67	0. 67	0. 69	0. 64	0. 65
山东	0. 67	0. 75	0. 82	0. 75	0. 66	0. 76	0. 82	0. 70	0. 82	0. 76	0. 77	0. 78	0. 76	0. 78	0. 79	0. 79
河南	0. 46	0. 43	0. 66	0. 52	0. 25	0. 63	0. 63	0. 32	0. 78	0. 36	0. 54	0. 51	0. 54	0. 54	0. 57	0. 56
湖北	0. 77	0. 65	0. 80	0. 79	0. 69	0. 78	0. 82	0. 63	0. 74	0. 70	0. 62	0. 67	0. 63	0. 68	0. 71	0. 70
湖南	0. 71	0. 82	0. 83	0. 83	0. 78	0. 86	0. 87	0. 76	0. 79	0. 79	0. 80	0. 82	0. 74	0. 80	0. 81	0. 80
广东	0. 74	0. 79	0. 85	0. 85	0. 77	0. 82	0. 88	0. 75	0. 89	0. 89	0. 86	0. 87	0. 86	0. 89	0. 90	0. 89
广西	0. 47	0. 50	0. 67	0. 67	0. 52	0. 69	0. 80	0. 48	0. 73	0. 59	0. 58	0. 63	0. 65	0. 68	0. 59	0. 64
海南	0. 65	0. 63	0. 78	0. 77	0. 68	0. 84	0. 85	0. 71	0. 89	0. 82	0. 78	0. 75	0. 76	0. 79	0. 81	0. 83
重庆	0. 60	0. 47	0. 47	0. 77	0. 65	0. 67	0. 65	0. 43	0. 70	0. 63	0. 65	0. 61	0. 58	0. 67	0. 68	0. 64
四川	0. 75	0. 77	0. 85	0. 78	0. 68	0. 80	0. 78	0. 70	0. 81	0. 74	0. 76	0. 77	0. 76	0. 78	0. 78	0. 78
贵州	0. 65	0. 70	0. 73	0. 69	0. 62	0. 81	0. 81	0. 56	0. 79	0. 64	0. 67	0. 69	0. 67	0. 72	0. 73	0. 68
云南	0. 41	0. 53	0. 72	0. 59	0. 58	0. 73	0. 75	0. 62	0. 77	0. 59	0. 68	0. 68	0. 67	0. 67	0. 64	0. 66
西藏	0. 17	0. 75	0. 57	0. 48	0. 47	0. 77	0. 68	0. 57	0. 50	0. 16	1. 03	0. 83	0. 63	0. 62	0. 59	0. 65
陕西	0. 93	0. 55	0. 78	0. 78	0. 59	0. 73	0. 79	0. 64	0. 79	0. 70	0. 73	0. 67	0. 69	0. 85	0. 71	0. 74
甘肃	0. 72	0. 70	0. 76	0. 78	0. 69	0. 86	0. 88	0. 76	0. 86	0. 76	0. 81	0. 80	0. 78	0. 78	0. 81	0. 79
青海	0. 36	0. 37	0. 50	0. 36	0. 25	0. 58	0. 77	0. 36	0. 63	0. 42	0. 44	0. 56	0. 49	0. 57	0. 43	0. 37
宁夏	0. 30	0. 44	0. 58	0. 48	0. 29	0. 54	0. 73	0. 39	0. 67	0. 52	0. 45	0. 57	0. 52	0. 59	0. 46	0. 54
新疆	0. 60	0. 63	0. 72	0. 69	0. 43	0. 61	0. 71	0. 50	0. 71	0. 66	0. 65	0. 66	0. 61	0. 58	0. 63	0. 68

资料来源：由国家统计局及《中国人力资本指数报告 2019》数据整理所得。

5.4 物质生产部门技术参数的估算

假定1：教育部门的物质产品的投入份额远小于其在物质产品生产中的份额即趋向于0，教育部门的产出弹性为0，即 $\eta=0$。

假定2：由于教育部门生产的产出为物质生产部门提供与其相匹配的人力资本，因此，物质生产部门与教育部门紧密相关，物质资本存量与人力资本存量相同的折旧率 δ。

对公式（5.1）进行化简得到：

$$\frac{Y}{uH}=A\left(\frac{K}{uH}\right)^{\alpha} \tag{5.8}$$

两边取对数，有回归方程：

$$\ln\left(\frac{Y}{uH}\right)=\ln A+\alpha\ln\left(\frac{K}{uH}\right)+\varepsilon \tag{5.9}$$

将产品部门产出 Y、人力资本存量 H、物质资本存量 K 和人力资本投入比例 u 代入上式，运用 Eviews 11 对式（5.9）建模，估算得到物质生产部门的技术参数 lnA。

5.4.1 变量选择与数据采集

选择部门产出 Y 用 GDP 表示，其中 1985～1992 年数据来自《新中国 60 年统计资料汇编》，1993～2019 年数据来自国家统计局数据库，将分地区数据的 GDP 按价格指数进行平减，得到以 1985 年为基期的实际 GDP 数值。

人均物质资本存量 K，数据来自《中国人力资本指数报告 2019》，由于该报告提供的人均物质资本存量数据截至 2015 年，所以运用趋势外推法，用 MATLAB 对 2016 年和 2017 年的物质资本存量进行了估算。

人力资本存量 1986～2017 年数据来自《中国人力资本指数报告 2019》。

除以上变量外，其他的变量如表 5 - 7 所示。

表 5 - 7　　　其他变量的描述统计量

变量	观测值	均值	中位数	最大值	最小值	标准差
ln（Y/uH）	372	-1.27684	-1.53325	2.551037	-2.85307	1.032144
ln（K/uH）	372	-1.56745	-1.59431	0.758922	-2.88548	0.589993

5.4.2　模型检验

针对 2006 ~ 2017 年各地区变量$\frac{Y}{uH}$和$\frac{K}{uH}$的面板数据展开面板回归模型检验，具体检验步骤如下。

首先，运用似然比检验对该模型分别进行个体固定效应、时点固定效应和个体时点固定效应检验，上述三种检验统计量 F 分别为 854.41、3.12、1170.89，均知拒绝原假设，选择个体时间固定效应模型；其次，在假设该模型是个体时点随机效应模型基础上，进一步展开 Hauseman 检验，由检验统计量 Chi - Sq = 39.60 可知，拒绝原假设，即选择个体时点固定效应模型。具体检验结果如表 5 - 8 所示。

表 5 - 8　　　模型的固定效应与随机效应检验

检验方法	检验内容	检验条件	检验统计量	结论
面板数据固定效应模型——似然比（Redundant Fixed Effects-likelihood ratio）	个体固定效应检验	Cross-section fixed; time none	F = 854.4085 ***	个体固定效应
	时点固定效应检验	Cross-section none; time fixed	F = 3.11665 ***	时点固定效应
	个体时点双固定效应检验	Cross-section fixed; time fixed	F = 1170.8890 ***	个体时点固定效应
关联随机效应——豪斯曼检验（Correlated Random Effects-Hausman Test）	个体时点双随机效应检验	Cross-section random; time random	Chi-Sq = 39.6043 ***	个体时点固定效应

注：*、**、*** 分别表示在 10%、5%、1% 的置信水平下显著。

5.4.3 模型估计

根据上述检验结果，进一步对变量 Y/uH 和 K/uH 展开个体时点固定效应模型的估计，得到个体时点效应模型（估计结果见表 5 -9）。模型拟合优度达 0.9962，F 统计量高度显著，表明方程拟合较好，并在 1% 的置信水平下，变量 K/uH 对变量 Y/uH 具有显著影响效应。

表 5 -9　　个体时点固定效应模型估计结果

项目	固定效应（交叉）		固定效应（周期）	
	变量	系数	标准差	t - 统计量
共变量系数	Ln（K/uH）	0. 750987	0. 023520	31. 92924 ***
	LnA	- 0. 102217	0. 036956	- 2. 765938 ***
固定效应系数	北京 - LnA	0. 502139	2006 - LnA	0. 079248
	天津 - LnA	1. 070129	2007 - LnA	- 0. 001109
	河北 - LnA	- 0. 889021	2008 - LnA	- 0. 017512
	山西 - LnA	- 0. 042107	2009 - LnA	0. 049232
	内蒙古 - LnA	0. 104885	2010 - LnA	- 0. 035554
	辽宁 - LnA	- 0. 109916	2011 - LnA	0. 000521
	吉林 - LnA	0. 051065	2012 - LnA	- 0. 035026
	黑龙江 - LnA	- 0. 096592	2013 - LnA	- 0. 057141
	上海 - LnA	0. 931084	2014 - LnA	- 0. 067939
	江苏 - LnA	- 0. 788157	2015　LnA	- 0. 104589
	浙江 - LnA	- 0. 366495	2016 - LnA	- 0. 135276
	安徽 - LnA	- 0. 542385	2017 - LnA	- 0. 171359
	福建 - LnA	0. 163240	2006 - LnA	0. 079248
	江西 - LnA	- 0. 518245	2007 - LnA	- 0. 001109
	山东 - LnA	- 0. 847162	2008 - LnA	- 0. 017512
	河南 - LnA	- 1. 349056	2009 - LnA	0. 049232
	湖北 - LnA	- 0. 637988	2010 - LnA	- 0. 035554
	湖南 - LnA	- 0. 399952	2011 - LnA	0. 000521
	广东 - LnA	- 0. 572534	2012 - LnA	- 0. 035026
	广西 - LnA	- 0. 569953	2013 - LnA	- 0. 057141

续表

项目	固定效应（交叉）		固定效应（周期）	
	变量	系数	标准差	t - 统计量
固定效应系数	海南 - LnA	1. 475778	2014 - LnA	-0. 067939
	重庆 - LnA	-0. 212884	2015 - LnA	-0. 104589
	四川 - LnA	-0. 835733	2016 - LnA	-0. 135276
	贵州 - LnA	-0. 249679	2017 - LnA	-0. 171359
	云南 - LnA	-0. 634372		
	西藏 - LnA	2. 182463		
	陕西 - LnA	-0. 038396		
	甘肃 - LnA	0. 451736		
	青海 - LnA	1. 262275		
	宁夏 - LnA	1. 304177		
	新疆 - LnA	0. 201654		
模型检验统计量	R-squared	0. 996177	F-statistic	2041. 435
	Adjusted R-squared	0. 995690	Prob（F-statistic）	0. 000000

注：*、**、*** 分别表示在 10%、5%、1% 的置信水平下显著。

可以进一步计算得到 2006～2017 年全国各地区物质生产部门的技术参数 A、教育部门技术参数 B 以及两部门技术效率差距（见表 5-10）。由图 5-1 可以看出，除了广东、山东、四川和河南四个省外其余地区教育部门技术参数 B 低于物质生产部门技术参数 A；其中，各地区教育部门技术参数相对较为稳定，而物质部门技术参数变化较大，呈现出较大的波动。

表 5-10　2006～2017 年全国 31 个省份物质生产部门的技术参数 A、B

省份	技术效率 A	技术效率 B	两部门技术效率差距 B/A
北京	1. 49	0. 54	0. 36
天津	2. 63	0. 46	0. 17
河北	0. 37	0. 33	0. 89
山西	0. 87	0. 33	0. 38
内蒙古	1. 00	0. 23	0. 23

续表

省份	技术效率 A	技术效率 B	两部门技术效率差距 B/A
辽宁	0. 81	0. 37	0. 46
吉林	0. 95	0. 26	0. 27
黑龙江	0. 82	0. 39	0. 48
上海	2. 29	1. 17	0. 51
江苏	0. 41	0. 40	0. 98
浙江	0. 63	0. 50	0. 79
安徽	0. 52	0. 50	0. 96
福建	1. 06	0. 56	0. 53
江西	0. 54	0. 38	0. 70
山东	0. 39	0. 50	1. 28
河南	0. 23	0. 24	1. 04
湖北	0. 48	0. 38	0. 79
湖南	0. 61	0. 59	0. 97
广东	0. 51	0. 71	1. 39
广西	0. 51	0. 30	0. 59
海南	3. 95	0. 50	0. 13
重庆	0. 73	0. 33	0. 45
四川	0. 39	0. 50	1. 28
贵州	0. 70	0. 39	0. 56
云南	0. 48	0. 32	0. 67
西藏	8. 01	0. 28	0. 03
陕西	0. 87	0. 44	0. 51
甘肃	1. 42	0. 50	0. 35
青海	3. 19	0. 19	0. 06
宁夏	3. 33	0. 25	0. 08
新疆	1. 10	0. 33	0. 30

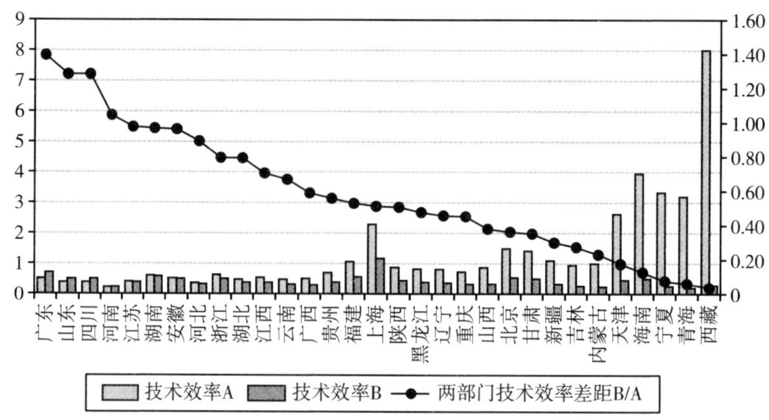

图5－1　全国31个省份物质生产部门和教育部门的技术效率比较

两部门技术效率参数差距存在地区差异。

对两部门技术效率参数的差距值（B/A）进行聚类分析，将各个地区划分为六组，其中由于西藏存在异常值，因此，在绘制聚类图时，西藏不予考虑（见图5－2、表5－11）。第一组广东、山东和四川；第二组为湖南、安徽和江苏；第三组为浙江、河北、河南、湖北和江西；第四组为云南、上海、福建、贵州、广西和陕西；第五组为黑龙江、辽宁、重庆、北京、甘肃、山西；第六组为新疆、吉林、内蒙古、天津、海南、宁夏与青海。

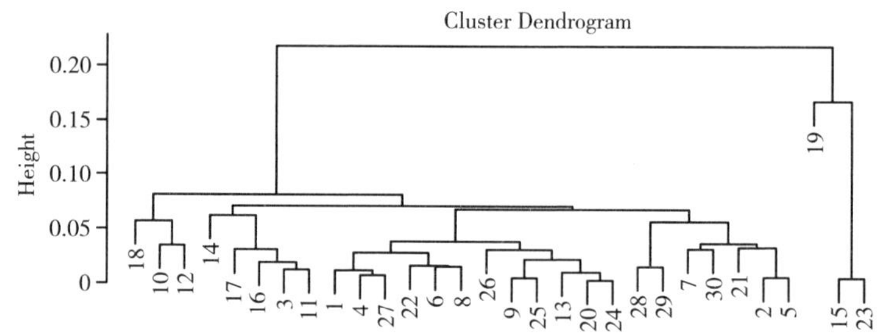

图5－2　两部门技术效率差距（B/A）地区聚类

表5－11　　两部门技术效率差距（B/A）地区聚类

组别	分组	地区	教育部门与物质生产部门技术效率比值B/A
1	19	广东	1.23
	15	山东	1.06
	23	四川	1.05

续表

组别	分组	地区	教育部门与物质生产部门技术效率比值 B/A
2	18	湖南	0. 84
	12	安徽	0. 78
	10	江苏	0. 74
3	11	浙江	0. 66
	3	河北	0. 65
	16	河南	0. 63
	17	湖北	0. 60
	14	江西	0. 54
4	25	云南	0. 47
	9	上海	0. 46
	13	福建	0. 44
	24	贵州	0. 43
	20	广西	0. 43
	26	陕西	0. 40
5	8	黑龙江	0. 36
	6	辽宁	0. 34
	22	重庆	0. 33
	1	北京	0. 30
	27	甘肃	0. 29
	4	山西	0. 28
6	30	新疆	0. 21
	7	吉林	0. 18
	2	天津	0. 14
	5	内蒙古	0. 14
	21	海南	0. 10
	29	宁夏	0. 05
	28	青海	0. 03

5. 4. 4　两部门技术参数的比较

将前面 5. 2 节中测算得到的人力资源生产部门（教育部门）的技术参数

B 同刚测得的物质生产部门技术参数 A 置于同一平面坐标中，仅就两部门经济技术参数于 2006～2017 年平均指标展开比较分析，主要体现为三个方面的特征。

（1）教育部门技术参数 B 低于物质生产部门技术参数 A。

（2）各地区教育部门技术参数差异较小，比较稳定；而物质生产部门技术效率参数差异较大，呈现出较大的波动。

（3）两部门技术效率参数差距存在地区差异。北京、天津、上海、海南、西藏、青海、宁夏是两个部门技术效率参数差距很大，尤其是西藏、海南两个地区。西藏的技术效率 A 的值达到了 8，对于造成西藏这样高的技术效率 A，可能的原因是，存在异常值导致西藏的技术效率 A 异常偏高，而对于青海、宁夏的技术效率 A 的值分别达到了 3.19 与 3.32，主要是因为西部大开发以及中部地区的高耗能、高污染的产业向西部转移，导致近年来西部一些地区的资本以及技术效率 A 远高于其他地区。而两部门技术效率参数有一定差距的地区主要有内蒙古、山西、福建、甘肃和新疆。其余地区两部门技术效率参数差异较小，其中江苏、安徽、山东、湖南较为显著。而广东、四川、山东三个地区人力资本技术效率参数高于物质生产部门的技术效率参数。

第 6 章
高技术产业创新引领作用的测度

创新能力是保持区域经济相对竞争优势，实现区域经济持续发展的关键。2016 年我国“十三五国家科技创新规划”强调推动优势区域打造创新高地，形成区域创新发展梯次布局，提升区域创新水平。高技术产业作为带动产业发展与经济效益的技术产业，是实现国家创新驱动发展战略的前沿阵地，更是中国对外开放、参与国际竞争的重要战略性产业，因此，省际创新能力的测度体系中高技术产业创新能力的引领作用也是非常重要的核心部分。

6.1　高技术产业的界定

高技术（high technology）一词源于第二次世界大战之后出现的计算机、晶体管、集成电路、激光器、交互式信息处理技术以及基因工程等这几项对人类社会的生产、生活和思维方式产生巨大影响的技术发明。这类技术发明和技术创新对经济体系的影响之大，不仅引起技术、工艺方式的改变，同时还伴随着企业的组织制度、管理制度和社会制度的随之创新，甚至会带来技术经济范式的变革。伴随高技术的生产规模化、产业化，各国政府越来越重视对高技术产业的界定与发展。

6.1.1 高技术产业的界定

较为普遍的界定准则包括三个方面：（1）该技术在国际上具有先进性和前瞻性；（2）以该技术为支撑的产业未来将成为国家的主导产业；（3）本国具有发展该技术的科学技术队伍和研究基础。

目前国际上较具影响力的高技术产业界定标准是美国商务部和世界经合组织（OECD）的做法。美国商务部采用了R&D经费投入强度和科技人员投入力度两个指标来界定高技术产业；OECD依据R&D经费投入强度这一个指标来界定高技术产业。

6.1.2 我国高技术产业的界定

我国高技术研究发展计划（863计划）从我国具体国情出发，选定了七个重要的高技术领域：生物技术、电子信息技术、激光技术、自动化技术、新能源技术、新材料技术、航天技术。中国国家统计局确立的高技术产业统计范畴均集中于制造业，包括电子及通信设备制造业、电子计算机及办公设备制造业、医药制造业、医疗设备及仪器仪表制造业和航空航天制造业，而对于上述领域中相应服务业的统计尚不完善。因此，本章高技术产业的相关测度与分析完全依赖于高技术产业统计范畴。

6.2 高技术产业技术效率的测度

6.2.1 指标选择与数据来源

本章所使用的数据均来自《2017－2018年中国科技统计年鉴》，使用全国高技术产业地区数据；以选取从业人员当量、投资额作为投入指标，有效发明专利数和新产品销售收入作为产出指标；运用数据包络分析方法（DEA）建立 BCC 模型，得到基于产出视角下全国省际生产率水平，从而展开全国各省生产率（综合技术效率）及其分解指标的比较分析。

6.2.2 技术效率水平测度与分析

通过 DEA 数据包络分析方法使用 2.1 版本 DEAP 软件测算得到 2017 年全国各省高技术产业生产率（综合技术效率）及其分解指标——纯技术效率和规模效率，分析输出结果整理如表 6－1 所示。

表 6－1　　2017 年我国省际高技术产业技术效率水平

省份	综合技术效率	纯技术效率	规模效率	规模报酬
北京	1.000	1.000	1.000	规模不变
天津	0.711	0.714	0.996	规模递增
河北	0.265	0.281	0.941	规模递减
山西	0.304	0.308	0.985	规模递增
内蒙古	1.000	1.000	1.000	规模不变
辽宁	0.531	0.534	0.995	规模递减
吉林	0.354	0.368	0.962	规模递减
黑龙江	0.210	0.215	0.977	规模递减
上海	0.700	0.703	0.996	规模递增
江苏	0.672	0.790	0.851	规模递减
浙江	0.502	0.502	0.999	规模不变
安徽	0.545	0.610	0.895	规模递减
福建	0.443	0.444	0.999	规模不变
江西	0.342	0.410	0.836	规模递减
山东	0.560	0.560	1.000	规模不变
河南	1.000	1.000	1.000	规模不变
湖北	0.400	0.428	0.935	规模递减
湖南	0.387	0.387	0.999	规模不变
广东	1.000	1.000	1.000	规模不变
广西	0.738	0.757	0.976	规模递减
海南	0.818	0.849	0.964	规模递减
重庆	0.867	0.874	0.992	规模递减

续表

省份	综合技术效率	纯技术效率	规模效率	规模报酬
四川	0.514	0.524	0.981	规模递减
贵州	0.416	0.447	0.930	规模递减
云南	0.392	0.405	0.970	规模递减
西藏	1.000	1.000	1.000	规模不变
陕西	0.252	0.256	0.983	规模递减
甘肃	0.506	0.530	0.954	规模递增
青海	0.328	0.357	0.917	规模递增
宁夏	0.367	0.374	0.981	规模递增
新疆	0.600	0.609	0.985	规模递减
均值	0.572	0.588	0.968	—

注：以上数据使用 DEAP 方法计算而得。

6.2.2.1　技术效率水平分析

比较北京、内蒙古、河南、广东与西藏五个技术前沿面省份（它们的纯技术效率、规模效率和综合技术效率均为 1），各省份规模效率差异较小，而综合技术效率与纯技术效率差异较大，综合技术效率与纯技术效率位于前列的省份除了五个技术前沿面省份外，还有重庆、海南、广西、天津与上海，他们的综合技术效率与纯技术效率值在 0.7 ~0.88。综合技术效率与纯技术效率排名靠后的省份有山西、河北、陕西、黑龙江，其综合技术效率与纯技术效率值在 0.21 ~0.31（见图 6 -1）。

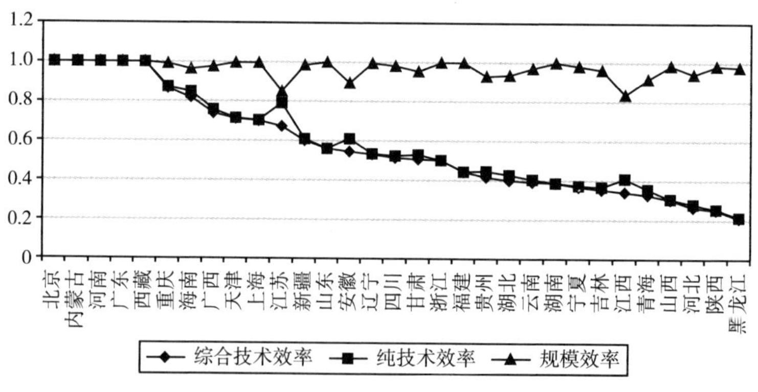

图 6 -1　2017 年全国 31 个省份技术效率比较

6.2.2.2 技术效率规模报酬分析

综合2017年全国各省份高技术产业技术效率规模报酬数据分析，天津、山西、上海、甘肃、青海与宁夏高技术产业技术效率为规模报酬递增；北京、内蒙古、浙江、福建、山东、河南、湖南、广东和西藏高技术产业技术效率为规模报酬不变；辽宁、吉林、黑龙江、江苏、安徽、江西、湖北、广西、海南、重庆、四川、贵州、云南、陕西、新疆高技术产业技术效率则为规模报酬递减。

6.2.3 技术效率变动的测度与分析

以当年从业人员当量、投资额作为投入指标，有效发明专利数、新产品销售收入作为产出指标；运用DEA-Malmquist方法，使用2.1版本DEAP软件测算得到基于产出视角下2016~2017年全国31个省份高技术产业全要素生产率及其分解指标——技术进步、技术效率变化、规模效率变化、纯技术效率变化指标，并进一步整理得到表6-2。

表6-2　　2016~2017年我国省际高技术技术效率变动情况

省份	技术效率变动 Effch	技术变动 Techch	纯技术效率变动 PEch	规模技术效率变动 SEch	全要素生产率变动 TFPch
北京	1.013	0.986	1.010	1.003	0.999
天津	0.711	1.175	0.714	0.996	0.835
河北	0.901	1.314	0.956	0.942	1.183
山西	1.403	1.120	1.182	1.187	1.571
内蒙古	1.873	1.483	1.873	1.000	2.778
辽宁	0.812	1.206	0.817	0.995	0.979
吉林	0.600	1.464	0.623	0.963	0.878
黑龙江	1.006	1.089	0.990	1.016	1.096
上海	1.166	1.035	1.167	0.999	1.207
江苏	0.811	1.185	0.824	0.984	0.961
浙江	1.290	1.179	1.289	1.001	1.521

续表

省份	技术效率变动 Effch	技术变动 Techch	纯技术效率变动 PEch	规模技术效率变动 SEch	全要素生产率变动 TFPch
安徽	0.882	1.351	0.985	0.895	1.192
福建	0.772	1.190	0.771	1.002	0.918
江西	0.595	1.482	0.712	0.836	0.882
山东	0.973	1.194	0.955	1.019	1.161
河南	1.000	1.243	1.000	1.000	1.243
湖北	0.805	1.258	0.860	0.936	1.013
湖南	0.637	1.194	0.636	1.001	0.760
广东	1.000	1.062	1.000	1.000	1.062
广西	1.306	1.259	1.336	0.978	1.644
海南	1.992	0.977	1.822	1.093	1.945
重庆	1.053	1.291	1.062	0.992	1.360
四川	0.877	1.252	0.894	0.982	1.098
贵州	0.987	1.097	0.937	1.053	1.083
云南	0.904	1.092	0.754	1.198	0.987
西藏	1.000	0.700	1.000	1.000	0.700
陕西	0.968	1.212	0.984	0.983	1.173
甘肃	1.301	1.290	1.363	0.955	1.679
青海	0.368	1.562	0.401	0.917	0.574
宁夏	0.743	1.283	0.757	0.982	0.953
新疆	0.705	1.351	0.715	0.986	0.952
均值	0.930	1.199	0.936	0.994	1.116

注：以上数据运用 DEA-Malmquist 方法测算而得。

6.3 国家级高新区企业技术效率的测度

6.3.1 国家级高新区的引领、示范、辐射、带动作用

高新区是政府批准设立重点推动发展高新技术产业的区域，现阶段我国

的高新区主要包括省级高新区和国家级高新区。

6.3.1.1 国家级高新区

国家级高新区由国务院批准设立，推动发展高新技术产业的国家级科技工业园区，它依托于智力密集、技术密集资源建设，享受税收、融资等各方面的政策优惠，通过吸收和借鉴国外先进科学技术、资源、资金及管理模式实现软硬环境的局部优化，其目的在于支持科学技术创新，并且将技术创新成果转化为经济效益和社会效益。

6.3.1.2 国家级高新区的引领、示范、辐射和带动作用

国家级高新区建设的政策目标是“引领、示范、辐射、带动”。在高新区内促进科技和经济的紧密结合，要建设成为推动科技体制改革的示范；支持高新区优先发展高新技术产业，进而引领全国高新技术产业发展；高新区先进的技术和知识需要辐射其他产业，推动传统产业的改造和低端产业的升级，高新区是高技术产业改造传统产业的辐射源；高新区还需要带动地方经济发展，成为区域经济发展的增长极。

6.3.1.3 国家级高新区的发展

作为国家技术创新的引领，国家高新区经历了四个发展阶段：1985～1991 年孕育阶段，1985 年中科院科技战略咨询研究院其报告中首次提出“高新区建设的建议”，1988 年国家创建“火炬计划”，中关村高新区作为第一家国家级高新区经国务院批复建设，1991 年 3 月全国各地区获批 27 个国家级高新区。1992～2000 年粗放发展阶段，该时期国家级高新区在资金以及人力资本方面呈现扩张特征，对所在省际经济发展以及创新绩效方面产生深远影响，2000 年以前获批建设国家级高新区 53 家，主要表现为工业聚集区的生产要素聚集建设。2001～2012 年为集约化发展阶段，国家级高新区发展模式开始由规模化转向集约化发展，强调科技内涵的发展，抓住“科技要素、科技成果转化和技术创新”等发展根本，截至 2012 年底获批建设国家级高新区 104 家。从 2013 年至今为发展战略提升期，以打造“创新经济体”为发展目标，

其发展定位和内涵也更加多元化与全面化，目前主流国家级高新区建设主要集中在建设高质量的“双创”平台，升级传统产业、发展新产业、建设促进知识和产权市场交易的平台以及参与智能化新型城市建设。

6.3.2 国家级高新区企业技术效率的测度

6.3.2.1 数据来源与测算指标

我们以国家级高新区企业的营业收入、总产值和出口额变量为产出变量，以从业人数作为劳动投入变量；测算出人均营业收入、人均总产值和人均出口额变量，并以此作为高新区企业技术效率（劳动效率）指标（见表6－3）。国家级高新区企业的营业收入、总产值、出口额和从业人数数据源于《中国科技统计年鉴》。

6.3.2.2 国家级高新区规模分析

自1988年我国第一家国家级高新区——中关村高新区批复建设以来，我国国家高新区数量逐年递增，截至2018年底我国国家高新区已覆盖各省级区域，总数达到169家，入园企业达到120058家，2018年末从业人员209.16万人。仅从1993～2018年我国国家级高新区企业数量来看，2000年以前、2001～2012年这两个发展阶段，国家级高新区企业数量增长相对较为缓慢；2013年之后国家级高新区企业数量以较快速度增加（见图6－2）。

6.3.2.3 国家级高新区企业的地区分布

从国家级高新区企业数地区分布来看，居于前三位的省份是北京、广东和江苏。2016～2018年，3年企业数均在一万个以上的省份是北京，作为首个获批的高新技术产业开发试验区，北京起到了一个好的带头作用。其中国家级高新技术企业数最少的省份是青海，3年的企业数都在一百以下。广东2017年、2018年企业数量增幅较大，并超过了江苏，尽管江苏在2018年企业数量增长幅度也比较大（见图6－3）。

表 6 – 3　　2016 ~ 2018 年我国省际国家级高新区企业概况

省份	企业数（个）			从业人员（人）			人均营业收入（万元）			人均总产值（万元）			人均出口额（万元）		
	2016 年	2017 年	2018 年	2016 年	2017 年	2018 年	2016 年	2017 年	2018 年	2016 年	2017 年	2018 年	2016 年	2017 年	2018 年
北京	19869	22013	22110	2395420	2551526	2670506	192.2319	207.8199	220.2987	41.4863	42.312	41.67398	7.293251	8.169038	7.820193
天津	4005	4073	4251	374095	362970	309582	191.8698	123.2203	134.7751	124.7196	64.99853	60.33881	13.09185	10.11954	12.78962
河北	1499	1715	2314	293625.5	310905.5	323462	137.1241	149.3593	146.4235	105.3138	99.09074	89.7825	4.302889	4.209897	4.655688
山西	1204	1211	1402	175674.5	167469.5	175935	124.9439	139.6861	159.9697	105.8496	116.6597	118.2088	0.902055	0.582488	0.796538
内蒙古	571	607	615	159225	156803	165366.5	109.8494	122.2212	132.5375	79.11129	76.49404	78.21454	1.20802	2.028775	4.579785
辽宁	2407	2662	2843	476463.5	450425.5	443528.5	114.0086	136.4818	145.6113	68.71589	79.98404	89.05446	9.5598	11.69765	13.21352
吉林	2354	2260	2229	458507	428936.5	390136	167.6309	167.0836	191.6507	161.4397	150.7767	166.4488	9.131939	4.79954	3.780133
黑龙江	910	961	856	265624.5	228912	203938	159.9934	194.2838	167.4653	120.9905	135.9882	122.481	3.575928	7.644475	7.351891
上海	4359	5483	6190	883823	1012428	1131027	180.7066	195.2723	195.2388	114.1924	111.106	103.4754	22.83476	26.35913	22.72575
江苏	7988	9000	13295	1721921	1829653	2107177	141.4359	154.5767	166.4647	127.6003	133.1589	139.1612	28.53654	31.59963	40.23062
浙江	4219	4432	4990	801382.5	911623.5	993759.5	142.2226	145.9171	155.741	96.74371	98.41512	109.9003	15.12783	14.9973	17.73379
安徽	1851	2201	2552	381364	428070.5	464929	190.1122	191.0808	190.341	167.4457	164.861	151.2329	16.00343	20.95759	21.12
福建	1975	2479	2858	511997	549217	592336.5	116.345	123.1091	130.7854	116.0542	118.3654	123.4047	28.67936	27.52454	25.61371
江西	1366	1510	1968	358587	383408	416911.5	172.4103	182.8701	190.7578	161.5817	167.5465	176.0777	12.21047	12.72315	13.71109
山东	4420	4739	5105	1198802	1221010	1239345	146.5814	158.4313	173.6677	123.3323	127.3729	136.5672	14.73511	15.13599	14.89855
河南	2225	3191	3770	627217	651687.5	631339	141.5352	107.9225	109.711	119.832	80.75256	74.42065	33.69406	5.67011	5.830045

续表

省份	企业数（个）			从业人员（人）			人均营业收入（万元）			人均总产值（万元）			人均出口额（万元）		
	2016 年	2017 年	2018 年	2016 年	2017 年	2018 年	2016 年	2017 年	2018 年	2016 年	2017 年	2018 年	2016 年	2017 年	2018 年
湖北	5613	6330	7567	1107715	1206976	1372832	178. 162	177. 7468	177. 7558	144. 2338	122. 5773	123. 6283	11. 11307	12. 07104	11. 83449
湖南	2216	2843	3259	593825	682846. 5	772544	165. 3088	163. 9735	133. 9468	151. 0119	139. 9514	111. 2517	14. 83073	15. 22188	9. 827282
广东	8437	11067	14878	2026813	2217246	2584007	135. 9516	141. 6171	168. 0459	114. 7315	108. 9048	128. 4507	30. 15818	30. 37812	30. 92816
广西	1558	1723	2045	435885. 5	482096. 5	486062	135. 6236	134. 2726	137. 5579	119. 497	109. 6455	105. 6878	7. 737821	9. 36833	13. 57134
海南	159	226	232	35003	38637	41582	105. 641	116. 877	112. 9314	105. 9251	96. 12105	92. 38163	5. 331372	5. 534824	5. 262998
重庆	1265	1423	2056	281297	282743	339449. 5	105. 9869	140. 4921	144. 5902	94. 31256	121. 5195	122. 9224	9. 148946	13. 07461	9. 815056
四川	2840	3179	3654	671745. 5	686633	707371	135. 2513	142. 5223	152. 0678	191. 6143	122. 2447	112. 904	18. 91644	28. 18056	31. 1788
贵州	733	911	977	266237	275747. 5	269958. 5	114. 2719	120. 3754	106. 164	81. 96679	81. 04003	59. 74278	3. 001604	2. 950326	3. 362965
云南	384	396	462	91933	93165. 5	103069	292. 8345	310. 4606	308. 0745	186. 323	220. 575	209. 7626	1. 854274	1. 810101	2. 596193
陕西	5075	5317	5754	662029	703262. 5	779897. 5	202. 2702	213. 7439	204. 5515	161. 2534	167. 4816	155. 5141	14. 56551	23. 24525	22. 39186
甘肃	751	767	828	179586	198694. 5	198324	143. 5761	140. 2525	134. 0499	85. 89924	79. 00472	73. 23676	0. 954323	2. 083711	2. 858666
青海	88	97	99	14393	14591	13121. 5	75. 18314	71. 67178	57. 13402	110. 8709	103. 2437	75. 37317	0. 309317	0. 523542	0. 895934
宁夏	144	119	153	35045	28883. 5	23735	106. 2076	71. 67764	91. 07563	112. 0122	75. 95942	80. 34451	8. 17917	7. 955649	4. 327407
新疆	608	696	745	139624. 5	176804	210327	200. 176	234. 0499	216. 0382	66. 30992	59. 99449	46. 18364	1. 603393	1. 169125	1. 542113

资料来源：中国科技统计年鉴。其中，人均营业收入、人均总产值和人均出口额是根据营业收入、总产值和出口额、从业人数计算得到。

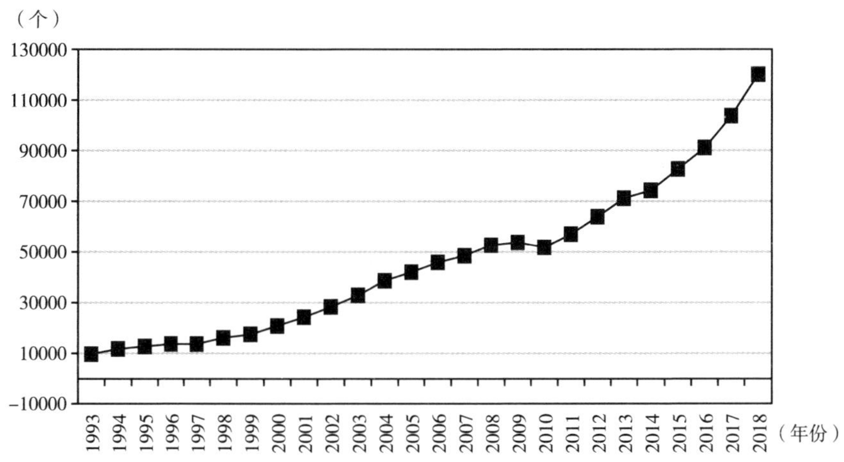

图6-2 1993~2018年国家级高新区企业数量

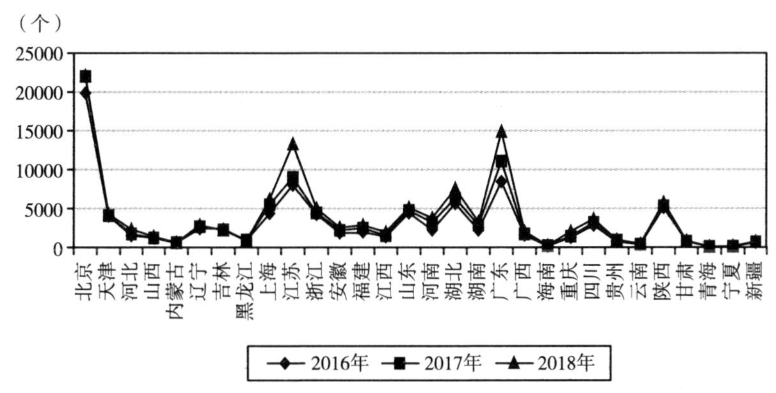

图6-3 2016~2018年30个省份国家级高新区企业数

国家级高新区从业人员数据为相邻两年期末从业人员数的均值测算得到，与企业数形成呼应，国家级高新区企业从业人员数最多的三个省份仍然是北京、广东和江苏。相比较企业数量，江苏、广东吸收更多的从业人员。各地区国家级高新区从业人员数量在这3年中没有发生较大的变化，3个年份的曲线形状较为吻合，其中，广东和江苏在2017~2018年从业人员实现了小幅度增长，其他省份的发展则较为稳定（见图6-4）。

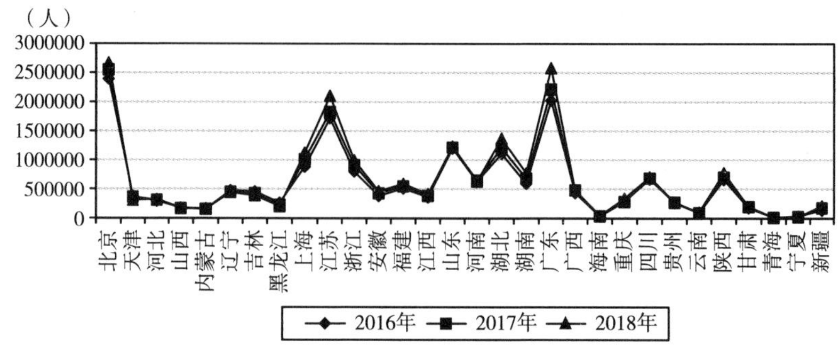

图6－4　2016～2018年30个省份国家级高新区企业从业人员数

6.3.2.4　国家级高新区企业技术效率地区分布情况

（1）人均产出。从各省份的国家级高新区企业人均营业收入方面来看，北京的人均营业收入最高，处于第一位，然后是广东和江苏，这三个省份可以视为人均营业收入在第一层级的省份；第二层级的省份有上海、山东、浙江、湖北、四川和陕西；剩下的省份为第三层级，与前两个层级的省份相比，人均营业收入较少，这与各省份的国家级高新区企业数密切相关，企业数越多，相应的人均营业收入也较高（见图6－5）。

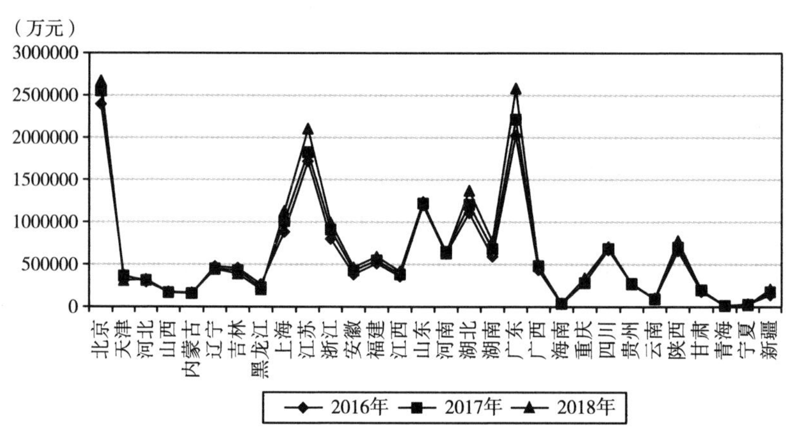

图6－5　2016～2018年我国省际国家级高新区企业人均营业收入

从各省份国家级高新企业人均总产值来看，云南的人均总产值较为突出，远高于其他省份，其次为吉林、安徽和江西。四川、天津、河南、宁夏和湖北的人均总产值在2016～2017年下降的较为明显，湖南、贵州和青海则在2017~2018年产值则产生了小幅度的下降。重庆人均总产值在2016~2017年实现了小幅度的上涨，其他省份则较为稳定，没有大幅度的波动（见图6-6）。

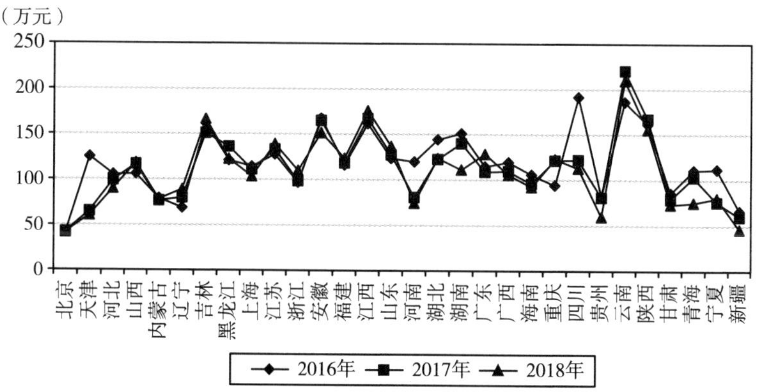

图6-6　2016~2018年我国省际国家级高新区企业人均总产值

（2）人均出口额。从对外贸易方面来看，江苏、广东、福建、四川和陕西的高新区企业人均出口额远高于我国其他省份，其中，陕西和四川在2016~2017年的人均出口额实现了大幅度的增长，同时，安徽和黑龙江也实现了小幅度的增长，江苏则每年都在增长。河南在2016~2017年产生了人均出口额的大幅度下降，并且，在2018年没有实现回升（见图6-7）。

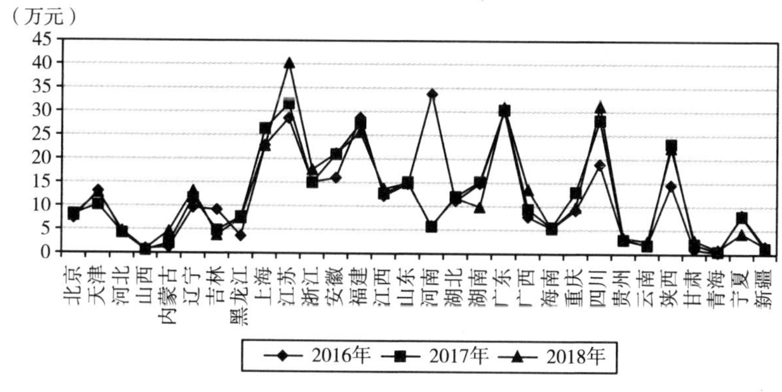

图6-7　2016~2018年我国省际国家级高新区企业人均出口额

第 7 章
企业技术效率与创新发展的测度

企业是市场经济运行的微观主体，企业创新是企业推出新产品、新工艺，开辟新市场，提升其市场竞争力，获取市场高额利润的基础；创新不仅带来企业生产效率的提高，同时还能够使更多技术模仿企业技术效率提高，提升相关产业、所属地区技术效率水平，形成并进一步推进新一轮创新发展。因此，企业成为省际创新体系中较为重要组成部分，企业的技术效率和创新发展成为省际创新能力指标体系的核心内容。企业技术效率主要由企业技术效率水平和企业技术效率变动两个方面来决定。其中，企业技术效率水平的测度指标包含企业纯技术效率水平和企业规模效率水平；企业技术效率变动通过面板数据测得全要素生产率的变动来反映，它又被分解为技术变动、纯技术效率变动和规模效率变动。企业创新发展情况通过绝对量指标——创新费用支出和相对指标——开展创新活动企业占比两个维度进行分析。其中创新费用支出包括内部研发费用、外部研发费用、获取机器设备、从外部获取技术四个规模指标；而开展创新活动企业占比则由开展产品或工艺创新企业占比和实现营销或组织创新企业占比构成。

7.1 企业技术效率的测度

7.1.1 技术效率常用测算方法

对于技术效率的测算方法主要有四种，分别是索罗剩余法、全要素生产率指数法、数据包络分析和随机前沿法。

7.1.1.1 索洛剩余法

索洛剩余法对全要素生产率的测算源自经济增长率中对劳动力和资本要素对增长的贡献扣除后的剩余，具体表达为：$\frac{\dot{A}_t}{A_t}=\frac{\dot{Y}_t}{Y_t}-\alpha\frac{\dot{K}_t}{K_t}-\beta\frac{\dot{L}_t}{L_t}$，其中，$\frac{\dot{A}_t}{A_t}$为全要素生产率增长率（也即索洛剩余），而后丹尼森（E. Denison）、乔根森（Jorgenson）和戈瑞利克斯（Griliches）又从不同视角修订并完善了该方法。我国学者李京文等（1992）、谢千里等（1995）、孙敬水（1996）、沈坤荣（1997）、张军和施少华（2003）均从不同的视角运用该方法对我国 TFP 展开了测算。

7.1.1.2 全要素生产率指数分析法

该方法是目前各国官方采用的最广泛的测量 TFP 的方法，也是世界经济合作组织（OECD，2001）推荐使用增长核算的方法，美国劳工统计局（BLS）从 1983 年开始公布用此方法估计的美国 TFP 数据。该方法仍然基于增长核算方法剩余的思想来诠释 TFP 的，通过产出综合指数与要素综合指数的比值得到生产率的变化。主要用于官方测度综合要素（包含劳动、资本、中间投入）生产率的方法。该方法有助于分解劳动、资本、中间投入和技术对增长的直接贡献。

7.1.1.3 数据包络法（DEA）

数据包络（DEA）理论由法雷尔（Farrel，1957）提出，查纳斯、库伯和罗德（Charnes，Cooper，Rhodes，1978）发展并构建了第一个 DEA 理论模型——CCR 模型，数据包络模型根据规模报酬是否变化，划分为规模报酬不变的 CRS 或 CCR 模型和规模报酬可变的 VRS 或 BBC 模型。DEA 分析法与随机前沿法共同之处在于存在非效率假定，DEA 分析法无须设定具体函数形式或分布假设，仅通过线性规划方法得到生产前沿面。它的优点在于不需要考虑投入和产出的生产函数形态，可用于解决多投入和多产出的 TFP 测算与分解问题，同时还有现成的分析软件支持数据运算分析。罗尔法（Rolffare，

1953）将 Malmquist 指数与 DEA 结合，形成了 DEA-Malmquist 指数方法，不需要有关投入产出的价格信息及严格的行为假设，从而使该方法广泛应用于各行业生产率的测算与分解。由于 DEA 方法的各种优点运用该方法研究中国 TFP 问题的文献很多，成为我国学者测度 TFP 主要方法，如郑京海和胡鞍钢（2005）、岳书敬和刘朝明（2006）、徐盈之和赵豫（2007）、舒元和才国伟（2007）、赖永明（2008）、江春等（2010）。

7.1.1.4 随机前沿法

随机前沿生产函数法是由艾格纳、洛佛尔和施密特（Aigner，Lovell，Schmidt，1977），梅森格和范登布罗克（Meusen，Vanden Broeck，1977）在确定前沿模型基础上引入随机扰动项分别独立提出的。库姆汉克和洛弗尔（Kumbhakar，Lovell，2003）将超越对数型生产函数引入随机前沿分析方法，通过随机前沿超越对数模型，将 TFP 增长率分解为技术进步、技术效率、规模效率和资源配置效率四个变化率。其中技术进步来自技术创新，技术效率则来自知识的扩散和模仿，规模效应和资源配置则来自投入要素的投入规模和合理配置。朱有为等（2006）、刘志迎等（2009）、白俊红等（2009）、杜凤莲等（2011）利用随机前沿法测算了我国总体及各地区、各行业的 TFP。

7.1.2 企业技术效率测度方法的确定

本书对于技术效率的测度之所以采用数据包络分析（DEA），主要是因为索罗剩余法和全要素生产率指数分析法是针对时间序列数据而言的，且要求假设所有企业是技术有效的，而对于数据包络方法和随机前沿方法没有对于所有企业技术有效性做出假设，更具有一般性，本书分析中涉及技术效率水平分析和技术效率变动两个方面指标的测算，因此，选择 DEA-Multi Stage 方法测算技术效率水平、DEA-Malmquist 指数方法测算技术效率变动分析。

7.1.2.1 技术效率水平分析方法

本书运用 DEA-Multi Stage 方法测算企业综合技术效率水平，并进一步将综合技术效率分解为纯技术效率和规模技术效率两部分。即：

$$\mathrm{Te} = \mathrm{PTe} \times \mathrm{SE}$$

其中，Te 是综合技术效率；PTe 为纯技术效率；SE 是规模技术效率。

7.1.2.2 技术效率变动分析方法

本书运用 DEA-Malmquist 指数方法测算技术效率变动，并进一步将 TFP 变化——广义的技术进步分解为技术进步和技术效率变化两个部分，而技术效率变化又进一步分解为规模效率变化和纯效率变化。即：

$$\mathrm{TFPch} = \mathrm{Effch} \times \mathrm{Techch} = (\mathrm{PEch} \times \mathrm{SEch}) \times \mathrm{Techch}$$

其中，TFPch 是全要素生产率的变化；Techch 为技术进步率；Effch 是技术效率变化，它是纯技术效率变化 PEch 和规模效率变化 SEch 的乘积。

7.1.3 指标选择与数据来源

本章所使用的数据均来自《2016 - 2017 年全国企业创新调查年鉴》，使用全国分地区规模以上企业、分地区规模以上工业企业、资质等级以上建筑企业与规模以上服务业企业基本情况地区数据；以年末从业人员数量、资产总额作为投入指标，主营业务收入和利润总额作为产出指标；运用数据包络分析方法（DEA）建立 BCC 模型，得到基于产出视角下全国省际生产率水平，从而展开全国各省生产率（综合技术效率）的比较分析（使用 2.1 版本 DEAP 软件包进行数据测算）以及技术效率变化的比较分析。

7.2 企业技术效率的分析

7.2.1 技术效率水平分析

根据测算得到的 2017 年全国各省份所有类型企业综合技术效率及其分解

指标——纯技术效率和规模效率。北京、上海、福建、江西和山东5个省份为企业技术效率前沿地区（它们的纯技术效率、规模效率和综合技术效率均为1）。从综合效率分析来看，河南、江苏、天津、陕西、广东较高，其中，广东、江苏和河南以纯技术效率占优，天津和陕西则以规模效率占优；西藏、青海、宁夏、黑龙江、山西、新疆、甘肃、云南、辽宁等14个省份综合效率低于全国平均水平，而其中规模效率水平远高于纯技术效率水平（见表7-1）。

表7-1　　2017年全国省际企业技术效率水平及其分解

省份	综合技术效率	纯技术效率	规模效率	规模报酬
北京	1.000	1.000	1.000	规模不变
天津	0.920	0.932	0.987	规模递增
河北	0.738	0.746	0.990	规模递增
山西	0.533	0.544	0.980	规模递增
内蒙古	0.836	0.857	0.976	规模递增
辽宁	0.651	0.661	0.985	规模递增
吉林	0.791	0.826	0.958	规模递增
黑龙江	0.516	0.542	0.953	规模递增
上海	1.000	1.000	1.000	规模不变
江苏	0.947	1.000	0.947	规模递减
浙江	0.865	0.876	0.987	规模递减
安徽	0.792	0.805	0.984	规模递减
福建	1.000	1.000	1.000	规模不变
江西	1.000	1.000	1.000	规模不变
山东	1.000	1.000	1.000	规模不变
河南	0.960	1.000	0.960	规模递减
湖北	0.759	0.765	0.992	规模递增
湖南	0.843	0.856	0.985	规模递增
广东	0.886	1.000	0.886	规模递减
广西	0.813	0.839	0.969	规模递增
海南	0.586	0.668	0.877	规模递增

续表

省份	综合技术效率	纯技术效率	规模效率	规模报酬
重庆	0.712	0.724	0.984	规模递增
四川	0.753	0.757	0.994	规模递增
贵州	0.817	0.846	0.965	规模递增
云南	0.641	0.656	0.976	规模递增
西藏	0.374	1.000	0.374	规模递增
陕西	0.899	0.914	0.984	规模递增
甘肃	0.609	0.648	0.941	规模递增
青海	0.392	0.439	0.892	规模递增
宁夏	0.491	0.562	0.874	规模递增
新疆	0.576	0.596	0.967	规模递增
均值	0.765	0.808	0.947	—

注：运用 DEA-Multi Stage 方法测算并整理得到。

7.2.2 规模报酬分析

天津、河北、山西、内蒙古、辽宁、吉林、黑龙江、湖北、湖南、广西、海南、重庆、四川、贵州、云南、西藏、陕西、甘肃、青海、宁夏、新疆企业存在规模报酬递增，北京、上海、福建、江西、山东企业规模报酬不变，浙江、安徽、河南、广东企业规模报酬递减。

7.2.3 产出与投入冗余分析

根据分析结果进一步整理得到全国各省所有类型企业技术效率及其投入产出冗余状况：河北、重庆、四川、贵州、云南、陕西和新疆的产出指标——主营业务收入存在冗余，天津、山西、辽宁、吉林、安徽、湖北、湖南、甘肃、青海与宁夏的产出指标——利润总额存在冗余；而关于投入指标——资产总计的冗余仅出现在天津、海南与青海三个省份；投入指标——年末从业人员仅浙江存在冗余（见表7-2）。

表7-2　　2017年全国31个省份企业产出与投入冗余

省份	产出冗余		投入冗余	
	主营业务收入（亿元）	利润总额（亿元）	资产总计（亿元）	年末从业人员（万人）
北京	0.000	0.000	0.000	0.000
天津	0.000	986.977	9982.669	0.000
河北	2052.544	0.000	0.000	0.000
山西	0.000	730.878	0.000	0.000
内蒙古	14826.740	0.000	0.000	0.000
辽宁	0.000	1349.582	0.000	0.000
吉林	0.000	221.783	0.000	0.000
黑龙江	0.000	607.684	0.000	0.000
上海	0.000	0.000	0.000	0.000
江苏	0.000	0.000	0.000	0.000
浙江	0.000	0.000	0.000	415.505
安徽	0.000	106.134	0.000	0.000
福建	0.000	0.000	0.000	0.000
江西	0.000	0.000	0.000	0.000
山东	0.000	0.000	0.000	0.000
河南	0.000	0.000	0.000	0.000
湖北	0.000	100.585	0.000	0.000
湖南	0.000	303.515	0.000	0.000
广东	0.000	0.000	0.000	0.000
广西	0.000	0.000	0.000	0.000
海南	0.000	0.000	699.015	0.000
重庆	6999.894	0.000	0.000	0.000
四川	7374.736	0.000	0.000	0.000
贵州	11215.925	0.000	0.000	0.000
云南	6866.308	0.000	0.000	0.000
西藏	0.000	0.000	0.000	0.000
陕西	12927.985	0.000	0.000	0.000
甘肃	0.000	652.450	0.000	0.000
青海	0.000	205.837	3576.241	0.000
宁夏	0.000	251.172	0.000	0.000
新疆	1039.378	0.000	0.000	0.000
均值	2042.049	177.955	459.933	13.403

注：运用DEA-Multi Stage方法测算、整理得到。

7.2.4 技术效率变动分析

使用2016~2017年分地区企业数据，以当年从业人员数量、资产合计作为投入指标，主营业务收入、利润总额作为产出指标；运用数据包络分析方法Malmquist-DEA方法测算得到基于产出视角下全国31个省份所有类型企业全要素生产率变动及其分解因素指标——技术效率变动、技术进步、纯技术效率变动、规模效率变动的数据（见表7-3）。

表7-3　2016~2017年全国31个省份企业地区均值的Malmquist指数

省份	技术效率变动 Effch	技术变动 Techch	纯技术效率变动 PEch	规模技术效率变动 SEch	全要素生产率变动 TFPch
北京	1.000	1.079	1.000	1.000	1.079
天津	0.920	1.056	0.932	0.987	0.972
河北	0.955	0.951	0.958	0.997	0.909
山西	1.102	1.024	1.112	0.991	1.129
内蒙古	1.302	1.036	1.303	0.999	1.349
辽宁	1.041	1.019	1.048	0.993	1.061
吉林	0.908	0.998	0.923	0.983	0.906
黑龙江	0.832	1.022	0.847	0.983	0.850
上海	1.000	1.079	1.000	1.000	1.079
江苏	1.052	0.909	1.000	1.052	0.956
浙江	1.135	0.912	1.149	0.988	1.035
安徽	1.065	0.929	1.067	0.998	0.989
福建	1.135	0.912	1.119	1.014	1.035
江西	1.000	0.950	1.000	1.000	0.950
山东	1.000	0.924	1.000	1.000	0.924
河南	1.077	0.938	1.097	0.982	1.010
湖北	0.996	0.965	0.999	0.997	0.961
湖南	0.966	0.912	0.960	1.006	0.881

续表

省份	技术效率变动 Effch	技术变动 Techch	纯技术效率变动 PEch	规模技术效率变动 SEch	全要素生产率变动 TFPch
广东	1.121	0.906	1.020	1.099	1.016
广西	1.116	0.908	1.112	1.004	1.014
海南	0.949	1.111	0.924	1.027	1.054
重庆	0.865	0.909	0.867	0.997	0.786
四川	1.133	0.908	1.128	1.004	1.028
贵州	0.988	0.964	0.989	1.000	0.952
云南	1.193	1.035	1.206	0.989	1.235
西藏	1.137	1.104	1.000	1.137	1.255
陕西	1.359	0.948	1.360	0.999	1.288
甘肃	0.948	1.031	0.967	0.980	0.977
青海	0.934	1.074	0.941	0.993	1.003
宁夏	0.935	1.092	0.966	0.967	1.021
新疆	1.038	1.088	1.051	0.988	1.130
均值	1.032	0.988	1.028	1.004	1.020

注：运用 DEA-Malmquist 指数方法测算、整理得到。

7.3 分行业企业效率分析

7.3.1 工业企业

7.3.1.1 技术效率水平分析

根据测算得到2017 年全国各省份工业企业综合技术效率及其分解指标——纯技术效率和规模效率。北京、上海、江西和山东为四个技术前沿地区。从综合效率分析来看，内蒙古、广西、江苏、吉林、海南、安徽、湖南、陕西处于较高水平，其中，江苏、海南、内蒙古、河南以纯技术效率占优，河北、辽宁、陕西则以规模效率占优；陕西、黑龙江、青海、西藏、辽宁、青海、宁夏、黑龙江、山西、新疆、甘肃、云南、辽宁 13 个省份综合效率低于全国平均水平，而其中规模效率水平远高于纯技术效率水平（见表 7-4）。

表7-4　　2017年全国31个省份工业企业技术效率水平

省份	综合技术效率	纯技术效率	规模效率	规模报酬
北京	1.000	1.000	1.000	规模不变
天津	0.824	0.830	0.993	规模递增
河北	0.748	0.750	0.998	规模递增
山西	0.505	0.506	0.998	规模递增
内蒙古	0.982	0.987	0.995	规模递增
辽宁	0.647	0.649	0.998	规模递增
吉林	0.926	0.934	0.992	规模递增
黑龙江	0.525	0.531	0.988	规模递增
上海	1.000	1.000	1.000	规模不变
江苏	0.955	1.000	0.955	规模递减
浙江	0.669	0.723	0.925	规模递减
安徽	0.898	0.905	0.993	规模递减
福建	0.857	0.947	0.905	规模递减
江西	1.000	1.000	1.000	规模不变
山东	1.000	1.000	1.000	规模不变
河南	0.849	0.986	0.861	规模递减
湖北	0.845	0.850	0.994	规模递增
湖南	0.897	0.939	0.955	规模递减
广东	0.743	0.908	0.819	规模递减
广西	0.966	0.977	0.988	规模递增
海南	0.925	1.000	0.925	规模递增
重庆	0.814	0.821	0.992	规模递增
四川	0.804	0.809	0.994	规模递减
贵州	0.717	0.737	0.972	规模递增
云南	0.696	0.700	0.995	规模递增
西藏	0.627	1.000	0.627	规模递增
陕西	0.882	0.885	0.996	规模递增
甘肃	0.832	0.841	0.989	规模递增
青海	0.555	0.576	0.965	规模递增
宁夏	0.672	0.686	0.980	规模递增
新疆	0.700	0.705	0.994	规模递增
均值	0.808	0.844	0.961	—

注：运用DEA-Multi Stage方法测算并整理得到。

7.3.1.2 规模报酬分析

天津、河北、山西、内蒙古、辽宁、吉林、黑龙江、湖北、广西、海南、重庆、贵州、云南、西藏、陕西、甘肃、青海、宁夏、新疆工业企业存在规模报酬递增，北京、上海、江西与山东工业企业规模报酬不变，江苏、浙江、安徽、福建、河南、湖南与四川工业企业规模报酬递减（见表7-4）。

7.3.1.3 产出与投入冗余分析

根据分析结果进一步整理得到全国31个省份工业企业技术效率及其投入产出冗余状况：内蒙古、浙江、贵州与陕西的产出指标——主营业务收入存在冗余，天津、山西、辽宁、黑龙江、吉林、安徽、湖南、云南、甘肃、青海、宁夏与新疆的产出指标——利润总额存在冗余；浙江、福建、河南、湖南与广东投入指标——年末从业人员存在冗余，其余则不存在冗余（见表7-5）。

表7-5　　2017年全国31个省份工业企业产出与投入冗余

省份	产出冗余		投入冗余	
	主营业务收入（亿元）	利润总额（亿元）	资产总计（亿元）	年末从业人员（万人）
北京	0.000	0.000	0.000	0.000
天津	0.000	251.577	0.000	0.000
河北	0.000	0.000	0.000	0.000
山西	0.000	641.883	0.000	0.000
内蒙古	3635.430	0.000	0.000	0.000
辽宁	0.000	1100.606	0.000	0.000
吉林	0.000	292.021	0.000	0.000
黑龙江	0.000	249.060	0.000	0.000
上海	0.000	0.000	0.000	0.000
江苏	0.000	0.000	0.000	0.000

续表

省份	产出冗余		投入冗余	
	主营业务收入（亿元）	利润总额（亿元）	资产总计（亿元）	年末从业人员（万人）
浙江	2941.082	0.000	0.000	23.288
安徽	0.000	333.651	0.000	0.000
福建	1330.501	0.000	0.000	48.192
江西	0.000	0.000	0.000	0.000
山东	0.000	0.000	0.000	0.000
河南	0.000	0.000	0.000	135.794
湖北	0.000	0.000	0.000	0.000
湖南	0.000	535.205	0.000	34.325
广东	0.000	0.000	0.000	404.602
广西	0.000	0.000	0.000	0.000
海南	0.000	0.000	0.000	0.000
重庆	0.000	0.000	0.000	0.000
四川	0.000	0.000	0.000	0.000
贵州	740.145	0.000	0.000	0.000
云南	0.000	316.849	0.000	0.000
西藏	0.000	0.000	0.000	0.000
陕西	4730.023	0.000	0.000	0.000
甘肃	0.000	562.332	0.000	0.000
青海	0.000	130.302	0.000	0.000
宁夏	0.000	298.588	0.000	0.000
新疆	0.000	194.253	0.000	0.000
均值	431.522	158.269	0.000	20.845

注：运用 DEA-Multi Stage 方法测算并整理得到。

7.3.1.4 技术效率变动分析

使用2016~2017 年分地区规模以上工业企业数据，以当年从业人员数量、资产合计作为投入指标，主营业务收入、利润总额作为产出指标；运用数据包络分析方法 Malmquist-DEA 指数方法测算得到基于产出视角下全国 31 个省份工业企业全要素生产率及其分解指标——技术效率变动、技术进步、纯技术效率变动、规模效率变动数据（见表 7 -6）。

表 7 -6　2016 ~ 2017 年全国 31 个省份工业企业均值的 Malmquist 指数

省份	技术效率变动 Effch	技术变动 Techch	纯技术效率变动 PEch	规模技术效率变动 SEch	全要素生产率变动 TFPch
北京	1. 000	1. 191	1. 000	1. 000	1. 191
天津	0. 824	0. 996	0. 830	0. 993	0. 821
河北	0. 957	0. 965	0. 958	0. 999	0. 924
山西	1. 228	1. 005	1. 215	1. 011	1. 234
内蒙古	1. 045	1. 124	1. 050	0. 996	1. 175
辽宁	1. 103	1. 005	1. 089	1. 013	1. 108
吉林	0. 968	0. 994	0. 968	1. 000	0. 962
黑龙江	0. 868	0. 995	0. 868	1. 000	0. 864
上海	1. 033	1. 078	1. 000	1. 033	1. 113
江苏	0. 996	0. 982	1. 000	0. 996	0. 978
浙江	1. 022	0. 990	1. 063	0. 961	1. 012
安徽	1. 065	0. 952	1. 065	1. 000	1. 014
福建	1. 051	0. 984	1. 088	0. 966	1. 034
江西	1. 000	0. 984	1. 000	1. 000	0. 984
山东	1. 000	0. 967	1. 000	1. 000	0. 967
河南	1. 043	0. 972	1. 068	0. 976	1. 014
湖北	1. 028	0. 954	1. 027	1. 001	0. 981
湖南	0. 955	0. 966	0. 980	0. 975	0. 923
广东	0. 992	0. 961	1. 032	0. 962	0. 953
广西	1. 069	0. 977	1. 057	1. 011	1. 044
海南	1. 003	1. 049	1. 000	1. 003	1. 052
重庆	0. 963	0. 989	0. 967	0. 997	0. 953
四川	1. 130	0. 965	1. 133	0. 997	1. 090

续表

省份	技术效率变动 Effch	技术变动 Techch	纯技术效率变动 PEch	规模技术效率变动 SEch	全要素生产率变动 TFPch
贵州	1.034	0.985	1.043	0.991	1.018
云南	1.135	1.036	1.137	0.998	1.175
西藏	1.185	1.317	1.000	1.185	1.560
陕西	1.320	1.017	1.305	1.011	1.343
甘肃	1.109	1.035	1.112	0.997	1.147
青海	0.908	1.059	0.909	0.999	0.961
宁夏	1.050	1.051	1.050	1.000	1.103
新疆	1.117	1.048	1.118	0.999	1.171
均值	1.034	1.017	1.032	1.002	1.051

注：运用 DEA-Malmquist 指数方法测算、整理得到。

7.3.2 资质等级以上建筑企业

7.3.2.1 技术效率水平分析

根据测算得到2017年全国31个省份资质等级以上建筑企业综合技术效率及其分解指标——纯技术效率和规模效率。北京、上海、浙江、福建、湖北和湖南为技术前沿地区，其纯技术效率、规模效率和综合技术效率均为1。从综合效率分析来看，江苏、陕西、广西、江西、河南处于较高水平；辽宁、内蒙古、甘肃、四川、黑龙江、云南、贵州等17个省份综合效率低于全国平均水平（见表7-7）。

7.3.2.2 规模报酬分析

天津、河北、山西、内蒙古、辽宁、黑龙江、广西、海南、重庆、四川、贵州、陕西、青海、宁夏、新疆建筑企业存在规模报酬递增，北京、浙江、上海、福建、湖北、湖南和西藏建筑企业规模报酬不变，吉林、江苏、安徽、江西、山东、河南、广东、云南建筑企业规模报酬递减（见表7-7）。

表7-7　　2017年全国31个省份建筑企业技术效率水平

省份	综合技术效率	纯技术效率	规模效率	规模报酬
北京	1.000	1.000	1.000	规模不变
天津	0.849	0.858	0.989	规模递增
河北	0.752	0.753	0.999	规模递增
山西	0.739	0.740	0.998	规模递增
内蒙古	0.572	0.579	0.987	规模递增
辽宁	0.568	0.570	0.996	规模递增
吉林	0.805	0.807	0.999	规模递减
黑龙江	0.662	0.677	0.978	规模递增
上海	1.000	1.000	1.000	规模不变
江苏	0.963	1.000	0.963	规模递减
浙江	1.000	1.000	1.000	规模不变
安徽	0.702	0.715	0.982	规模递减
福建	1.000	1.000	1.000	规模不变
江西	0.935	0.942	0.993	规模递减
山东	0.734	0.770	0.953	规模递减
河南	0.906	0.954	0.950	规模递减
湖北	1.000	1.000	1.000	规模不变
湖南	1.000	1.000	1.000	规模不变
广东	0.812	0.893	0.910	规模递减
广西	0.956	0.975	0.981	规模递增
海南	0.898	1.000	0.898	规模递增
重庆	0.824	0.869	0.948	规模递减
四川	0.659	0.724	0.910	规模递减
贵州	0.683	0.686	0.996	规模递增
云南	0.682	0.692	0.986	规模递减
西藏	1.000	1.000	1.000	规模不变
陕西	0.958	0.959	0.999	规模递增
甘肃	0.645	0.654	0.986	规模递增
青海	0.723	0.788	0.918	规模递增
宁夏	0.807	0.866	0.932	规模递增
新疆	0.806	0.819	0.985	规模递增
均值	0.827	0.848	0.975	—

注：运用DEA-Multi Stage方法测算并整理得到。

7.3.2.3 产出与投入冗余分析

根据分析结果进一步整理得到全国31个省份建筑企业技术效率及其投入产出冗余状况：重庆的产出指标——主营业务收入存在冗余，天津、辽宁、黑龙江、山东、广东、广西、四川、陕西、甘肃、青海、宁夏与新疆的产出指标——利润总额存在冗余，其余则不存在冗余（见表7-8）。

表7-8　　2017年全国31个省份建筑企业产出与投入冗余

省份	产出冗余		投入冗余	
	主营业务收入（亿元）	利润总额（亿元）	资产总计（亿元）	年末从业人员（万人）
北京	0.000	0.000	0.000	0.000
天津	0.000	77.311	0.000	0.000
河北	0.000	0.000	0.000	0.000
山西	0.000	0.000	0.000	0.000
内蒙古	0.000	0.000	0.000	0.000
辽宁	0.000	2.020	0.000	0.000
吉林	0.000	0.000	0.000	0.000
黑龙江	0.000	11.449	0.000	0.000
上海	0.000	0.000	0.000	0.000
江苏	0.000	0.000	0.000	0.000
浙江	0.000	0.000	0.000	0.000
安徽	0.000	0.000	0.000	0.000
福建	0.000	0.000	0.000	0.000
江西	0.000	0.000	0.000	0.000
山东	0.000	4.661	0.000	0.000
河南	0.000	0.000	0.000	0.000
湖北	0.000	0.000	0.000	0.000

续表

省份	产出冗余		投入冗余	
	主营业务收入（亿元）	利润总额（亿元）	资产总计（亿元）	年末从业人员（万人）
湖南	0.000	0.000	0.000	0.000
广东	0.000	102.650	0.000	0.000
广西	0.000	36.026	0.000	0.000
海南	0.000	0.000	0.000	0.000
重庆	81.937	0.000	0.000	0.000
四川	0.000	67.905	0.000	0.000
贵州	0.000	0.000	0.000	0.000
云南	0.000	0.000	0.000	0.000
西藏	0.000	0.000	0.000	0.000
陕西	0.000	9.858	0.000	0.000
甘肃	0.000	6.913	0.000	0.000
青海	0.000	5.458	0.000	0.000
宁夏	0.000	2.768	0.000	0.000
新疆	0.000	9.803	0.000	0.000
均值	2.643	10.865	0.000	0.000

注：运用 DEA-Multi Stage 方法测算并整理得到。

7.3.2.4 技术效率变动分析

使用2016~2017年分地区规模以上建筑企业数据，以当年从业人员数量、资产合计作为投入指标，主营业务收入、利润总额作为产出指标；运用数据包络分析方法 Malmquist-DEA 方法测算，得到基于产出视角下全国31个省份建筑企业全要素生产率及其分解指标——技术效率变动、技术进步、纯技术效率变动、规模效率变动数据（见表7-9）。

表7-9 2016~2017年全国31个省份资质以上建筑企业技术效率水平

省份	技术效率变动 Effch	技术变动 Techch	纯技术效率变动 PEch	规模技术效率变动 SEch	全要素生产率变动 TFPch
北京	1.000	0.953	1.000	1.000	0.953
天津	1.000	1.031	1.000	1.000	1.031
河北	1.138	0.968	1.127	1.010	1.101
山西	1.012	0.959	0.993	1.020	0.971
内蒙古	1.126	0.873	1.109	1.016	0.983
辽宁	1.132	0.939	1.126	1.005	1.062
吉林	1.122	0.928	1.095	1.025	1.042
黑龙江	1.303	0.885	1.286	1.013	1.153
上海	1.000	0.920	1.000	1.000	0.920
江苏	1.028	0.926	1.025	1.002	0.952
浙江	0.995	0.921	0.996	0.999	0.916
安徽	0.966	0.977	0.961	1.006	0.943
福建	0.999	0.901	0.996	1.003	0.900
江西	0.899	1.080	0.879	1.023	0.972
山东	1.044	1.115	1.038	1.006	1.164
河南	0.908	1.119	0.910	0.998	1.016
湖北	1.217	0.896	1.213	1.003	1.090
湖南	1.121	0.963	1.107	1.012	1.080
广东	0.985	0.999	1.000	0.985	0.984
广西	1.044	0.892	1.035	1.008	0.930
海南	1.118	0.930	1.136	0.984	1.040
重庆	1.744	1.004	1.783	0.978	1.750
四川	1.132	0.964	1.126	1.006	1.092
贵州	1.181	1.061	1.116	1.059	1.253
云南	0.946	0.999	0.921	1.027	0.945
西藏	1.449	0.896	1.000	1.449	1.298
陕西	0.849	0.983	0.839	1.013	0.835
甘肃	1.428	0.883	1.407	1.015	1.260
青海	1.173	0.996	1.053	1.114	1.168
宁夏	1.063	0.974	0.963	1.104	1.035
新疆	1.045	0.872	1.033	1.012	0.911
均值	1.090	0.959	1.062	1.026	1.045

注：运用DEA-Malmquist指数方法测算、整理得到。

7.3.3 服务业企业

7.3.3.1 技术效率水平分析

根据测算得到2017年全国31个省份规模以上服务业企业综合技术效率及其分解指标——纯技术效率和规模效率。北京、天津、上海与浙江为技术前沿地区，其纯技术效率、规模效率和综合技术效率均为1。从综合效率分析来看，山东、福建、广东、贵州、陕西等省份处于较高水平；青海、西藏、内蒙古、广西、黑龙江、吉林等16个省份综合效率低于全国平均水平（见表7-10）。

表7-10　　2017年全国31个省份服务企业技术效率水平

省份	综合技术效率	纯技术效率	规模效率	规模报酬
北京	1.000	1.000	1.000	规模不变
天津	1.000	1.000	1.000	规模不变
河北	0.620	0.632	0.981	规模递增
山西	0.744	0.773	0.962	规模递增
内蒙古	0.395	0.411	0.961	规模递增
辽宁	0.795	0.809	0.983	规模递增
吉林	0.489	0.518	0.944	规模递增
黑龙江	0.473	0.495	0.957	规模递增
上海	1.000	1.000	1.000	规模不变
江苏	0.733	0.762	0.961	规模递减
浙江	1.000	1.000	1.000	规模不变
安徽	0.610	0.624	0.977	规模递增
福建	0.935	0.944	0.990	规模递增
江西	0.533	0.563	0.946	规模递增
山东	0.958	0.964	0.994	规模递增
河南	0.735	0.744	0.989	规模递增
湖北	0.521	0.525	0.992	规模递增
湖南	0.509	0.521	0.978	规模递增

续表

省份	综合技术效率	纯技术效率	规模效率	规模报酬
广东	0.898	1.000	0.898	规模递减
广西	0.463	0.475	0.976	规模递增
海南	0.534	0.616	0.867	规模递增
重庆	0.509	0.518	0.982	规模递增
四川	0.559	0.565	0.989	规模递增
贵州	0.847	0.896	0.945	规模递增
云南	0.719	0.747	0.962	规模递增
西藏	0.329	1.000	0.329	规模递增
陕西	0.817	0.838	0.976	规模递增
甘肃	0.533	0.563	0.946	规模递增
青海	0.323	0.393	0.820	规模递增
宁夏	0.688	0.923	0.745	规模递增
新疆	0.616	0.637	0.967	规模递增
均值	0.674	0.724	0.936	—

注：运用 DEA-Multi Stage 方法测算并整理得到。

7.3.3.2 规模报酬分析

河北、山西、内蒙古、辽宁、吉林、黑龙江、安徽、福建、江西、山东、河南、湖北、湖南、广西、海南、重庆、四川、贵州、云南、西藏、陕西、甘肃、青海、宁夏、新疆服务业企业存在规模报酬递增，北京、天津、上海、浙江服务业企业规模报酬不变，江苏与广东服务业企业规模报酬递减（见表 7-10）。

7.3.3.3 产出与投入冗余分析

根据分析结果进一步整理得到全国 31 个省份服务业企业技术效率及其投入产出冗余状况：安徽、江西、河南、湖南、贵州、云南、重庆的产出指标——主营业务收入存在冗余，河北、山西、内蒙古、辽宁、吉林、黑龙江、福建、山东、湖北、广西、四川、陕西、甘肃、青海、宁夏与新疆的产出指标——利润总额存在冗余，关于投入指标——资产总计的冗余仅出现在青海；河北、山西、辽宁、吉林、江苏、福建、江西、山东、河南、四川、山西、宁夏投入指标——年末从业人员存在冗余（见表7－11）。

表7－11　　2017年全国31个省份服务业企业产出与投入冗余

省份	产出冗余		投入冗余	
	主营业务收入（亿元）	利润总额（亿元）	资产总计（亿元）	年末从业人员（万人）
北京	0.000	0.000	0.000	0.000
天津	0.000	0.000	0.000	0.000
河北	0.000	241.788	0.000	24.444
山西	0.000	437.576	0.000	11.839
内蒙古	0.000	56.442	0.000	0.000
辽宁	0.000	664.193	0.000	10.004
吉林	0.000	130.098	0.000	4.873
黑龙江	0.000	384.202	0.000	0.000
上海	0.000	0.000	0.000	0.000
江苏	0.000	0.000	0.000	17.235
浙江	0.000	0.000	0.000	0.000
安徽	3149.711	0.000	0.000	0.000
福建	0.000	308.607	0.000	0.067
江西	2124.415	0.000	0.000	17.101
山东	0.000	79.900	0.000	77.849
河南	11682.147	0.000	0.000	24.701
湖北	0.000	52.794	0.000	0.000
湖南	692.567	0.000	0.000	0.000
广东	0.000	0.000	0.000	0.000
广西	0.000	171.308	0.000	0.000
海南	0.000	0.000	0.000	0.000
重庆	99.841	0.000	0.000	0.000
四川	0.000	30.740	0.000	26.621
贵州	3824.737	0.000	0.000	0.000

续表

省份	产出冗余		投入冗余	
	主营业务收入（亿元）	利润总额（亿元）	资产总计（亿元）	年末从业人员（万人）
云南	262.720	0.000	0.000	0.000
西藏	0.000	0.000	0.000	0.000
陕西	0.000	189.511	0.000	25.736
甘肃	0.000	189.330	0.000	0.000
青海	0.000	50.951	2230.364	0.000
宁夏	0.000	43.980	0.000	2.533
新疆	0.000	49.756	0.000	0.000
均值	704.392	99.393	71.947	7.839

注：运用 DEA-Multi Stage 方法测算并整理得到。

7.3.3.4 技术效率变动分析

使用2016～2017 年分地区规模以上服务企业数据，以当年从业人员数量、资产合计作为投入指标，主营业务收入、利润总额作为产出指标；运用数据包络分析方法 Malmquist-DEA 方法测算得到基于产出视角下全国 31 个省份服务业企业全要素生产率及其分解指标——技术效率变动、技术进步、纯技术效率变动、规模效率变动时序数据及年均数据（见表 7－12）。

表 7－12　2016～2017 年全国 31 个省份服务企业均值的 Malmquist 指数

省份	技术效率变动 Effch	技术变动 Techch	纯技术效率变动 PEch	规模技术效率变动 SEch	全要素生产率变动 TFPch
北京	1.000	1.049	1.000	1.000	1.049
天津	1.000	0.970	1.000	1.000	0.970
河北	0.879	1.033	0.887	0.991	0.908
山西	0.988	1.043	1.007	0.981	1.030
内蒙古	0.888	1.146	0.902	0.985	1.017

续表

省份	技术效率变动 Effch	技术变动 Techch	纯技术效率变动 PEch	规模技术效率变动 SEch	全要素生产率变动 TFPch
辽宁	0.884	1.065	0.888	0.995	0.941
吉林	0.891	1.077	0.913	0.976	0.960
黑龙江	0.768	1.130	0.777	0.987	0.867
上海	1.000	1.087	1.000	1.000	1.087
江苏	0.973	1.080	0.975	0.998	1.050
浙江	1.005	1.086	1.004	1.001	1.091
安徽	1.035	1.024	1.035	1.001	1.060
福建	1.001	1.110	1.004	0.997	1.111
江西	1.112	0.926	1.122	0.991	1.029
山东	0.958	0.897	0.964	0.994	0.859
河南	1.101	0.894	1.096	1.005	0.985
湖北	0.822	1.116	0.824	0.997	0.917
湖南	0.892	1.038	0.897	0.994	0.926
广东	1.016	1.001	1.000	1.016	1.017
广西	0.958	1.122	0.966	0.992	1.075
海南	0.894	1.075	0.862	1.038	0.961
重庆	0.573	0.996	0.558	1.028	0.571
四川	0.883	1.037	0.888	0.994	0.916
贵州	0.847	0.942	0.883	0.959	0.798
云南	1.057	1.001	1.074	0.984	1.058
西藏	0.690	1.116	1.000	0.690	0.771
陕西	1.177	1.017	1.192	0.988	1.198
甘肃	0.700	1.133	0.711	0.985	0.793
青海	0.853	1.004	0.950	0.898	0.856
宁夏	0.941	1.027	1.039	0.906	0.966
新疆	0.957	1.147	0.968	0.989	1.098
均值	0.918	1.042	0.939	0.977	0.957

注：运用DEA-Malmquist指数方法测算、整理得到。

7.4　企业创新发展程度的测度

7.4.1　企业创新的概念

普遍认为企业创新是用新的方式对原有的生产要素和条件进行组合并利用的过程，创新包括产品的创新、生产方式的创新、市场开拓的创新、资源供应的创新和组织管理模式的创新，创新种类繁多。创新能提高企业的生产效率，使得企业以较少的费用获得较大的利润。

为了能较为全面地了解我国企业创新发展情况，更好地体现企业创新驱动经济发展需要，自2014年起国家统计局在全国范围内开展了“全国企业创新调查”，并于2016年之后将其定为年度普查项目，隔年调查并整理形成数据文献资料——《全国企业创新调查年鉴》。它对企业创新的定义界定为本企业推出了新的或有重大改进的产品或工艺，或采用了新的组织管理方式或营销方法。所谓的“新”是指它们对本企业而言必须是新的，但对于其他企业或整个市场而言不要求一定是新的。

7.4.2　企业创新的类型

企业创新分为产品创新、工艺创新、组织创新和营销创新四种类型。

7.4.2.1　产品创新

关于产品创新和工艺创新最早是由熊彼特在其1911年经典文献 *Theory of Economic Development* 中提出的。他指出产品创新是指企业研发一种新产品，且该产品不被消费者所熟悉，抑或是对于已有的产品进行质量升级；而工艺创新则是指一种新的生产流程。

产品创新就是增加产品的差异化程度以降低产品的可替代性（Linand

Saggi, 2002; Rosenkranz, 2003; Eswaranand and Gallini, 1996; Martinez-ros, 2000)。林晓言和王红梅（2005）认为，产品创新是技术上有变化的产品的商业化，一种是指产品用途及其应用原理有显著变化的产品创新；另一种是指在技术原理没有重大变化的情况下，基于市场需要对现有产品所作的功能上的扩展和技术上的改进。

全国企业创新调查认为产品创新是指企业推出了全新的或有重大改进的产品，其“新”主要体现在产品的功能或特性上，包括技术规范、材料、组件、用户友好性等方面的重大改进；不包括产品仅有外观变化或其他微小改变的情况，它既包括货物，也包括服务。

7.4.2.2 工艺创新

工艺创新是企业创新的一个主要组成，与企业生产技术、设备设施和组织生产管理模式有着密切的关系。对于如何界定工艺创新，从狭义和广义这两个角度来进行分析。狭义的工艺创新是指改良生产技术和生产方法。广义的工艺创新包含三个层次：改进生产设备设施、重组或改进工艺技术和改革组织管理模式。企业的工艺创新是一个信息、知识和技术进行不断交换动态的过程，通过设立专门的创新组织机构来运转实现。工艺创新过程就是发挥工艺创新能力，把新想法转化为新技术、新工艺的过程。

全国企业创新调查认为工艺创新是指企业采用了全新的或有重大改进的生产方法、工艺设备或辅助性活动，其中辅助性活动是指企业的采购、物流、财务、信息化等活动。工艺创新的“新”要体现在技术、设备、软件或流程上；不包括单纯的组织管理方式的变化。

一般而言，狭义的技术创新是产品创新和工艺创新的统称。产品或工艺创新活动是研发活动以及为实现产品创新或工艺创新而进行的各种活动的总称。主要的产品或工艺创新活动包括内部研发活动、外部研发活动、获得机器设备和软件、从外部获取相关技术，以及相关的培训、设计、市场推介、可行性研究、测试、工装准备等活动。西蒙内蒂（Simonetti, 1995）指出，企业对产品创新与工艺创新的选择受到经济与贸易各方面的影响。特别是在不同的商业周期内，企业会根据经济所处的不同状态选择不同的创新类型。具体而言，在经济的低迷期，企业会选择工艺创新对其生产流程进行合理化并降低生产成本，而相反在经济的扩张期内，企业则会选择投入研发新产品的产品创新行为（Utterback and Abemathy，1975）。

厄特巴克和艾伯纳西（Utterback and Abemathy，1975）从更加微观的层面指出，企业选择的技术创新类型会根据产品生命周期而变化。在行业起步期内，企业会选择产品创新；相反，在成熟期内则会选择工艺创新。

7.4.2.3 组织创新

组织创新是组织应对内外部环境的变化，使组织管理更符合组织持续发展的目标而做出的反应行为。其实质是建立一个有利于组织目标实现、适应环境持续变化的相对稳定的组织系统，即：该系统能保持相对稳定、充满效率，能敏锐地感觉到环境的变化，不失时机地进行自我变革和调整。为达此目标，组织要有优化的业务流程、科学的结构、创新的制度和积极的文化。

全国企业创新调查认为组织创新是指企业采取了此前从未使用过的、全新的组织管理方式，主要涉及企业的经营模式、组织结构或外部关系等方面；不包括单纯的合并或收购。应是企业管理层战略决策的结果。

7.4.2.4 营销创新

营销创新不仅包括营销活动的根本变化或模仿，而且也包括“不需要新技术知识的”改进，例如组织管理以及职工素质培训等方面的改进。营销创新必须通过市场成功来体现。里克（Rick，1992）认为，营销创新是一个新产品、一个新过程或者一个新系统，该系统有潜在的力量去创造一个完全的新市场或者用某种方式去改变一个现有的市场，他强调营销创新不是要求技术上的创新，而是要顾客感到这个模式是新的。本书认为企业的营销创新是指企业在营销管理过程中，通过传递服务理念、运用新技术或者重新组合营销手段，使企业服务和营销程序上不断变革，生产出顾客满意的产品或提供服务，并通过营销策略传递顾客价值。

全国企业创新调查认为营销创新是指企业采用了此前从未使用过的、全新的营销概念或营销策略，主要涉及产品设计或包装、产品推广、产品销售渠道、产品定价等方面；不包括季节性、周期性变化和其他常规的营销方式变化。对于各种创新含义的深刻理解，有助于我们对企业创新的发展情况进行更好的分析。

7.4.3 企业创新发展指标的测度

企业创新发展情况通过创新费用支出和开展创新活动企业占比两个维度进行分析。其中，创新费用支出包括内部研发费用、外部研发费用、获取机器设备、从外部获取技术四个规模指标；而开展创新活动企业占比则由开展产品或工艺创新企业占比和实现营销或组织创新企业占比两个相对量指标构成，上述指标数据均来源于《中国科技统计年鉴》（见表7－13、表7－14）。

7.4.3.1 创新费用支出

比较全国各个省份的创新费用支出合计，广西、浙江、北京和河南的创新支出费用明显高于其他省份，其中，西藏3年的创新支出费用有2年都在1亿元以下，只有2018年的创新支出费用超过了1亿元。同时，区别于其他各省份，海南、青海、宁夏和新疆的创新费用支出均在百亿元以下。从不同的年份来看，2016年、2017年和2018年全国各省份的创新费用支出情况变化不大，3年的曲线趋势相同（见图7－1）。

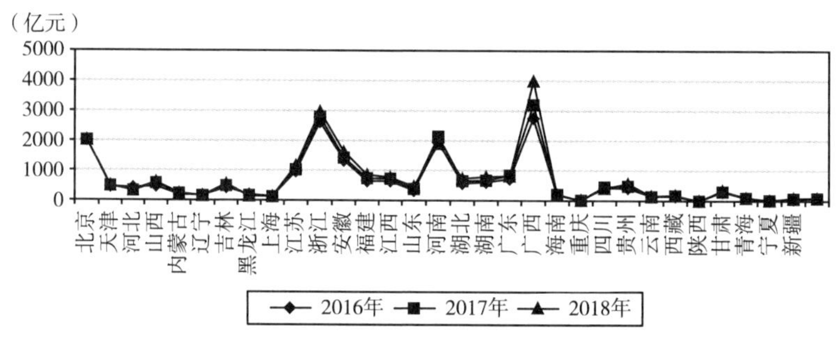

图7－1 2016～2018年全国省际创新费用支出合计

表 7-13　2016～2018 年全国 31 个省份企业创新费用支出情况

省份	创新费用支出合计（亿元）			内部研发经费支出（亿元）			所占比重（%）			外部研发经费支出（亿元）			所占比重（%）		
	2016 年	2017 年	2018 年	2016 年	2017 年	2018 年	2016 年	2017 年	2018 年	2016 年	2017 年	2018 年	2016 年	2017 年	2018 年
北京	450.1	480.3	494.4	254.8	269.1	494.4	56.6	56	55.4	25.8	37.2	34	5.7	7.7	6.9
天津	423.3	321.6	333.3	350	241.1	333.3	82.7	75	75.9	18.2	13.2	11.5	4.3	4.1	3.5
河北	463.6	570.6	611.7	308.7	351	611.7	66.6	61.5	62.4	14.2	15	16.2	3.1	2.6	2.6
山西	186.8	227.8	236.6	97.6	112.2	236.6	52.2	49.3	55.5	6.1	9.3	11	3.3	4.1	4.6
内蒙古	173.1	151.2	154.9	128	108.3	154.9	73.9	71.6	66.8	5.8	5	6	3.4	3.3	3.9
辽宁	420.5	479.9	546.3	242.1	274.9	546.3	57.6	57.3	55	14.5	18.4	19.7	3.4	3.8	3.6
吉林	193.7	161.3	142.4	90.9	75	142.4	46.9	46.5	40.4	8.1	11.2	13.9	4.2	6.9	9.8
黑龙江	129.3	122.7	126.3	88.5	82.6	126.3	68.4	67.3	48	10	7.5	4.3	7.7	6.1	3.4
上海	960.2	1020.2	1160	490.1	540	1160	51	52.9	47.8	50.4	71.8	60.8	5.2	7	5.2
江苏	2616.9	2785.7	2967.8	1657.5	1833.9	2967.8	63.3	65.8	68.2	55.4	65.2	68.2	2.1	2.3	2.3
浙江	1324.8	1419.9	1627.4	935.8	1030.1	1627.4	70.6	72.5	70.5	35.5	39.3	60.7	2.7	2.8	3.7
安徽	642.3	735.4	852.6	370.9	436.1	852.6	57.7	59.3	58.3	19.5	24.2	24.5	3	3.3	2.9
福建	643.5	724.9	768.5	388.3	448.8	768.5	60.3	61.9	68.3	12.7	15	18.4	2	2.1	2.4
江西	329.1	385.4	462.8	179.8	221.7	462.8	54.6	57.5	57.9	5.9	7.5	11.1	1.8	1.9	2.4
山东	1944.8	2140.7	1886.5	1415	1563.7	1886.5	72.8	73	75.2	59.3	63.2	82.6	3	3	4.4
河南	568.8	651	727.5	409.7	472.3	727.5	72	72.6	72.7	11	12.8	13.2	1.9	2	1.8
湖北	605.5	668.6	789.1	446	468.9	789.1	73.7	70.1	66.6	18.5	22.8	34.3	3.1	3.4	4.3
湖南	718	838.8	812.7	393	461.8	812.7	54.7	55.1	63.6	15.2	20	38.5	2.1	2.4	4.7
广东	2752.7	3199.3	3995.7	1676.3	1865	3995.7	60.9	58.3	52.7	159.5	159.2	268.6	5.8	5	6.7

续表

省份	创新费用支出合计（亿元）			内部研发经费支出（亿元）			所占比重（%）			外部研发经费支出（亿元）			所占比重（%）		
	2016 年	2017 年	2018 年	2016 年	2017 年	2018 年	2016 年	2017 年	2018 年	2016 年	2017 年	2018 年	2016 年	2017 年	2018 年
广西	186.9	204.8	187.2	82.7	93.6	187.2	44.2	45.7	47.6	4.5	6.5	4.6	2.4	3.2	2.5
海南	16.2	15.7	20.7	8	7.5	20.7	49.4	47.8	55.1	3.2	2.3	3.5	19.8	14.7	16.9
重庆	427.9	456	411.1	237.5	280	411.1	55.5	61.4	72.8	10.4	13.9	15.7	2.4	3	3.8
四川	413.3	486.5	566.6	257.3	301.1	566.6	62.3	61.9	60.4	17.2	21.5	19.8	4.2	4.4	3.5
贵州	157.1	139.1	151.9	55.7	64.9	151.9	35.5	46.7	50.2	3.1	4	3.1	2	2.9	2
云南	147.9	171.7	180.8	74.2	88.6	180.8	50.2	51.6	59.2	3.7	4.6	4.4	2.5	2.7	2.4
西藏	0.6	0.6	1.4	0.4	0.3	1.4	66.7	50	64.3	0	0	0.1	0	0	7.1
陕西	300.4	306.6	336.3	184.4	196.4	336.3	61.4	64.1	64.4	10	14.2	9.6	3.3	4.6	2.9
甘肃	112.8	100.5	102.6	50.9	46.7	102.6	45.1	46.5	46.4	3	2.9	1.7	2.7	2.9	1.7
青海	18.3	19.9	17.4	7.8	8.3	17.4	42.6	41.7	39.1	0.7	1.2	1.4	3.8	6	8
宁夏	59.6	72.8	91	24	29.1	91	40.3	40	40.7	1	1.3	1.3	1.7	1.8	1.4
新疆	91	86.6	98.1	39.1	40	98.1	43	46.2	46.7	2.5	8.4	4.9	2.7	9.7	5

续表

省份	获得机器设备和软件经费支出（亿元）			所占比重（%）			从外部获取相关技术经费支出（亿元）			所占比重（%）		
	2016年	2017年	2018年	2016年	2017年	2018年	2016年	2017年	2018年	2016年	2017年	2018年
北京	131.8	143.8	146.5	29.3	29.9	29.6	37.7	30.3	39.9	8.4	6.3	8.1
天津	48.7	60.3	62.3	11.5	18.8	18.7	6.5	7	6.6	1.5	2.2	2
河北	137.1	192.7	203.5	29.6	33.8	33.3	3.7	11.9	10.1	0.8	2.1	1.7
山西	76.9	101.1	88.2	41.2	44.4	37.3	6.2	5.3	6.2	3.3	2.3	2.6
内蒙古	30.6	34.5	38.2	17.7	22.8	24.7	8.8	3.4	7.3	5.1	2.2	4.7
辽宁	156.8	168.9	197.6	37.3	35.2	36.2	7.1	17.6	28.5	1.7	3.7	5.2
吉林	89.5	69.8	65.7	46.2	43.3	46.1	5.3	5.3	5.3	2.7	3.3	3.7
黑龙江	29.5	29.5	46.7	22.8	24	37	1.4	3.1	14.7	1.1	2.5	11.6
上海	2586	290.3	352.8	269	28.5	30.4	161.1	118.1	191.5	16.8	11.6	16.5
江苏	853.3	845	831	32.6	30.3	28	50.6	41.6	44.1	1.9	1.5	1.5
浙江	329.7	328.8	389.1	24.9	23.2	23.9	23.7	21.7	30.2	1.8	1.5	1.9
安徽	245	267.6	317.5	38.1	36.4	37.2	6.9	7.6	13.4	1.1	1	1.6
福建	216.9	231.9	197.5	33.7	32	25.7	25.6	29.3	27.7	4	4	3.6
江西	133.8	144.6	172.8	40.7	37.5	37.3	9.6	11.6	11.1	2.9	3	2.4
山东	436.1	476	331.9	22.4	22.2	17.6	34.4	37.8	53.5	1.8	1.8	2.8
河南	145.2	159.2	171.2	25.5	24.5	23.5	2.9	6.8	14.2	0.5	1	2
湖北	123.7	157.7	215.9	20.4	23.6	27.4	17.4	19.2	13.4	2.9	2.9	1.7
湖南	303.5	348.1	239.8	42.3	41.5	29.5	6.2	9	17.7	0.9	1.1	2.2
广东	722.7	1036	1299.2	26.3	32.4	32.5	194.2	139	320.7	7.1	4.3	8

续表

省份	获得机器设备和软件经费支出（亿元）			所占比重（%）			从外部获取相关技术经费支出（亿元）			所占比重（%）		
	2016 年	2017 年	2018 年	2016 年	2017 年	2018 年	2016 年	2017 年	2018 年	2016 年	2017 年	2018 年
广西	98.6	100.7	91.5	52.8	49.2	48.9	1.1	4.1	1.9	0.6	2	1
海南	4.7	5.6	5.7	29	35.7	27.5	0.4	0.2	0.2	2.5	1.3	1
重庆	137.8	122.1	78.3	32.2	26.8	19	42.2	40	17.9	9.9	8.8	4.4
四川	131.4	153.6	193.4	31.8	31.6	34.1	7.4	10.3	11.1	1.8	2.1	2
贵州	95	63.3	71.7	60.5	45.5	47.2	3.5	6.9	0.8	2.2	5	0.5
云南	63.6	72.8	59.4	43	42.4	32.9	6.4	5.7	10	4.3	3.3	5.5
西藏	0.2	0.3	0.5	33.3	50	35.7	0	0	0	0	0	0
陕西	98.8	90.4	104.7	32.9	29.5	31.1	7.2	5.6	5.4	2.4	1.8	1.6
甘肃	58.5	50.4	52.5	51.9	50.1	51.2	0.4	0.5	0.8	0.4	0.5	0.8
青海	9.6	10.3	9.2	52.5	51.8	52.9	0.2	0	0	1.1	0	0
宁夏	30.2	41.4	52.2	50.7	56.9	57.4	4.4	1	0.5	7.4	1.4	0.5
新疆	48.4	37.8	46.4	53.2	43.6	47.3	1	0.4	0.9	1.1	0.5	0.9

资料来源：中国科技统计年鉴。

表 7－14　　2016～2018 年全国 31 个省份企业创新活动情况

省份	企业数			在全部企业中占比（%）								
				开展创新活动企业数			开展产品或工艺创新企业数			实现组织或营销创新企业数		
	2016 年	2017 年	2018 年	2016 年	2017 年	2018 年	2016 年	2017 年	2018 年	2016 年	2017 年	2018 年
北京	22118	23759	23147	41.8	39.972	41.4	32.1	28.924	30.1	29	29.576	30.1
天津	14940	13951	13185	47.3	36.994	38.4	28.9	24.414	25.3	37.5	29.109	30.4
河北	23288	24160	22893	40.3	37.773	34.5	20.7	20.058	19.5	33.5	31.668	28.6
山西	8538	8982	9515	27.9	27.845	26.8	14.1	13.761	13.9	24.3	23.781	23.2
内蒙古	8012	6606	6251	25	27.324	28.3	13.1	12.368	13.9	21.5	24.735	24.7
辽宁	17307	16037	16436	23	28.902	28	15.2	18.551	17.7	18.1	23.24	22.6
吉林	11155	12080	8910	25.4	23.286	26.6	14.2	12.318	14.6	22	20.844	23.2
黑龙江	7781	7400	6859	23.7	24.865	24.9	11.6	12	13.1	20.6	21.595	21.4
上海	23337	24998	25607	36.1	37.095	37.9	26.2	26.59	27.3	27.2	28.974	29.1
江苏	85016	83483	85525	50.1	47.741	48.8	36.7	35.407	37	34.8	33.498	33.8
浙江	68075	70460	73093	47.3	47.15	48.2	39.2	38.064	39.4	32.8	33.596	33.4
安徽	31373	31124	31414	42.1	43.404	44	29.8	28.801	29.9	35.5	36.631	36.9
福建	34211	35912	36641	38.6	38.903	39.6	22.8	22.513	24.1	30.8	31.499	31.9
江西	17814	19585	20845	37.2	37.81	38.7	26.8	26.479	28.1	27.8	29.323	29.7
山东	68921	68899	64292	38.2	40.567	37.7	21.6	22.549	22.2	30.3	32.662	30.5
河南	44842	43327	39650	30.2	31.412	34	16.1	16.657	19.2	25.9	26.351	28.3
湖北	29326	27799	29621	36.6	39.746	43.3	24.2	27.069	30.4	30.3	31.929	33.9
湖南	24935	27134	28815	41.9	42.349	46	31.3	32.03	34.7	28.9	29.896	31.8

续表

省份	企业数			在全部企业中占比（%）								
				开展创新活动企业数			开展产品或工艺创新企业数			实现组织或营销创新企业数		
	2016 年	2017 年	2018 年	2016 年	2017 年	2018 年	2016 年	2017 年	2018 年	2016 年	2017 年	2018 年
广东	80968	93270	101774	36.5	42.482	43.8	28.3	33.308	34.1	26.9	31.303	32.6
广西	10757	11791	12365	31	28.725	28.5	17.4	15.028	14.9	27.1	25.172	24.8
海南	1262	1285	1361	36.1	36.031	35.5	22	20.545	21	31.2	31.362	30.4
重庆	16668	17115	15455	36.9	38.3	41.3	24.4	25.212	28.4	30.3	31.732	33.3
四川	26679	27570	27587	37.6	38.948	40.4	21.7	22.568	24.4	32.4	33.591	34.4
贵州	9439	10734	10911	35.6	34.079	35	21.4	19.639	21.8	29.9	28.433	28.9
云南	9622	9850	10320	40.4	41.259	39.1	26.7	25.949	23.4	35.6	36.711	34.6
西藏	417	445	463	33.8	36.404	31.1	15.3	16.854	14.5	31.7	33.258	28.9
陕西	13587	15017	16164	38.6	38.656	38.4	22.7	21.915	21.8	33.7	34.128	33.6
甘肃	5245	5162	4785	35.9	36.556	36.3	21.8	19.275	19.5	30.3	32.468	31.6
青海	1390	1397	1343	35	32.14	34.7	19.5	16.464	18.9	30.5	27.989	30
宁夏	2214	2356	2269	38.5	40.662	37.5	24.5	25	24.4	32.7	35.187	30.7
新疆	6901	7157	7157	31.5	27.009	25.5	16.5	12.547	11.3	26.5	23.879	22.7

资料来源：中国科技统计年鉴。

创新费用支出包括内部研发支出、外部研发支出、获得机器设备和软件费用支出以及从外部获取相关技术费用支出。

研发（R&D）经费支出分为内部研发支出和外部研发支出。内部研发是研究与试验发展（research and experimental development，R&D）的简称，是指在科学技术领域，为增加知识总量以及运用这些知识去创造新的应用进行的系统创造性的活动，包括基础研究、应用研究、试验发展三类。内部研发是指本企业内部开展的研发活动。外部研发是指企业委托其他单位或与其他单位合作开展的研发活动。

获得机器设备和软件费用支出是指企业不通过自己的研究和开发，而直接从企业外部获取某种新技术、新工艺的使用权或某种新产品的生产权和销售权。其形式有创新引进、企业购并和授权许可的比例数量。

从外部获取相关技术费用支出是指各种形态的技术从掌握该技术者向拟采用者的转移。这里“各种形态的技术”既包括研究开发阶段的技术，也包括进入生产阶段的技术，甚至包括新技术设想；既包括发展中的技术，也包括成熟技术。

通过对2016~2018年各省份创新费用支出的分项费用支出的占比取均值得到3年的创新费用支出结构，如图7-2所示。内部研发费用支出占比最高的三个省份为天津、山东和河南，三个省份为开展研发活动实际用于本单位内的全部支出比重最高。上海、宁夏和青海的获得机器设备和软件的费用支出在各省创新费用支出的占比居于前三位，说明三个省份从外部获取某种新技术、新工艺的使用权或某种新产品的生产权和销售权所花费的支出在省内

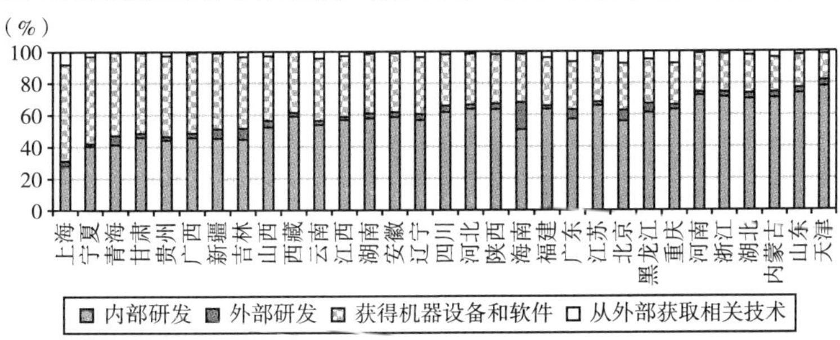

图7-2　2016~2018年全国31个省份创新费用支出结构

创新费用支出的比重较大。

综合来看，全国各省份的内部研发和获得机器设备和软件的费用支出在创新费用支出中都在50%以上，而外部研发和从外部获取相关技术的费用支出则很少。

7.4.3.2 开展创新活动企业占比

2016～2018年，全国各省份开展创新活动企业数占全部企业数的比例在20%～50%，只有江苏开展创新活动的企业占比在2016年超过了50%，为50.1%。天津2016年开展创新活动的企业占比达到47.3%，但在2017年出现了大幅回落，下降为36.99%。其余各省在2016～2018年开展创新活动的企业占比没有发生较大的变化，3年的全国各省份开展创新活动企业占比曲线形状较为吻合，发展状况较为稳定。开展创新活动企业占比最高的为江苏（见图7－3）。

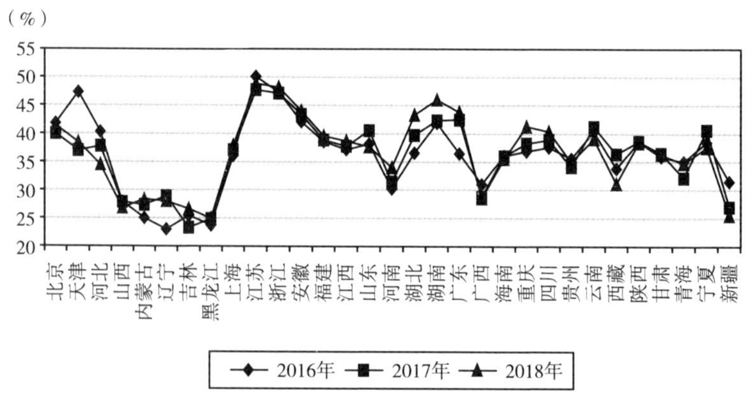

图7－3　2016～2018年全国31个省份开展创新活动企业占比

（1）开展产品或工艺创新企业占比。2016～2018年，全国各省份开展产品或工艺创新企业占比均在10%～40%，3年的占比均值在30%以上的有三个省份，分别是广东、湖南和北京。3年的全国各省份开展产品或工艺创新企业占比曲线形状吻合，发展状况较为稳定（见图7－4）。

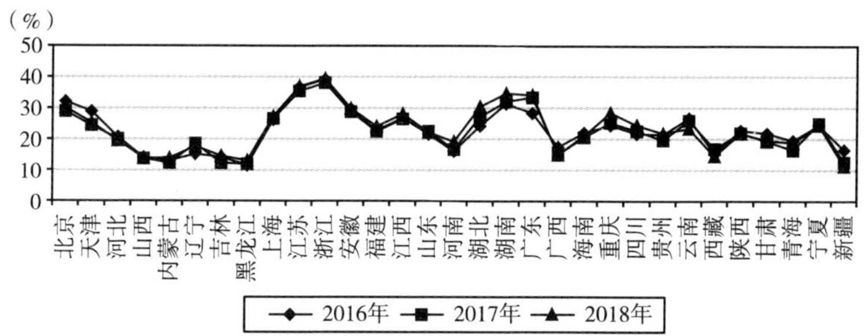

图7-4　2016~2018年全国31个省份开展产品或工艺创新企业占比

(2) 实现组织或营销创新企业占比。2016~2018年，全国各省份实现营销或组织创新的企业占比在15%~40%。天津实现营销或组织创新的企业占比在2016年为37.5%，2017年回落至29.11%，同时，辽宁和广东在2016年分别为18.10%和26.90%，在2017年分别上涨至23.24%和31.30%，实现了较大幅度的增长（见图7-5）。

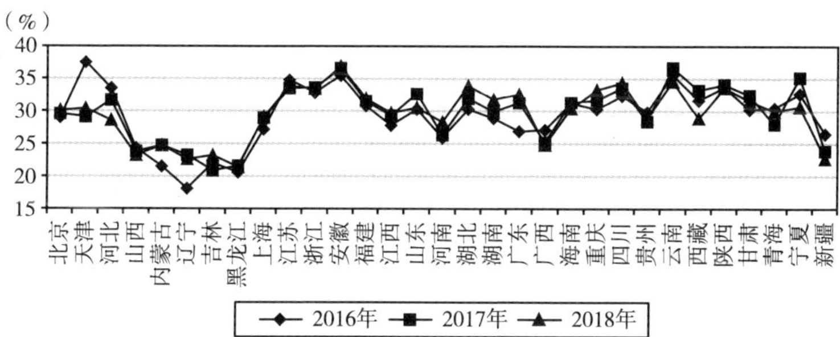

图7-5　2016~2018年全国31个省份实现营销或组织创新企业占比

第 8 章
技术扩散能力的测度

8.1　技术扩散能力指标体系与数据来源

省际技术扩散能力既包括各地区对国外先进技术的吸收，同时还应包括各地区之间技术的扩散与吸收。本章通过两个方面来体现省际技术扩散能力，一方面通过技术交易规模、引进技术费用存量两种技术扩散规模指标体现；另一方面通过贸易和外商直接投资两种技术扩散渠道来体现技术扩散能力，即高技术产品贸易额和外商直接投资占地区 GDP 的份额。数据源自各年《中国统计年鉴》和《中国科技统计年鉴》的收集、整理与计算。

（1）技术市场成交合同金额。技术市场交易的两个方向指标——技术市场技术输出地域合同金额、技术市场技术流向地域合同金额。其中，技术市场技术流向地域合同金额又细分为技术开发、技术转让、技术咨询、技术服务合同金额四个分项指标。

（2）引入技术费用等存量。引入技术等费用存量通过技术引进费、消化吸收费、技术改造费和购买国内技术四个分项指标数据来体现。

（3）高技术产品进出口贸易。由于高技术产品对地区技术扩散的主要对象和渠道，对地区创新发展至关重要，因此，我们在这里引入了高技术产品出口额、高技术产品进口额。

（4）FDI 占 GDP 份额。FDI 也是技术扩散的主要渠道，因此，我们也将地区 FDI 强度指标作为核心技术扩散指标。由于我国省际没有全口径的外商直接投资额，所以本书采用省际外资投资企业投资总额作为 FDI 指标，并计算 FDI 占 GDP 份额。

8.2 技术市场技术输出地域合同金额

技术市场技术输出地域合同金额是登记合同成交总额中技术部分的成交金额，反映了一个国家技术市场的发展情况。党的十九大报告强调创新是引领发展的第一动力，技术市场是国家创新驱动发展战略中的重要组成部分，技术市场是技术产品实现从科研成果到生产要素转化的重要路径。近年来，我国技术市场技术输出地域合同金额在不断攀升，由 1998 年的 435.82 亿元增至 2019 年的 22398.00 亿元，上涨了 51.39 倍，其占 GDP 的比重也由 1998 年的 0.51% 提高到 2019 年的 2.26%，技术市场在促进科技成果转化和技术进步中的作用日益突出。

2019 年，全面深化改革深入推进，促进科技成果转移转化的政策措施加速落实。截至 2019 年我国已经实现了技术市场技术输出地域合同金额 2 万亿元的目标，技术市场规模不断扩大。各级科技管理部门按照《国家技术转移体系建设方案》及《关于技术市场发展的若干意见》要求，积极营造技术市场发展环境，健全技术转移体制机制，构建技术转移服务体系，全国技术市场工作取得长足进展。对技术市场技术输出地域合同金额数据进行处理时，对于缺失数据采用相邻两年取平均的方法进行平滑。1998 ~ 2018 年我国省际技术市场技术输出地域合同金额均值居前十的省份依次为北京、上海、广东、江苏、湖北、陕西、天津、山东、辽宁、四川。排名第一的北京在 1998 ~ 2018 年技术市场技术输出地域合同金额均值达到了 16431575.14 万元，远远高于其他省份，是排名第二的上海的 4 倍（见表 8 - 1、图 8 - 1）。

表 8 - 1　　1998 ~ 2018 年 30 个省份技术市场技术输出地域交易合同金额　　单位：万元

省份	1998 年	1999 年	2000 年	2001 年	2002 年	2003 年	2004 年	2005 年	2006 年	2007 年
北京	815591	921889	1402871	1910065	2211738	2653574	4249975	4895922	6973256	8825603
天津	200298	220296	262581	306009	363262	420008	450276	507093	588624	723356
河北	139090	153795	94143	46784	60406	67969	72718	103827	156099	164329
山西	9758	3955	5258	14693	39014	32251	59960	47980	59213	82677
内蒙古	31332	29687	60287	62359	58197	108452	104085	109939	107127	109835
辽宁	280977	301546	347817	408698	508326	620200	752817	865167	806494	929290
吉林	93167	103498	71390	88543	82921	87292	107900	122261	153666	174845
黑龙江	152569	157121	152382	111035	120110	121165	125715	142585	156934	350209
上海	314060	366324	738952	1061603	1202170	1427790	1716963	2317328	3095095	3548877
江苏	330684	416683	449568	529165	594873	765163	897855	1008296	688297	784173
浙江	162275	188496	276275	316652	389438	530353	581465	386954	399618	453474
安徽	39545	48626	61012	64145	75423	87960	90675	142553	184921	264515
福建	69363	80868	172601	136941	128988	166779	141395	171959	113187	145579
江西	38332	51444	69299	62724	62891	83324	93661	111227	93135	99533
山东	261922	275121	288135	321938	347650	525682	750850	983614	232005	450275
河南	176492	201661	211621	212589	178506	192690	203207	263737	237288	261907
湖北	187596	230161	276000	338597	348603	412538	461700	501823	444427	522146
湖南	220189	246605	286833	293887	323422	369306	408280	417394	455281	460816
广东	248122	344528	482104	539722	684532	805730	572651	1124740	1070257	1328448
广西	37021	25344	17741	37753	44406	41808	90955	94059	9423	9970

续表

省份	1998 年	1999 年	2000 年	2001 年	2002 年	2003 年	2004 年	2005 年	2006 年	2007 年
海南	41533	82407	83198.5	83990	9134	11978	1885	10007	8535	7327
重庆	92951	325345	296594	289484	409433	555083	596186	357059	553479	395658
四川	152000	125931	104150	126311	77524	128686	165640	190823	259323	303878
贵州	14071	762	620	599	13484	17892	13533	10488	5361	6560
云南	127222	172339	187742	255279	179496	228718	215555	159175	82747	97496
陕西	57765	82537	92560	84615	151554	168022	139129	188977	179485	301710
甘肃	28137	25816	26413	27393	54644	77581	119608	172736	214534	262107
青海	2917	4282	4469.5	4657	12373	8291	12793	11812	24665	53017
宁夏	2643	4654	6402	8872	8496	10047	12827	14131	5349	6641
新疆	30606	42822	66168	82387	100699	120395	133371	80029	76084	71724

省份	2008 年	2009 年	2010 年	2011 年	2012 年	2013 年	2014 年	2015 年	2016 年	2017 年	2018 年
北京	10272173	12362450	15795367	18902752	24585034	28517239	31371854	34538855	39409752	44868872	49578246
天津	865122	1054611	1193390	1693819	2323275	2761575	3885631	5034369	5526361	5514411	6855875
河北	165906	172112	192931	262471	378178	315581	292228	395438	589959	889245	2759840
山西	128425	162068	184911	224825	306088	527681	484595	512007	425622	941471	1507567
内蒙古	94423	147651	271464	226719	1060962	387390	139393	153872	120492	196087	198398
辽宁	997290	1197095	1306811	1596633	2306648	1733775	2174648	2674927	3232180	3858317	4744910
吉林	196066	197598	188090	262614	251180	347167	285756	264697	1164198	2199199	3419460
黑龙江	412565	488550	529123	620682	1004473	1017747	1202776	1272637	1258091	1467121	1659200
上海	3361695	4354108	4314374	4807491	5187473	5316804	5924481	6637838	7809858	8106177	12251857
江苏	940246	1082184	2493406	3334316	4009141	5275020	5431585	5729178	6356425	7784223	9914475

续表

省份	2008 年	2009 年	2010 年	2011 年	2012 年	2013 年	2014 年	2015 年	2016 年	2017 年	2018 年
浙江	589189	564581	603478	718968	813079	814958	872527	980966	1983716	3247310	5906641
安徽	324865	356174	461470	650337	861592	1308253	1698313	1904669	2173748	2495697	3213131
福建	179690	232594	356569	345712	500920	446885	391913	521448	432204	754634	845235
江西	77641	97893	230479	341861	397796	430552	507593	648484	790077	962096	1158231
山东	660126	719391	1006769	1263778	1400153	1793981	2492942	3075545	3959453	5116448	8199520
河南	254425	263046	272002	387602	399435	402406	407919	450442	587075	768528	1492840
湖北	628971	770329	907218	1256876	1963922	3976158	5806801	7893407	9038371	10330773	12040937
湖南	477024	440432	400940	353901	422420	772098	979342	1050578	1056287	2031915	2816126
广东	2016319	1709850	2358949	2750647	3649384	5293936	4132478	6625775	7581650	9370755	13654186
广西	26996	17662	41362	56377	25238	73449	115833	73132	339922	394228	614077
海南	35602	5556	32651	34584	5666	38693	6525	21861	34431	41079	69407
重庆	621884	383158	794410	681453	540188	902760	1562007	572366	1471870	513581	1883529
四川	435313	545977	547393	678330	1112438	1485752	1990506	2823202	2993006	4058307	9967010
贵州	20356	17806	77191	136483	96743	183972	200392	259626	204437	807409	1710975
云南	50547	102469	108827	117144	454779	420003	479233	518364	582559	847625	894879
陕西	438300	698074	1024140	2153664	3348153	5332787	6400198	7218211	8027887	9209395	11252908
甘肃	297560	356287	430845	526386	730619	999936	1145162	1296958	1506615	1629587	1808778
青海	77033	84967	114051	168443	192989	268863	291001	468849	569190	677186	793553
宁夏	8898	8982	9972	39447	29135	14289	31823	35202	40526	66679	121058
新疆	73963	12078	45188	43783	53853	29953	28223	30322	42755	57554	39215

资料来源：中国科技统计年鉴。

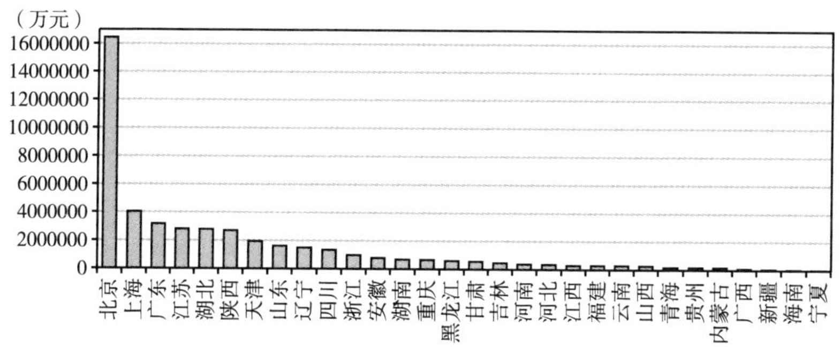

图8-1　1998~2018年30个省份技术市场技术输出地域合同金额均值

8.3　技术市场技术流向地域合同金额

8.3.1　技术交易合同界定及类别

技术市场技术流向地域合同金额是监测科技成果技术扩散的一个重要指标，技术交易的质量以及技术交易后技术的消化吸收是非常重要的。该指标是按照技术流入方统计的，这说明其他区域对本区域的知识扩散及创新能力有着重要影响，或者本区域对其他区域的知识扩散也会影响到其他区域的创新能力。同时，我国把技术交易合同分为四类，即技术开发合同、技术转让合同、技术咨询合同和技术服务合同。

8.3.1.1　技术开发合同

技术开发合同是技术买卖方之间就新技术、新产品、新工艺和新材料及其系统的研究开发所订立的合同。新技术、新产品、新工艺或者新材料及其系统，一般指技术买方在订立技术合同时尚未掌握的产品、工艺、材料及其系统等技术方案。技术开发合同包括委托开发合同和合作开发合同。技术开发合同的内容较多，例如研究开发经费及利用研究开发经费购置的财产及权属、技术成果的归属等。技术开发合同是一项探索性活动，履行期长，涉及风险责任的承担；技术开发合同标的比较复杂，涉及研究开发行为及研究开发行为的对象。

8.3.1.2 技术转让合同

技术转让合同是指技术买卖方就专利权转让、专利申请权转让、专利实施许可、非专利技术转让所订立的合同。技术转让，就是某一主体将其所有或者掌握的技术让与另一主体使用的行为。技术转让是技术成果进入市场，实现技术成果商品化的重要方式。技术转让合同包括专利权转让合同、专利申请权转让合同、专利实施许可合同和技术秘密转让合同。

8.3.1.3 技术咨询合同

技术咨询合同是指科技人员作为受托人运用自己的科学技术知识和技术手段，对委托人提出的特定技术项目进行可行性论证、技术预测、专题技术调查、分析评价等活动，由委托人支付咨询费的合同，它包括就特定技术项目提供可行性论证、技术预测、专题技术调查、分析评价报告等合同。当事人可以就下列技术项目的预测、分析、论证、预测和调查订立技术咨询合同：（1）有关科学技术与经济、社会协调发展的软科学研究项目；（2）促进科技进步和管理现代化，提高经济效益和社会效益的技术项目；（3）其他专业性技术项目。

8.3.1.4 技术服务合同

技术服务合同是指技术买卖方中的一方以技术知识为另一方解决特定技术问题所订立的合同。技术服务合同中所称的特定技术问题，是指需要运用科学技术知识解决专业技术工作中有关改进产品结构、改良工艺流程、提高产品质量、降低产品成本、节约资源能耗、保护资源环境、实现安全操作、提高经济效益和社会效益等问题。技术服务合同包括以下四个方面的内容：（1）合同的标的是运用专业技术知识、经济和信息解决特定技术问题的项目；（2）服务内容是改进产品结构、改良工艺流程、提高产品质量、降低产品成本、节约资源能耗、保护资源环境、实现安全操作、提高经济效益和社会效益等专业技术工作；（3）工作成果有具体质量和数量指标；（4）技术知识的传递不涉及专利和技术秘密成果的权属。

8.3.2 我国技术合同流向地域特征

一般认为，我国东、中、西三大地带代表了三个层次的经济和社会发展水平。近年来，我国技术交易活动越来越活跃，其表现之一体现在技术交易合同数目和交易额逐年上升。1998～2018 年，东部地区的技术市场流向合同金额一直占我国技术市场流向地域合同金额的 50% 左右（见图 8－2）。以流向地为统计口径，我国技术市场交易统计的主要流向地为北京、上海、广东等经济比较发达的地区，同时这些地区也是我国技术市场发展比较快、技术交易比较活跃的地区。中西部地区的份额一直处于低水平。

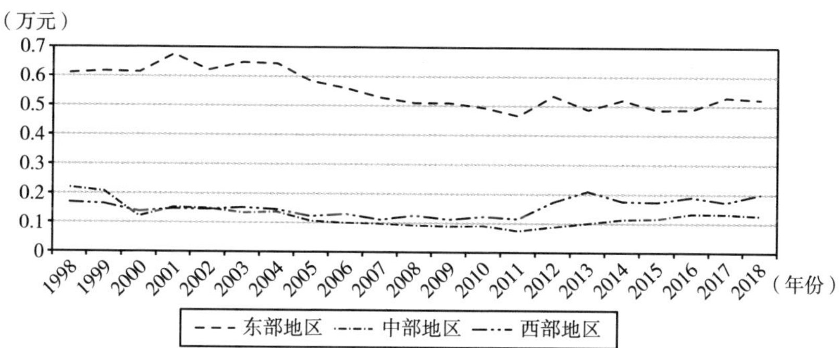

图 8－2 1998～2018 年我国东中西地区技术市场技术流向地域合同金额

8.3.2.1 东部地区

2000～2018 年，北京的技术市场技术流向地域合同金额均值高达 7359331 万元，遥遥领先于公布的其他地区，是位居第 2 的天津合同金额的近 1.8 倍。天津技术开发、技术咨询和技术服务三类合同金额均值均处于东部地区的首位，而海南的技术开发、技术转让、技术咨询和技术服务四类合同金额均处于东部地区的最后一位，发展是比较落后（见表 8－2）。

表 8-2　2000~2018 年我国东部地区技术市场技术流向地域合同金额均值统计

单位：万元

省份	合计	总计排名	技术开发	单项排名	技术转让	单项排名	技术咨询	单项排名	技术服务	单项排名
北京	7359331	1	1406407	3	463973	4	211669	2	1830059	2
广东	4112291	2	496260	6	280908	6	46892	8	502133	7
江苏	3980309	3	1237203	4	824908	2	71635	6	623927	6
上海	3287050	4	573204	5	689478	3	43546	9	430751	9
山东	2311500	5	382013	7	163131	8	40445	10	481489	8
浙江	1645158	6	1438390	2	970230	1	160721	3	1051475	3
辽宁	1641865	7	327556	8	162241	9	87566	4	725592	5
天津	1625531	8	2306335	1	310143	5	225040	1	2952202	1
福建	1265148	9	302791	10	124748	10	50109	7	409740	10
河北	1083074	10	316518	9	232862	7	85969	5	856839	4
海南	308534	11	131590	11	23275	11	10948	11	242508	11

资料来源：由《中国科技统计年鉴》整理所得。

从 2000~2018 年我国东部地区技术市场技术流域技术合同金额均值结构来看，我国东部各省的技术市场技术流向地域合同金额均值具有相似的分布结构，技术开发和技术服务在各省所占的比重都要大于技术转让和技术咨询合同金额。其中，上海的技术转让合同金额所占比重最大，然后是江苏和浙江。技术咨询在各省的技术市场技术流向地域合同金额中所占比重都很小（见图 8-3）。

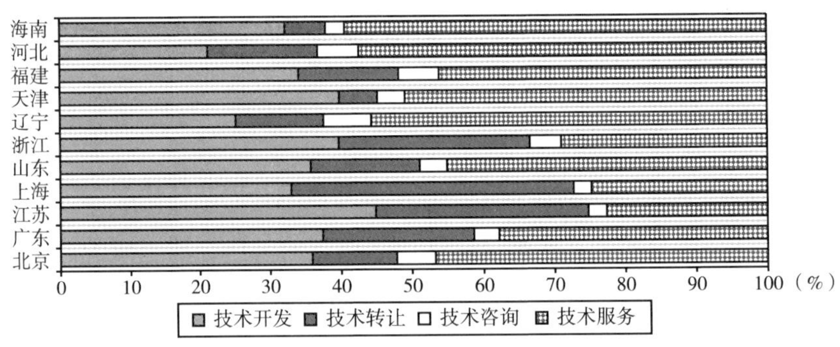

图 8-3　2000~2018 年我国东部地区技术市场技术流向地域合同金额均值结构

8.3.2.2 中部地区

2000~2018年，中部地区技术市场技术流向地域合同金额最高的是湖北，为2104560万元，远高于中部地区的其他省份，是位居第二的山西的2.4倍。河南在2000~2018年，技术开发、技术转让和技术咨询三类合同金额的均值均处于第一位，湖南的技术服务合同金额的均值是最高的。2000~2018年中部地区技术市场技术流向地域合同金额最低的是黑龙江，同时，该省的技术转让与技术服务类合同金额的均值也是最低的（见表8-3）。

表8-3 2000~2018年我国中部地区技术市场技术流向地域合同金额均值统计

单位：万元

省份	合计	总计排名	技术开发	单项排名	技术转让	单项排名	技术咨询	单项排名	技术服务	单项排名
湖北	2104560	1	279172	5	88379	7	37077	6	524608	6
山西	860930	2	259288	6	105432	6	34645	7	589668	4
安徽	857353	3	582673	2	190813	3	40713	5	577961	5
河南	818077	4	816657	1	267328	1	112681	1	777007	2
湖南	696113	5	473799	3	190865	2	94140	2	1234012	1
江西	627958	6	236921	8	158678	5	26761	8	765353	3
吉林	607532	7	377653	4	177343	4	64415	3	498171	7
黑龙江	594219	8	246781	7	56252	8	57600	4	285125	8

资料来源：由《中国科技统计年鉴》整理所得。

从2000~2018年我国中部地区技术市场技术流域技术合同金额均值结构来看，我国中部各省的技术市场技术流向地域合同金额均值具有和东部地区相似的分布结构，技术开发和技术服务在各省所占的比重都要大于技术转让和技术咨询合同金额。其中，技术服务在各省所占的比重都在30%以上，江西、湖南、山西和湖北的技术服务合同金额比重都在50%以上。技术咨询合同金额在各省所占的比重都小于10%（见图8-4）。

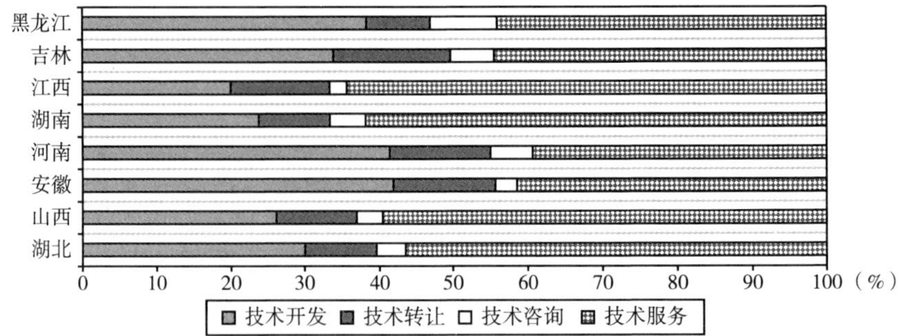

图 8－4　2000～2018 年我国中部地区技术市场技术流向地域合同金额均值结构

8.3.2.3　西部地区

2000～2018 年，西部地区技术市场技术流向地域合同金额最高的是陕西，为 1562813 万元，但在这段时间，陕西的技术咨询和技术服务合同金额在西部地区均处于末位。广西在 2000～2018 年，技术开发、技术转让、技术咨询和技术服务四类合同金额的均值均处于第一位。2000～2018 年西部地区技术市场技术流向地域合同金额最低的是西藏。宁夏的技术开发与技术转让类合同金额的均值是最低的（见表 8－4）。

表 8－4　2000～2018 年我国西部地区技术市场技术流向地域合同金额均值统计

单位：万元

省份	合计	总计排名	技术开发	单项排名	技术转让	单项排名	技术咨询	单项排名	技术服务	单项排名
陕西	1562813	1	99381	10	24406	9	12117	12	132912	12
四川	1500511	2	330616	4	345997	2	41946	2	597387	4
重庆	1325377	3	155715	8	80980	4	15711	10	253274	9
内蒙古	903064	4	331561	3	41989	6	26943	6	503339	6
云南	773425	5	207447	7	35750	7	36974	4	560616	5
贵州	739368	6	322659	5	128824	3	25341	8	859711	2
甘肃	611680	7	528597	2	54763	5	38941	3	859237	3
新疆	521896	8	78254	11	29066	8	18663	9	178515	10
广西	424020	9	1532485	1	470317	1	58417	1	1276362	1
青海	286291	10	119189	9	19029	10	25449	7	384698	7
宁夏	214069	11	61988	12	17896	12	28419	5	167603	11
西藏	90080	12	217866	6	18344	11	14917	11	354296	8

资料来源：由《中国科技统计年鉴》整理所得。

从2000～2018年我国西部地区技术市场技术流域技术合同金额均值结构来看，我国西部各省的技术市场技术流向地域合同金额均值具有和中东部地区相似的分布结构，技术开发和技术服务在各省所占的比重都要大于技术转让和技术咨询合同金额。其中，除广西外，技术服务在各省所占的比重都在40%以上，除宁夏外，技术咨询合同金额在各省所占的比重都小于10%（见图8－5）。

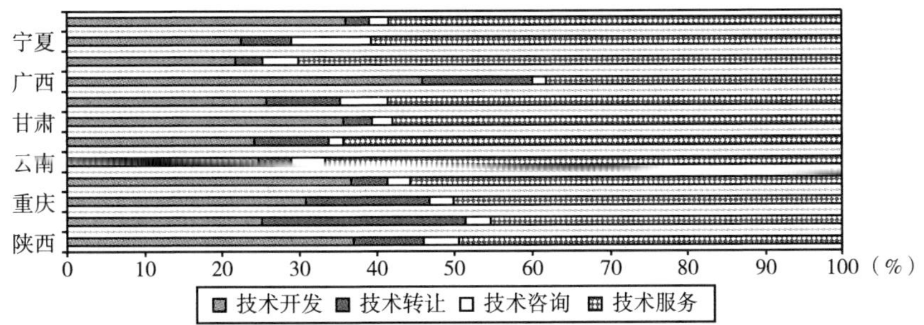

图8－5　2000～2018年我国西部地区技术市场技术流向地域合同金额均值结构

8.4　引入技术等费用存量

引入技术等费用存量是发展中国家实现技术赶超战略的有效途径，已经成为所有国家的共识。引入技术等费用存量主要包括技术引进、消化吸收、技术改造、购买国内技术四个方面。

8.4.1　技术引进

8.4.1.1　技术引进的概念与范畴

我国《技术引进和设备进口工作暂行条例》将技术引进定义为通过国际技术贸易、科技合作等途径，以各种不同的方式，从国外获得发展我国国民经济和提高我国科学技术水平所需的先进技术。

1998~2018年全国31个省份技术市场技术流向地域合同金额如表8-5所示。

表8-5 **1998~2018年全国31个省份技术市场技术流向地域合同金额** 单位：亿元

省份	1998年	1999年	2000年	2001年	2002年	2003年	2004年	2005年	2006年	2007年	2008年	2009年	2010年	2011年	2012年	2013年	2014年	2015年	2016年	2017年	2018年
北京	48.87	59.62	103.19	126.58	122.15	155.47	262.21	246.87	380.03	341.42	395.12	482.50	497.95	679.34	974.35	945.41	1234.71	1147.53	1753.24	1887.52	2247.15
天津	18.73	20.80	23.12	27.86	32.78	37.54	42.58	38.13	46.24	66.27	87.64	138.19	103.85	173.97	204.79	236.05	340.77	330.71	389.20	421.23	347.59
河北	14.22	15.79	16.40	11.54	14.04	15.93	21.32	30.18	42.51	85.58	80.11	49.02	129.17	69.01	115.25	96.49	152.83	145.31	184.29	303.24	495.63
山西	4.25	8.90	4.94	6.01	10.78	12.73	16.02	21.54	31.59	46.03	54.69	60.15	50.92	70.75	111.26	99.01	207.68	97.24	234.08	249.32	251.05
内蒙古	3.70	4.37	7.96	8.43	10.30	15.17	16.72	30.15	29.63	34.28	91.06	65.53	86.26	72.15	217.70	158.34	156.49	188.60	142.71	157.46	226.87
辽宁	28.93	31.13	32.69	38.67	42.19	47.97	32.95	85.59	57.24	68.19	143.43	97.80	184.06	396.68	397.89	248.21	250.49	231.27	200.03	290.99	273.22
吉林	9.02	10.62	7.89	10.36	10.45	12.02	11.88	13.50	16.98	17.14	28.86	27.11	41.40	33.73	46.30	46.98	50.80	54.52	93.11	199.37	431.92
黑龙江	18.46	14.53	15.52	12.31	12.68	13.26	14.84	15.39	16.43	22.44	21.44	38.91	56.24	64.47	73.55	84.07	108.57	107.68	175.51	115.02	160.68
上海	33.03	38.37	63.37	97.01	103.17	127.49	158.62	174.64	220.61	279.38	308.68	272.75	329.12	340.35	408.57	431.98	447.24	510.13	431.99	712.14	828.17
江苏	31.01	35.45	41.18	49.64	52.84	74.81	81.60	84.92	69.42	97.49	103.62	110.57	327.79	375.48	514.93	597.98	700.19	1016.34	905.59	919.55	1438.64
浙江	21.35	21.88	30.36	38.33	44.13	63.30	66.59	58.94	60.56	68.11	73.63	80.66	106.40	95.32	293.40	169.77	198.55	201.91	288.32	469.87	717.67
安徽	4.58	5.44	6.66	8.21	9.04	9.70	13.56	20.43	19.61	28.73	35.88	52.56	51.63	49.62	85.85	113.57	127.91	169.67	201.68	270.68	353.99
福建	9.25	11.34	19.38	17.62	15.86	20.76	20.30	25.02	22.17	30.48	32.26	55.55	44.22	59.07	189.79	365.51	357.36	367.60	278.70	179.12	303.00
江西	4.57	7.94	6.61	6.83	8.02	16.21	17.36	13.23	10.85	25.52	13.32	24.05	31.51	42.06	57.53	107.80	74.57	107.71	188.10	199.08	242.76
山东	22.95	37.75	34.56	44.56	48.00	74.16	95.35	114.37	49.95	86.33	84.49	103.49	126.90	187.75	182.55	249.76	403.16	386.56	505.24	675.98	938.70
河南	17.50	18.27	19.04	21.30	20.81	23.85	24.36	35.84	38.34	36.96	44.53	36.69	44.05	62.26	62.06	109.59	118.55	127.60	154.05	201.94	372.52
湖北	15.45	18.74	19.09	28.49	31.61	30.39	35.82	39.38	45.82	50.37	53.03	61.85	137.04	86.34	191.44	216.43	328.37	494.95	642.03	677.74	828.47
湖南	21.97	23.85	22.74	25.43	28.51	27.71	49.72	35.72	36.48	27.97	41.57	34.02	38.25	38.80	56.82	109.71	123.05	151.61	102.08	177.76	194.65
广东	33.33	42.38	66.98	66.45	72.20	81.96	75.46	121.80	114.63	112.47	175.95	247.68	243.54	224.96	421.54	483.83	560.72	652.11	792.56	1451.40	1847.11
广西	5.76	3.34	3.87	5.77	6.67	7.18	13.29	11.63	17.62	9.80	12.15	10.78	14.81	18.53	32.98	128.56	115.05	57.66	68.77	78.30	192.21
海南	4.86	8.84	1.48	10.10	2.37	2.98	2.39	9.34	10.27	7.47	15.05	8.43	19.30	13.12	129.66	60.88	64.98	28.18	39.76	81.24	79.21
重庆	8.08	20.43	16.45	19.34	33.19	31.23	41.50	32.28	45.46	27.49	26.10	31.08	88.49	84.27	226.44	162.49	191.16	184.34	524.89	234.10	517.92
四川	19.37	15.36	12.86	15.42	12.88	19.94	30.02	23.17	33.81	39.42	57.93	60.22	72.33	80.94	140.63	270.60	230.52	293.26	331.79	536.61	588.61

续表

省份	1998 年	1999 年	2000 年	2001 年	2002 年	2003 年	2004 年	2005 年	2006 年	2007 年	2008 年	2009 年	2010 年	2011 年	2012 年	2013 年	2014 年	2015 年	2016 年	2017 年	2018 年
贵州	2.60	1.92	1.65	2.33	3.85	10.44	5.51	5.39	6.14	14.60	15.27	28.37	21.88	31.97	44.58	36.87	125.84	176.10	167.38	193.30	513.33
云南	15.62	19.46	22.85	30.49	20.70	27.17	27.54	29.43	29.60	30.69	22.40	26.86	37.72	34.65	80.59	101.07	97.78	173.58	171.44	177.10	327.85
西藏	0.27	0.08	0.30	0.85	0.64	1.50	2.18	0.80	1.53	1.57	1.32	1.93	3.24	3.20	3.73	7.22	10.20	16.98	19.51	21.96	72.50
陕西	5.63	8.32	8.42	9.48	14.31	13.58	14.84	18.95	28.69	32.47	36.23	46.96	59.75	100.51	172.57	362.06	279.68	298.52	359.10	521.86	591.37
甘肃	4.49	4.47	5.46	6.32	7.96	16.41	15.59	17.38	18.65	24.73	28.90	22.87	30.77	39.48	59.08	123.22	123.81	118.10	172.73	147.31	183.43
青海	1.20	1.40	0.76	1.69	2.45	2.87	3.13	2.92	4.92	7.77	11.48	23.35	24.52	28.35	43.65	55.83	50.09	47.10	79.26	77.52	76.29
宁夏	0.95	1.35	0.98	2.75	2.43	2.40	2.69	3.53	3.60	6.94	7.85	6.57	12.61	16.61	21.42	33.06	28.55	28.61	42.72	77.01	96.42
新疆	5.84	5.63	8.28	12.62	13.64	17.48	21.44	15.60	19.01	19.99	25.08	18.13	27.60	37.13	60.15	130.74	101.04	121.26	93.61	98.55	150.23

资料来源：中国科技统计年鉴。

2000～2018 年全国 31 个省份技术市场技术流向地域合同金额如表 8－6 所示。

表 8－6　2000～2018 年全国 31 个省份技术市场技术流向地域合同金额

单位：万元

省份	2000 年	2001 年	2002 年	2003 年	2004 年	2005 年	2006 年	2007 年	2008 年	2009 年	2010 年	2011 年	2012 年	2013 年	2014 年	2015 年	2016 年	2017 年	2018 年
北京	543278	525935	537319	618255	633867	635306	1027125	1233546	1331670	1919128	2048808	2949351	1513816	1352006	1200694	1548519	1852149	2204037	3046931
天津	140614	181228	130241	234951	265767	189673	224179	311863	345433	401954	309173	946874	4168675	4642121	5757902	5016340	5823755	6410835	8318789
河北	52347	40477	51188	46428	59447	89935	174877	137556	348059	142524	262099.2	294388	486853	535914	878333	703455	587200	467331	655438
山西	20623	24106	62640	39194	37981	45089	74188	104467	132679	151370	139461.3	202621	387479	378313	446030	372197	374451	769499	1164083
内蒙古	26430	30073	40966	51978	50151	81480	100895	72538	77855	131086	211773.2	263022	293012	441675	593858	495135	774528	1300049	1263151
辽宁	122886	115714	139085	134896	98673	236526	220798	261293	427667	294159	563562.1	803348	1089782	400484	259652	235010	224589	313740	281708
吉林	24220	32896	45940	62590	52390	49629	61409	60729	87688	109367	215798.8	190417	858815	627063	712706	720391	780244	1183069	1300054
黑龙江	54979	55158	51035	58717	44623	63943	67235	89650	108989	109415	246785.5	494210	242950	215959	199131	161429	367848	775936	1280854
上海	87268	225609	283765	353896	385960	371667	533317	617230	771516	1196949	1158211	1613787	41205[illegible]	508984	288856	666699	704058	245032	466023
江苏	139333	187301	185654	326059	279440	375820	330534	430738	525156	584166	1718346	2369702	1600727	1682590	1919393	1932256	1897820	3481193	3540624

续表

省份	2000年	2001年	2002年	2003年	2004年	2005年	2006年	2007年	2008年	2009年	2010年	2011年	2012年	2013年	2014年	2015年	2016年	2017年	2018年
浙江	87864	128086	114810	162402	197559	224958	295290	277923	345433	473324	585540	590588	2657916	2880532	2713578	2794975	2559943	5383089	4855591
安徽	26636	27150	35200	30611	56408	85985	72643	85585	98849	118877	246209.9	251891	811904	775825	1165017	829259	1208979	2118097	3025670
福建	31754	42168	62105	76753	64710	68508	71613	81940	119966	283232	141782.4	235973	324187	449158	496239	543392	774689	830421	1054448
江西	20793	24043	35886	57554	88109	58139	44150	75685	61296	80767	134469.3	240894	335792	340563	272788	354206	1156345	477890	642124
山东	123482	161909	167117	232750	457210	434136	162003	270655	415043	446224	674043.6	1270999	316446	323022	279479	263557	304598	433989	521590
河南	69247	98371	79066	81447	95218	160101	100452	114706	141887	123751	170771.8	239071	988989	1319345	1681531	1986334	2123944	2580646	3361613
湖北	62170	125228	175598	146104	230885	195038	123266	256706	255982	276621	377170.1	513359	302787	409801	312010	228882	272296	408816	631543
湖南	60495	96260	83766	86974	170755	95747	155195	87974	188866	142604	181546.1	200506	622362	589470	704409	1374422	1666860	1155538	1338430
广东	246844	192139	200857	358722	360326	518119	467572	446961	537737	807875	1598488	1404212	215808	284748	258002	350783	282976	450262	446518
广西	13969	16788	33104	48155	92091	81324	54942	27483	39307	35133	57716.27	106751	1713523	1866903	2060647	1891606	4114454	7697161	9166163
海南	7687	76711	9813	9658	8445	72706	85009	17934	26602	20570	47032.54	76481	150935	135170	175457	150222	333769	313831	782172
重庆	57194	118317	238069	220514	183302	100078	87053	169717	124960	159968	115801	512466	59874	338558	80122	104725	79299	95688	112888
四川	50094	69986	47705	71326	157515	87882	106419	142899	219383	265940	327967.2	434781	237507	441763	621054	357089	684646	542776	1414976
贵州	7184	11496	14523	23283	23489	24106	25084	52224	74053	95833	164514.9	194705	592366	736259	660807	824930	659519	850442	1095696
云南	134894	234681	146943	205955	189289	148213	122188	112529	91782	108147	241672.7	159720	125401	233874	183331	203820	175984	550924	572141
西藏	1556	768	1700	2937	11412	3346	4760	4215	6133	5980	16683.07	11172	549816	461296	425554	483047	517363	874336	757383
陕西	28291	43818	70036	64797	59171	95144	86950	26218	156988	203097	316070.4	508121	19502	17515	42729	34818	25515	34800	54659
甘肃	14562	23128	29110	37262	53912	55643	47890	63568	48481	53910	62227.59	107176	719580	1572823	1103543	1568335	1359211	1461215	1661774
青海	2797	8362	8674	15624	14083	14047	31442	29237	19250	145673	155214.2	221563	196671	216046	115218	109279	317345	146848	497226
宁夏	3153	14360	10704	15632	10867	16919	8176	106294	35346	20802	28966.06	45679	226603	91492	113643	103627	109968	114885	100665
新疆	35481	51244	57863	65482	56892	33071	34362	60359	73153	68404	66810.73	107172	77029	48851	51223	65277	101151	296267	136728

资料来源：中国科技统计年鉴。

2000～2018年全国31个省份技术市场技术流向地域合同金额如表8－7所示。

表8－7　2000～2018年全国31个省份技术市场技术流向地域合同金额

单位：万元

省份	2000年	2001年	2002年	2003年	2004年	2005年	2006年	2007年	2008年	2009年	2010年	2011年	2012年	2013年	2014年	2015年	2016年	2017年	2018年
北京	166735	226333	161263	223568	1020862	550459	368297	247926	282739	192288	230785.2	485968	1407277	487148	499479	362483	579209	616430	706241
天津	20498	24116	127200	50552	24601	40349	42048	74736	42238	45182	172613.3	69524	919515	354434	351706	416908	383179	1270008	1463316
河北	31657	23994	27008	38765	34118	41116	27791	28467	36169	132368	195404.8	112342	277480	318648	411981	477473	637191	947044	625362
山西	13957	18032	17028	23689	45874	33121	20972	39410	45277	87627	93888.96	64006	168069	134403	265466	177082	208146	244617	302538
内蒙古	9139	15450	11815	11781	17378	15476	40549	15041	17696	42494	31897.57	123627	69673	59906	58787	35218	65930	68237	87698
辽宁	85200	107666	79300	89543	39249	126487	57635	108386	316280	67952	224063.2	298772	365649	188972	165414	333684	67423	56647	304250
吉林	15635	16914	14482	17735	18439	31494	7268	21594	45022	70815	21325.36	48434	1198016	290358	300499	293173	277229	286635	394454
黑龙江	33507	14386	12446	15572	22823	12707	26660	25410	17198	27478	57245.13	35895	30487	49468	34411	31718	223496	194126	203757
上海	333026	500490	409638	474616	517123	1052121	1271480	1771460	1842382	1074534	1703333	1299441	178775	147322	164569	37591	78483	135669	108030
江苏	118017	110759	118202	155877	143152	149141	138607	192777	244015	249412	725540.4	417899	1926298	1817520	1650293	2091888	1524646	2192495	1706708
浙江	32285	43590	45208	71873	52937	76254	50870	113142	108527	142502	181994.5	101087	1697773	1989241	2990558	3729355	3566764	1283987	2156430
安徽	16774	32123	14024	24214	23190	21843	17476	35526	27788	270870	70028.7	84096	183362	216981	128548	184096	340675	811347	1122493
福建	79831	67458	48182	58071	71266	92902	58008	69099	78672	58039	77797.58	180615	137870	105278	313707	230168	121210	206639	315391
江西	14786	10643	10223	63348	16195	17107	15154	87656	22218	53563	97775.91	92734	222852	89821	186478	804575	246548	408409	554804
山东	79700	146533	152312	299784	213163	323878	98342	196321	112721	264496	215184.2	192336	93113	63950	84497	123387	170460	153136	116168
河南	30275	37410	46480	58447	37570	54266	50974	34709	54458	60549	89504.73	95915	265607	474487	600695	519118	1000378	731876	836522
湖北	61428	68608	56751	79179	38750	98922	37995	23391	49521	114494	82541.74	108937	32970	72769	62802	61612	71728	135571	421227
湖南	30615	31347	35335	42410	34619	85026	27662	46057	86962	71890	35314.04	22512	441135	365960	315961	424541	498860	575029	455199
广东	153858	286241	345889	243317	168498	281737	284692	300240	915451	1041999	327466.7	337649	45179	94638	90650	57215	61036	165521	135973
广西	10912	16783	18203	6304	6814	8266	36789	7042	36610	18547	32534.84	9113	675435	1770136	1746731	514397	375928	2263049	1382428
海南	4892	19704	6852	11953	8070	8954	6100	9118	11031	29954	34267.28	17234	16476	14530	12817	43225	26951	57123	102975
重庆	35915	35742	35988	37658	88453	120015	24213	21847	72383	56576	707635.8	127378	38151	39830	10938	12434	10939	55415	7103
四川	41956	36914	30889	50854	41483	37827	47764	83419	163285	172750	131823.3	86205	121499	529129	99740	777100	2693485	475992	951822

续表

省份	2000 年	2001 年	2002 年	2003 年	2004 年	2005 年	2006 年	2007 年	2008 年	2009 年	2010 年	2011 年	2012 年	2013 年	2014 年	2015 年	2016 年	2017 年	2018 年
贵州	3395	3942	7123	57360	9421	3591	2855	7110	10449	7273	4354.013	8499	204876	291857	300749	223198	455029	326061	520511
云南	8309	15390	8558	12089	25693	9684	5466	71803	10579	23819	17347.99	45742	34850	9085	73329	36502	157255	57618	56128
西藏	110	826	1592	789	2549	815	61	301	511	3021		1773	17085	35742	127556	40377	26628	8709	61751
陕西	31273	14792	22594	18393	11682	18858	26295	17947	43344	71456	50499.23	113154	2668	2136	2243	1288	3549	3642	7902
甘肃	16509	14324	7010	6670	23297	25870	17236	9621	12187	7746	22024.28	51802	170823	74984	99732	74756	107965	192992	104945
青海	1174	404	2385	4106	3806	3768	3579	4754	5010	10049	12977.76	8860	23824	68582	57036	17770	21948	82876	28636
宁夏	2050	975	2357	1927	1778	852	13194	43685	6913	6238	50156.28	26896	41847	21352	67646	8986	12282	23146	7735
新疆	9089	30845	38251	33949	58207	20767	9101	12260	22432	5790	23402.47	34522	122736	23924	1488	16450	44523	24633	19883

资料来源：中国科技统计年鉴。

2000～2018 年全国 31 个省份技术市场技术流向地域技术咨询合同金额如表 8－8 所示。

表 8－8　2000～2018 年全国 31 个省份技术市场技术流向地域技术咨询合同金额

单位：万元

省份	2000 年	2001 年	2002 年	2003 年	2004 年	2005 年	2006 年	2007 年	2008 年	2009 年	2010 年	2011 年	2012 年	2013 年	2014 年	2015 年	2016 年	2017 年	2018 年
北京	28326	38817	57189	73366	118350	165998	190000	204582	202834	160150	401177.3	199782	250561	321359	242294	126268	147209	211897	881551
天津	9411	10879	11173	13736	19237	24268	22836	22415	19733	18254	25138.1	41959	155893	271733	581406	427526	809324	1376241	414607
河北	6660	4899	8067	7055	10730	16687	16221	23210	25423	32566	20009.21	31786	214538	76648	149449	124243	304224	449464	111531
山西	1497	1592	5653	4303	5228	8577	13939	15261	19416	16026	14616.2	33520	34787	39287	54966	30857	114182	91034	153523
内蒙古	1769	2264	4066	4863	21251	18195	12666	24914	24413	21760	20449.52	69287	28315	36437	95651	25650	31402	26417	42146
辽宁	23129	27555	59090	45938	37473	136061	81562	91398	156310	226267	120360.3	167979	41546	103310	27276	22161	232771	41570	22007
吉林	12578	8673	11634	10749	11928	15438	49570	28775	14094	15614	13474.41	13568	222023	281764	203039	94437	108889	59464	48169
黑龙江	8144	9479	7919	11069	8218	8611	7650	12237	7816	11022	8925.5	14996	14377	16173	16529	14687	23490	91038	802024
上海	34912	48142	46793	63144	67954	62538	73631	47071	62962	46274	34766.75	54147	14160	23422	22726	17144	14830	61395	31359
江苏	19260	33958	53541	60517	55188	70971	32747	48181	42276	33039	87297.77	423927	45331	41706	53457	86370	42712	58611	71981
浙江	67747	79917	112438	190587	192407	94232	73500	74979	93868	48446	41293.51	39157	113020	122499	157096	338790	692846	193323	327549

续表

省份	2000 年	2001 年	2002 年	2003 年	2004 年	2005 年	2006 年	2007 年	2008 年	2009 年	2010 年	2011 年	2012 年	2013 年	2014 年	2015 年	2016 年	2017 年	2018 年
安徽	3074	3597	9907	8816	11189	24996	15952	22917	21216	21151	14758. 4	20992	44562	36835	59989	97845	112420	79685	163646
福建	8442	11794	11250	17411	13796	16841	15513	18303	14723	20673	17944. 56	22820	30462	29217	45831	124867	132602	98382	301190
江西	7728	5690	4934	7839	10655	11016	6899	7815	10455	8438	7088. 944	7700	27850	36588	66701	30874	194286	31671	24240
山东	30522	24610	25194	49728	61594	72153	27673	29378	26719	27406	64772. 41	53536	11190	28295	16097	10358	97444	36792	74996
河南	10127	8480	7189	8046	11275	12586	15509	20020	24896	11734	25638. 42	30568	55902	83085	180030	139392	451816	487709	556943
湖北	7555	7332	10680	8837	14104	11519	19504	26378	22936	14721	22161. 79	57787	33534	40565	57466	28019	156044	68851	96471
湖南	14298	21500	11698	16188	16200	19095	8847	11457	15871	9335	11424. 21	13759	38882	78488	131334	91849	102626	251932	923872
广东	17811	40028	18188	38016	38294	62858	47836	62439	54490	67135	65439. 31	69316	23161	17320	33323	22548	59255	71750	81737
广西	2128	3960	4438	4068	4177	5707	4359	3479	8195	5829	7188. 349	6750	67080	81338	79727	84103	103472	163052	470879
海南	455	540	767	968	2018	1342	1530	1751	4061	5082	5868. 372	8063	20587	13264	19559	47771	30978	16756	26649
重庆	18719	3504	11849	13367	18206	10075	8231	9402	12613	10497	7120. 372	20049	5323	6514	18419	15187	11581	31006	66841
四川	5969	9602	7763	17634	35130	13924	15677	15036	15951	32303	16987. 28	37795	20760	61408	36484	165612	128018	122705	38218
贵州	932	2149	2466	3419	4119	5700	2739	6842	6542	6198	10233. 66	12429	36805	61279	30106	44523	120088	73395	51520
云南	18217	3558	7680	8159	5069	8700	8582	10098	12534	7660	24794. 55	24010	12836	55979	39430	47205	51627	140385	215975
西藏	782	191	1630	234	776	574	333	300	560	1041	1929. 024	2356	13881	14086	18909	22389	37903	40684	124856
陕西	4457	3222	5319	6676	8892	10913	37722	3614	19813	12693	29668. 91	25732	2235	3146	3286	1627	17486	30271	3455
甘肃	794	3655	3234	4388	5671	15761	8651	18056	26742	22669	17960. 07	40345	71781	86347	74785	72952	117781	79176	69134
青海	537	1093	3358	1246	1582	1506	1480	4107	4062	7132	5728. 766	8996	30604	48290	19255	69548	78277	95432	101300
宁夏	522	218	1181	988	1805	3520	2504	9898	2007	4318	3299. 466	13583	11666	46326	23244	85649	134949	69840	124448
新疆	7505	8126	12850	10682	1741[illegible]	17587	20461	16741	27304	13900	16562. 04	28720	14768	11092	41512	28923	37173	5086	18193

资料来源：中国科技统计年鉴。

2000～2018 年全国 31 个省份技术市场技术流向地域技术服务合同金额如表 8－9 所示。

表 8－9　　2000～2018 年全国 31 个省份技术市场技术流向地域技术服务合同金额　　单位：万元

省份	2000 年	2001 年	2002 年	2003 年	2004 年	2005 年	2006 年	2007 年	2008 年	2009 年	2010 年	2011 年	2012 年	2013 年	2014 年	2015 年	2016 年	2017 年	2018 年
北京	293567	474701	465679	639509	849044	1116942	2214872	1728132	2133924	2553412	2298756	3158272	2005668	1632149	2156185	1897406	2107981	3021432	4023483
天津	60635	62370	59194	76125	116187	127018	173345	253647	469012	916545	531561. 4	681313	4499392	4185809	5656120	5614512	10516155	9818096	12274804
河北	73286	46042	54153	67002	108877	154064	206221	666613	391444	182706	814214. 6	251627	1069043	1429319	1967923	2001908	2363372	2348509	2083611
山西	13273	16374	22505	60125	71127	128643	206766	301135	349484	346450	261194. 7	407312	562130	412904	761848	872936	1146107	1927275	3336109
内蒙古	42262	36504	46172	83102	78461	186365	142168	230351	790640	459919	598484. 6	265550	721604	452063	1328497	416413	1468899	1098489	1117506
辽宁	95670	135752	144377	209307	154081	356789	212435	220837	534001	389576	932622. 8	2696700	679993	890638	1112592	1295133	902334	1162641	1660775
吉林	26493	45087	32413	29088	36007	38433	51515	60341	141784	75308	163371	84884	1700034	1282952	1288681	1204703	833950	1380717	989490
黑龙江	58538	44118	55370	47271	72693	68659	62736	97137	80414	241214	249419. 9	99648	175153	188242	257916	337380	316289	932612	2032570
上海	178530	195869	291464	383233	615135	260033	327641	358019	409964	409781	394888	436104	130482	160955	609589	355323	957742	708103	1001422
江苏	135211	164351	171022	205662	338238	253261	192298	303213	224703	239113	746697. 5	543314	513316	778006	849252	990767	854701	1389111	2962370
浙江	115688	131735	168836	208177	223027	193985	185926	215014	188439	142289	255203. 1	222335	680579	987502	1140674	3300275	2236378	2335112	7046860
安徽	20120	19211	31226	33375	44781	71520	90078	143270	210932	114684	185325. 9	139230	1894157	668022	631925	907861	1221080	1689530	2864926
福建	73740	54822	37102	55401	53180	71988	76590	135453	109204	193578	204689. 5	151268	365988	552005	423332	798267	988249	1571367	1868841
江西	22797	27950	29152	33382	58630	46054	42281	84069	39270	97688	75769	79241	1311452	3188153	3047616	2486338	1189790	873264	1808820
山东	111906	112515	135386	159340	221551	313524	211452	366922	290413	296738	315039. 7	360611	154529	662703	365629	679798	1308485	1366884	1714872
河南	80785	68767	75385	90525	99565	131476	216447	200180	224014	170824	154620. 5	257036	515040	620701	1569297	1220763	1476263	2959553	4631901
湖北	59789	83755	73066	69735	74412	88368	277423	197208	201864	212688	888574	183308	251344	572716	753241	957501	1040446	1406153	2575964
湖南	121992	105179	154328	131566	275581	157299	173066	134257	123985	116375	154259. 7	151208	812065	1130366	2132022	3058651	4151912	4794947	5567173
广东	251270	146088	157033	179533	187513	355285	346241	315018	251808	559800	444006. 3	438404	284057	700403	848566	1085571	617509	1090103	1282320
广西	11727	20144	10984	13258	29847	21013	80147	60044	37428	48310	50701. 64	62689	1759341	1119936	1720145	4030960	3331753	4390779	7451667
海南	1761	4078	6225	7187	5416	10357	10062	45914	108792	28666	105854. 7	29437	141824	1122588	942628	335343	296001	395242	1010282

续表

省份	2000年	2001年	2002年	2003年	2004年	2005年	2006年	2007年	2008年	2009年	2010年	2011年	2012年	2013年	2014年	2015年	2016年	2017年	2018年
重庆	52672	35858	45961	40712	125082	92592	335115	73885	51062	83770	54346.26	182807	1193241	223929	540328	149405	295817	630321	605305
四川	30571	37684	42427	59616	66107	92030	168273	152867	180703	131203	246562.6	250661	1884680	592615	1154307	543572	1742744	1199535	2774191
贵州	5011	5720	14380	20316	18090	20474	30712	79790	61700	174433	39672.54	104053	572229	1516597	1313542	1839993	2083234	4116154	4218408
云南	67077	51320	43821	45507	55308	127658	159742	112452	109087	128996	93388.18	117022	272753	59741	962282	1473492	1288936	1184059	4289058
西藏	546	6678	1521	11052	7018	3254	10125	10884	6013	9254	13777.92	16711	225082	499600	405816	1189973	1132540	847268	2334508
陕西	20167	32971	45148	45935	68657	64554	135906	21604	142176	182326	201279.1	358112	12914	49383	53727	132088	148505	150895	658982
甘肃	22692	22088	40265	115759	72986	76487	112706	108683	201574	144378	205515.3	195427	763526	886459	1518711	1269194	2006027	3485186	4077839
青海	3120	7011	10101	7763	11842	9852	12662	39560	86521	70623	71310.81	44045	339701	899265	1046616	984440	1309751	1147981	1207094
宁夏	4027	11991	10076	5451	12420	13971	12120	164824	34247	34292	43673.56	79896	156414	399088	296396	272786	535433	567339	530005
新疆	30772	35982	27475	64679	81922	84596	126224	157982	127892	93231	169185.9	200881	99658	246713	191278	175468	244340	444108	789396

资料来源：中国科技统计年鉴。

技术引进主要范围包括：（1）从国外公司、企业和科研单位，获得生产工艺技术、设备制造技术和经营管理技术等，包括购买设计、流程、配方、设备制造图纸和工艺检验方法等技术资料；（2）委托外国咨询公司或科研单位提供咨询及其他技术服务；（3）聘请外国专家进行技术指导和委托外国科研单位或公司培训人员；（4）随技术引进进口的关键设备、测试仪器和样机；（5）由国外提供的各种科技援助项目和科技合作项目。目前国内多采用这个范畴来进行概念界定，但也有企业和相关管理部门将进口成套设备也纳入了技术引进范畴。

8.4.1.2 技术引进的分类

技术引进是一个广义的概念，包括国外知识资产、技术积累和研发能力流入国内的各种渠道。根据本书对技术引进内涵的界定，在开放条件下，技术引进模式主要包括技术进口和 FDI。从技术引进供给双方的技术水平来划分（Mansfield，1968），可以把技术引进分为垂直型和水平型两种。垂直型技术引进是指技术引进的供给方和需求方在技术开发的垂直分工链上处于不同阶段，供给方的技术先进于需求方。水平型技术引进是指双方技术水平差异不大，并且从事相似的业务。基于技术引进是否有偿可以分为无偿引进和有偿引进（谢启龙，2007）。非股权式的技术引进主要是基于具体的项目进行有针对性的技术引进，本土厂商不再通过合资企业而是直接获得某一具体技术的使用权，在使用过程中对其进行模仿创新进而掌握技术的研发原理。与之相似，胡小娟（2016）将技术引进分为以购买手段为主直接获得外部技术和以合资手段为主间接获得技术溢出。

8.4.1.3 各地区规上工业企业技术引进分析

西藏、海南和青海数据缺失，给予剔除。得到2009～2018 年28 个省份的技术引进费用支出数据（见表 8－10、图 8－6）。由图 8－6 可以看出，广东和上海在 2009～2018 年，技术引进费用的均值要远高于其他省份，其中，技术引进费用支出最高的广东是技术引进费用支出最低的贵州的 167 倍，相差悬殊。新疆、广西和贵州作为技术引进费用支出最少的三个省份，支出费用均在亿元以下。

表8-10　2009~2018年我国28个省份技术引进费用支出　单位：万元

省份	2009年	2010年	2011年	2012年	2013年	2014年	2015年	2016年	2017年	2018年
北京	122254	198649.3	241288	245680	378534	390032	300214	320726	265947	233210
天津	204314	233073.3	151064	115723	90122	76722	82641	60216	62699	60544
河北	92789	132991.6	81807	94747	37942	42052	41980	21239	89304	35411
山西	55300	70999.7	47882	60843	52934	33550	55794	46816	36597	32564
内蒙古	24220	30773.4	249865	19656	175464	153320	101941	74786	29289	30839
辽宁	274163	63851	92698	54017	56958	74444	55849	28242	76311	74969
吉林	42816	11646.6	52575	22335	8154	8853	268421	51379	52282	4465
黑龙江	67388	59939.1	45493	42200	19691	20413	25734	9262	15075	5708
上海	570849	610943	652724	583135	715265	667707	504363	1349956	965059	1450368
江苏	271520	360460.5	722060	574415	524639	454632	362106	332707	294264	300241
浙江	161357	213300	169427	146137	110385	124660	121613	93307	75805	94677
安徽	64894	44741.5	115892	106471	94508	71782	41825	32528	28518	18588
福建	165276	233197.4	336257	268712	228367	208931	147087	137912	199628	141628
江西	59089	73512.2	25418	22132	21542	38327	58442	48799	48914	18563
山东	483912	249955.4	299241	276774	237143	217027	178219	174867	130882	118311
河南	41948	60906.8	80734	59187	73915	53313	37354	8767	18999	5903
湖北	109364	190417.8	83699	160092	132124	146776	165141	142732	162376	98206
湖南	55478	59576.8	39892	21728	29703	24083	34190	36711	55355	85982
广东	676216	556612.1	567613	569733	548865	567985	873013	1315983	946120	1573897
广西	2758	3875.2	15298	2619	3599	12392	5697	4210	8060	6315
重庆	146722	141710.1	181504	184395	257159	315610	360485	376013	344998	161982
四川	74881	75452.9	45630	196473	33892	31626	31930	33249	35602	50074
贵州	2421	13471.6	4946	2427	1857	13099	6562	1027	2870	325
云南	42945	54820.4	31044	30572	14043	20580	4683	15429	12554	31177
陕西	42250	34734.6	76171	13804	22045	37657	23262	24595	30224	10735
甘肃	57359	59893.9	53317	43646	39569	27626	21378	1298	862	190
宁夏	26351	13876	19132	10467	3160	38875	222124	857	2275	702
新疆	5287	575.5	6197	3821	26080	2669	5182	8797	2285	7105

资料来源：中国科技统计年鉴。

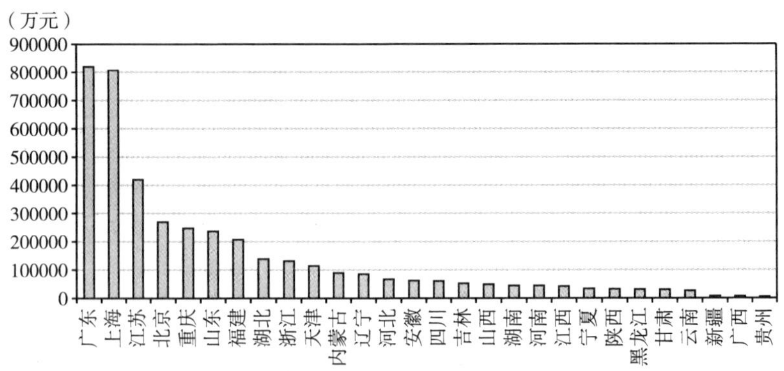

图8-6　2009~2018年我国28个省份技术引进费用支出

8.4.2　消化吸收

8.4.2.1　消化吸收的概念与范畴

消化吸收是指为了对获取的新技术进行有效的学习、掌握、应用，并在此基础之上实现再创新而展开的一系列工作。技术消化吸收能力的概念有广义和狭义之分，狭义消化吸收是指进口方学会并掌握进口技术中所包含的知识和技能，并根据国家具体条件予以改良，使之成为能有效实施目标技术的过程。广义消化吸收是一种特殊的技术进步过程，包括进口技术的运用、模仿、创新和推广。

消化吸收的初级阶段一般是指技术进口项目从无开始到按合同要求实现达产达标的过程，该阶段的目标主要是全面完成技术进口合同规定的各项要求，例如产品性能、国产化率、批量与产量等。消化吸收的高级阶段是在全面完成初级阶段各项指标的基础上，将进口技术在同行业推广应用并不断创新，进而与国内研究成果相结合，自主开发出同类型的新产品和新技术的过程。

8.4.2.2　各地区规上工业企业消化吸收分析

西藏、海南和青海数据缺失，给予剔除。对于吉林和甘肃的空缺数据采用双周期的移动平均法进行填补，得到2009~2018年我国28个省份的消化吸收费用支出数据（见表8－11、图8－7）。由图8－7可以看出，上海的技术消化吸收费用支出最高，且远高于我国的其他省份，是位于第二位的江苏的两倍以上。技术消化支出费用在亿元以下的省份分别是云南、新疆、宁夏、广西和贵州。

表8－11　　2009～2018年我国28个省份消化吸收费用支出　　单位：万元

省份	2009年	2010年	2011年	2012年	2013年	2014年	2015年	2016年	2017年	2018年
北京	11873	7274.4	70576	43852	56993	76581	75201	71825	108628	10602
天津	56450	70227.9	98019	72452	54967	49822	22229	11442	8244	6119
河北	206652	189600.8	23332	22554	23244	31190	16576	13345	13540	9092
山西	113064	85866.3	59122	23666	26172	16338	8053	6276	4397	5796
内蒙古	24368	22204.1	262999	15344	60796	31354	27730	20005	20925	10170
辽宁	46810	45903.7	35032	63892	59725	34326	33114	28047	35003	32366
吉林	6318	5691.3	6819	7123	9141	2446	6779	144743	144095	144419
黑龙江	32159	38559.8	19218	13796	5400	2732	16647	5512	2575	1124
上海	284888	286756.6	281930	269187	221155	267497	259608	368456	473977	597831
江苏	131945	131012.2	254320	259215	204395	248722	124690	94876	73582	55863
浙江	71235	105928.4	85523	79740	52623	48696	35682	35327	18892	15559
安徽	89559	33363	69982	48961	62378	39967	26001	22194	17070	6457
福建	25336	24024.5	22529	22829	35244	25113	32153	29762	26561	29592
江西	37914	7080.5	6127	49108	28800	34281	19059	3661	1350	1308
山东	120687	160965.2	183306	159973	215035	160020	85804	94744	83306	35764
河南	49570	30946.1	38893	37322	37338	40466	14994	8379	7034	629
湖北	16591	29704.8	32771	43456	47855	42525	17462	17832	13573	11390
湖南	33634	66167.1	49332	48174	59418	62307	40270	18262	50519	30009
广东	73403	77690.1	97786	76374	76239	64423	52251	47511	38867	21345
广西	3762	5728.6	12430	6087	3605	6329	2621	1952	3183	5274
重庆	18598	20969.9	18197	30271	35997	37336	29746	6307	4600	2189
四川	39869	40294.3	19873	24643	23292	20136	15474	18664	6384	14205
贵州	2002	2780	6119	25395	4729	1365	3853	1520	392	202

续表

省份	2009 年	2010 年	2011 年	2012 年	2013 年	2014 年	2015 年	2016 年	2017 年	2018 年
云南	5552	9230.1	4335	21536	9933	7225	25032	2197	775	1780
陕西	7840	10799.6	101328	18005	18969	22471	19727	12450	2800	251
甘肃	107998	121793.2	127331	67843	60150	44155	69148	5939	37543.5	21741.25
宁夏	8343	8384.3	27022	2466	2199	1281	2096	309	549	7
新疆	7842	2883.1	6256	10773	8924	10538	1630	939	4865	5156

资料来源：各年《中国科技统计年鉴》。

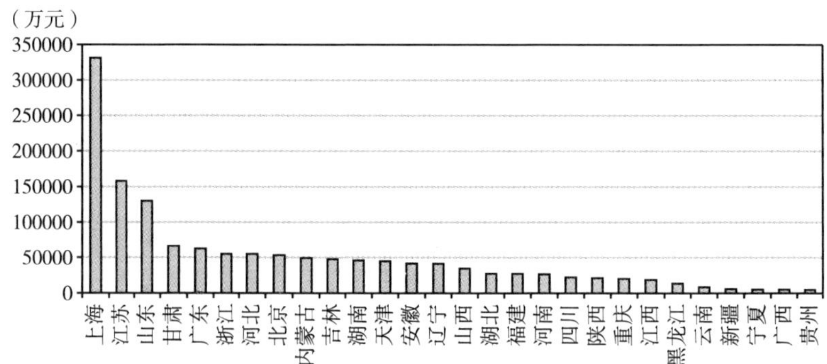

图 8-7　2009~2018 年我国 28 个省份消化吸收费用支出

8.4.3　技术改造

8.4.3.1　技术改造的概念与范畴

技术改造是指采用先进的技术，使生产过程机械化、自动化、电子化，或使机械设备性能、结构、生产工艺发生重大变化，以达到优质、高产、低耗的目的。技术改造主要包括改进产品设计、改进生产工艺设备、改进工艺和操作方法、提高软技术水平和节约与综合利用能源与原材料。技术改造有日常性和集中性两种形式。日常性技术改造主要是指平时挖潜、革新以及改造一些中、小型技术措施。集中性技术改造是指组织为了提高生产的经济效益和后劲，所进行较大规模的技术改造，包括改造老设备、淘汰旧设备、横向联合改造和中外合资改造等。

技术改造从现状分析到评价共有六个步骤。（1）现状分析，找出问题，确定改造目标；（2）寻求适用技术，即寻找先进的、成熟的、适用的技术；（3）设计技术改造的方案，根据人、财、物力等具体条件，努力将新技术应用于特定环境；（4）对技术改造方案进行全面论证，即将技术的先进性、可行性、可靠性、效益性结合起来进行论证；（5）组织实施；（6）评价：通过验证，看其是否达到工作目标，并提出进一步改进的方案。

8.4.3.2 各地区规上工业企业技术改造分析

因西藏数据缺失，给予剔除，2009 ~ 2018 年全国 30 个省份的技术改造费用支出数据中，江苏的技术改造费用支出最高，年均支出 5425804.08 万元，远高于其他省份。海南费用支出为最低（见表 8 - 12、图 8 - 8）。我国各地区工业企业的技术改造费用要高于技术引进和消化吸收的费用支出。

表 8 - 12　　2009 ~ 2018 年我国 30 个省份技术改造费用支出　　单位：万元

省份	2009 年	2010 年	2011 年	2012 年	2013 年	2014 年	2015 年	2016 年	2017 年	2018 年
北京	987928	1024916	962114	705515	563558	500239	420616	577165	671225	679992
天津	1060259	859686	851801	893191	699838	437046	318582	276506	363736	461457
河北	1810961	1701417	1908089	1704756	1506605	1545645	1236018	1059852	1262379	1141717
山西	1171228	1183143	1285884	1607371	1373318	993514	738702	455321	527376	475317
内蒙古	929537	1207194	989408	713466	569529	521928	411363	232073	248334	234241
辽宁	2303016	2087007	2304973	1534311	1572619	1871036	1312132	1127776	1046231	1474508
吉林	593886	244770. 7	594574	598761	491323	1024641	286305	414559	262979	253802
黑龙江	576845	737802. 8	748096	659731	524368	442099	302352	236234	221465	310157
上海	1325462	1232054	1384810	1298447	1225008	1520584	1220555	1415542	1616021	1851877
江苏	4046570	4839487	6729448	7178935	6421401	6031289	5072045	5219506	4696552	4022808
浙江	2402404	2266417	2572742	2460909	2575455	2780927	2337173	1918982	1855348	2271587
安徽	1164168	832279. 3	2009900	1663471	1567789	1452388	1433247	1431415	1554425	1899775
福建	647704	736202. 5	1095487	1138833	1279726	1180390	1063024	1924895	1939794	1635421
江西	448981	455698	657884	537753	801555	953638	639762	586184	537309	690670
山东	2663543	3012620	3114586	3187072	3383764	3153030	2766532	2407348	2577329	2362576
河南	1587321	1363941	1645949	1366002	1484443	1259205	1050162	1093662	1053359	1140383
湖北	2655716	1326521	1007668	1004621	955260	979145	885973	551678	729899	876807

续表

省份	2009 年	2010 年	2011 年	2012 年	2013 年	2014 年	2015 年	2016 年	2017 年	2018 年
湖南	1977051	2780257	3256685	3589623	3956427	2666767	2677788	2294004	2281336	1461345
广东	1641997	1809480	1810850	2229423	2557263	1795759	1720249	2049895	3141214	4528763
广西	1043545	990862.7	1308802	1540035	1223981	850900	915924	795169	789279	634776
海南	3221	15831.6	14119	41752	159339	13750	17946	14925	24883	13134
重庆	577274	551117.4	672935	791407	1011701	743659	630284	706714	628000	399077
四川	2132381	2462135	2725632	1785843	1668756	1650309	959664	814649	852742	1000711
贵州	783959	543698.3	807739	1216939	972508	1029967	820135	712956	461488	477124
云南	224466	451591.8	615286	404707	406320	401522	347975	287701	353495	403347
陕西	1004757	827212.3	800778	667947	575814	537954	569154	575946	456105	489438
甘肃	503343	371699.2	419642	810067	854909	800738	571814	476440	375682	418409
青海	47129	40749.6	42134	18489	14953	26431	88365	53125	57442	31714
宁夏	292005	270667.6	337285	133954	233120	604780	256466	232239	318648	447412
新疆	105558	158467.9	259320	130951	90522	209402	405597	223461	129709	245751

资料来源：各年《中国科技统计年鉴》。

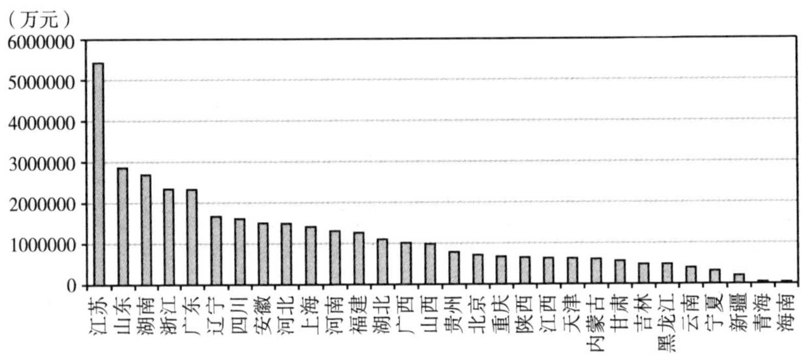

图 8-8　2009~2018 年我国 30 个省份技术改造费用支出

8.4.4　购买国内技术

8.4.4.1　购买国内技术概念与分类

购买国内技术经费支出指企业在报告年度购买国内其他单位科技成果的经费支出，包括购买产品设计、工艺流程、阳纸、配方、专利、技术诀窍及关键设备的费用支出。

8.4.4.2 各省份规上工业企业购买国内技术分析

因西藏数据缺失，给予剔除；并对青海的空缺数据采用周期平均法进行填补后，得到 2009 ~ 2018 年我国 30 个省份的购买国内技术费用支出数据（见表 8 - 13，图 8 - 9）。购买国内技术费用支出居前三的省份为广东、上海和江苏，购买国内技术支出费用后三位的为新疆、海南和青海。

表 8 - 13　2009 ~ 2018 年我国 30 个省份购买国内技术费用支出　单位：万元

省份	2009 年	2010 年	2011 年	2012 年	2013 年	2014 年	2015 年	2016 年	2017 年	2018 年
北京	14229	25349.6	43320	39604	31005	29451	45409	56382	37019	165695
天津	45008	56634	63326	65936	19139	20348	12124	4867	7334	5365
河北	44261	30970.8	146646	26053	27413	32133	21108	15412	29860	65386
山西	28195	35471.5	27682	42666	33536	26076	19945	14726	16157	28968
内蒙古	39252	352461.1	208931	10695	50884	13585	7652	12730	4918	42106
辽宁	189247	158360	177528	146056	68067	48490	61839	42424	99934	209572
吉林	3541	14789.1	16429	9441	6058	14499	86504	1261	325	48162
黑龙江	19460	9350.9	7696	6796	13545	4678	3251	4578	15678	141566
上海	324561	226508.9	219066	282948	375849	317912	260409	260867	216144	464985
江苏	151609	147819.8	239696	294573	413175	344360	201560	173755	122016	140343
浙江	115814	106950.7	133282	121614	170628	144332	206294	144078	140841	207200
安徽	65419	38698.6	72434	81478	59579	64953	51919	36379	47056	115070
福建	87460	86686.8	109507	147196	188096	171368	117742	118409	93260	134898
江西	22150	41374.5	31990	16691	33158	149268	90482	47604	66635	92227
山东	131752	123206.8	198253	192801	199070	208183	159118	169358	246961	416723
河南	109317	36634.5	78889	60103	56089	44537	21795	20112	49015	136143
湖北	19086	21561	29104	40612	76637	57175	52572	31503	29755	35915
湖南	26337	39137.5	57622	82731	63888	67833	33959	25595	34766	90852
广东	92571	108303.7	84120	81903	64585	99085	408973	625611	443884	1632763
广西	13455	7432.1	26682	11598	12881	16032	11610	6951	32623	12811

续表

省份	2009 年	2010 年	2011 年	2012 年	2013 年	2014 年	2015 年	2016 年	2017 年	2018 年
海南	1207	7474	3002	5568	24705	4072	2862	3640	2329	2084
重庆	46852	38040.2	50483	47796	32485	35497	48940	45856	54684	16686
四川	33814	115428.8	34816	34016	40736	88477	34421	40687	67240	61026
贵州	10307	19665.8	6078	23884	7545	6913	8219	33512	66507	8152
云南	38730	46160.2	65567	56606	9608	8929	6267	49047	44418	68981
陕西	19174	256302.4	14569	14386	9245	57466	39928	47014	25544	43747
甘肃	37813	42031.9	41682	49520	29258	50034	35973	2694	4488	7737
青海	1699	311	377	250	327	754	145	173	257	215
宁夏	12420	17727.7	5787	1483	10432	6688	242748	43421	7738	4257
新疆	2484	3282.7	10655	21911	16189	2195	5676	1380	1313	2278

资料来源：各年《中国科技统计年鉴》。

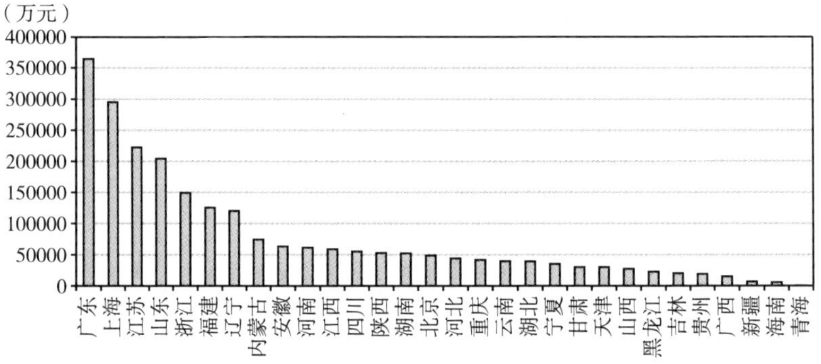

图 8-9　2009~2018 年我国 30 个省份购买国内技术费用支出

8.5　高技术产品进出口贸易

高技术产品的进出口贸易也是技术扩散能力的主要渠道。

8.5.1　高技术产品概念界定

高技术产品是指符合国家高新技术范围和领域的产品。我国依据自身实际发展情况把“高技术”和“新技术”一并归类到“高新技术”，并于1999年制定了《中国高新技术产品出口统计目录》，而其参考依据是美国高科技商品的划分准则和归类体系。美国的高技术产品划分标准里采取了协调制度（Harmonized System，HS）10位编码，而中国的高科技商品分类目录只采用了前6位编码，中国商务部和科技部根据这个目录把高科技商品归为九类，分别是航空航天技术、电子技术、计算机与通信、生命科技、材料技术、光电技术、计算机集成制造、生物技术和其他技术领域。当前使用的是2006年由科技部与相关部门制定的高技术产品分类标准，该分类中主要包括电子信息、软件、航空航天、光电一体化、生物医药与医疗器械、新材料、新能源和节能产品、环境保护及现代农业。

8.5.2 三大区域高技术产品进出口贸易

从我国东中西地区高技术产品进出口总额来看，2016～2018年，进出口总额都呈现增长的趋势，其中，东部发达地区的进出口总额要远远高于中西部地区，同时西部地区略微高于中部地区（见图8－10）。

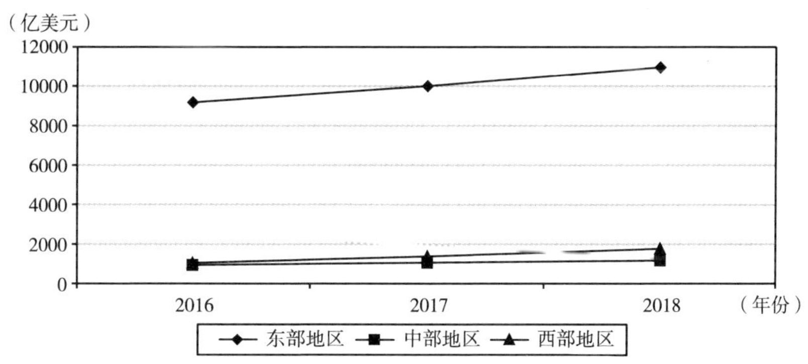

图8－10 我国东中西部地区高技术产品进出口总额

8.5.3 省际出口贸易情况

分析我国省际出口贸易，广东、江苏和上海三个省份的高技术产品出口额远高于其他省份，江苏在2016～2017年的出口额实现了大幅度的增长。其中，增长较为明显的还有重庆、四川和陕西。西藏3年的出口额都在1000万美元以下，同时，出口额较低的还有青海、宁夏和黑龙江（见图8－11）。

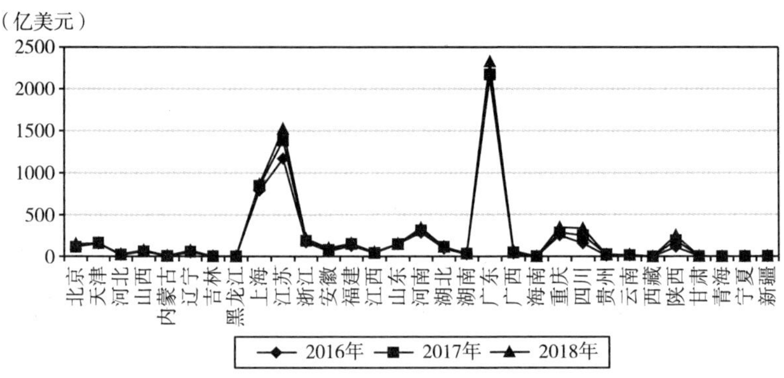

图8－11　全国31个省份高技术产品出口总额

8.5.4　省际进口贸易情况

分析我国省际进口贸易，与出口相似较高的三个省份依旧是广东、上海和江苏；四川、北京和天津次于广东、上海和江苏，排在第二个层级，进口规模在200亿～300亿美元，约为进口额最高的三个省份的1/10。进口额最低的三个省份为青海、宁夏和新疆，进口额均在一亿美元以下，各个省份的高技术产品进口额相差悬殊（见图8－12）。

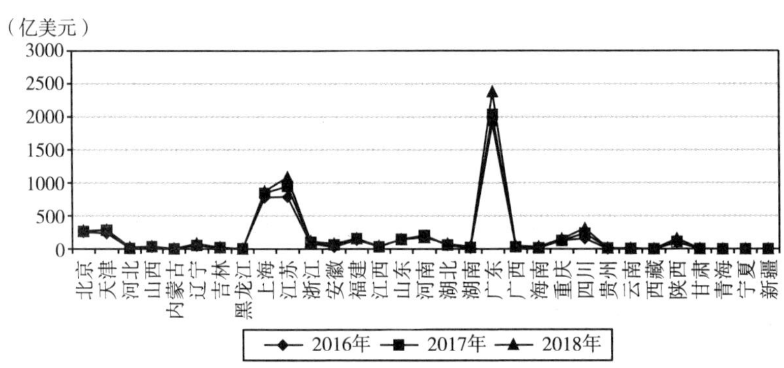

图8－12　全国31个省份高技术产品进口总额

8.6 FDI 占 GDP 份额

8.6.1 外商直接投资概述

外商直接投资（foreign direct investment，FDI），其主要以控制经营管理权为核心，以获取利润为目的，是与国际间接投资相对应的一种国际投资基本形式。它是技术扩散的主要渠道之一，对推动东道国经济的发展以及产业结构的升级有着重要作用。1979 年我国实行对外开放政策以来，外商直接投资对促进我国经济的发展、增强综合国力和国际竞争力，对中国经济增长和转型升级、优化外贸结构、平衡国际收支和扩大就业做出重要贡献，对中国经济社会发展具有重要意义。根据中华人民共和国发布的《中国外商投资报告》（2018）显示，外商投资企业以全国不到 3% 的数量，创造了全国近 1/2 的对外贸易、1/4 的规模以上工业企业利润、1/5 的税收收入。在经济增长效应方面，外商直接投资在资本形成、全要素生产率提高和产出增长上具有明显的促进作用（见图 8 - 13）。

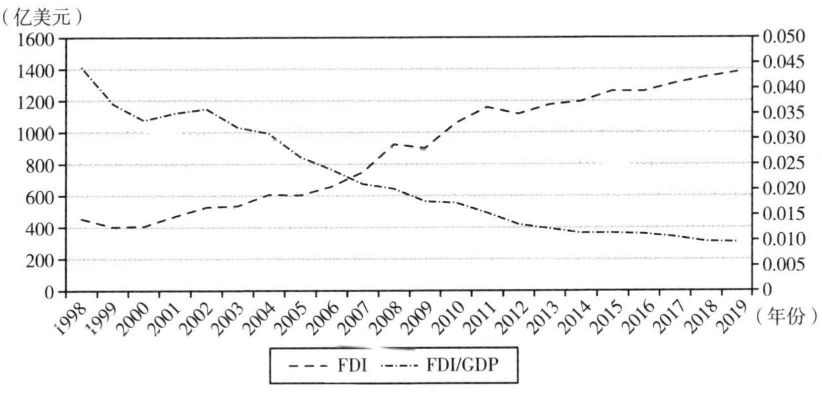

图 8 - 13　1998 ~ 2019 年中国 FDI 及 FDI/GDP 趋势变化

8.6.2 外商直接投资在我国的发展历程

自 1978 年我国改革开放以来，外商直接投资在我国历经了 40 多年的发展。我国在利用外商投资方面效果显著，并实现了经济的持续发展与提高。

8.6.2.1 起步阶段

1978 年中国打开了对外经济往来的大门。1979 年我国政府通过一系列法律法规，鼓励并保护了外资在我国的发展。由于发展初期国内针对外资相关法律体系不甚健全，优惠政策有限，基础设施、技术和经验等方面的不足，导致中国经济发展缓慢的 6 年，外商直接投资额仅有 41.04 亿美元。自 1984 年起，我国进一步放宽了外商投资政策，开放天津、上海、青岛、大连、广州等 14 个东部沿海港口省份及城市，鼓励和引进国外资本，外商投资额逐步提高，形成一种良性的持续发展的开放格局。1985 ~ 1991 年外商投资的增长速度逐步加快，由 1985 年实际利用外商直接投资额 19.6 亿美元增加到 1991 年的 43.66 亿美元。

8.6.2.2 快速发展阶段

1992 年，邓小平同志南方谈话，提出并强调大力开展对外开放政策，鼓励建设经济特区。我国政府从金融、税收、外贸等方面进行了相应的调整，采取一系列优惠政策，为外商投资提供了更为完善健全的平台，各国把中国作为其世界经济战略重点，全球跨国公司对中国进行大规模和系统化的投资。1992 年，我国实际利用外商直接投资额从 1991 年的 43.66 亿美元增长到 110.08 亿美元，首次突破百亿美元。1993 年，中国实际利用外资总额 389.60 亿美元，约为 1991 年的 7 倍。从 1992 ~ 1997 年我国利用外商直接投资额仅次于美国，连续 5 年成为世界上排名第二国家，并且在发展中国家中更是居于首位，我国外商直接投资的发展登上了新的高峰。

8.6.2.3 稳步发展阶段

2001 年我国正式加入世贸组织（WTO），我国投资环境进一步改善，从政策性的对外开放转变为制度性的对外开放，真正实现了市场主导型开放。2001 年我国实际利用外商直接投资额达到 468.78 亿美元，比 2000 年增长 15%，首次超过美国，成为世界上吸收外资最多的国家。并且 2007 年国家提出，在吸引外商投资时一定要重视外商投资的质量和水平的提高，使利用外商直接投资时的结构更加优化，鼓励并加快内陆地区的开放，实现内外开放互相促进的新局面。

8.6.2.4 创新突围阶段

2008 年，全球金融危机爆发，各国资本避险，导致经济形势下滑，2008～2009 年实际利用外商直接投资额从 923.95 亿美元下降至 900.33 亿美元。2011 年后至今，外商直接投资强度（外商直接投资占 GDP 比重）呈下降趋势，即其增速呈现出低于我国经济发展态势。在此发展背景下，如何通过制度创新积极融入全球创新体系，营造公平竞争环境成为我国外商投资创新突围的重点。2013 年、2015 年、2017 年国务院关于我国自由贸易试验区改革方案以及自贸区外商投资准入及管理问题几次发文，同时 2011 年、2015 年、2017 年《外商投资产业指导目录》第五次至第七次修订，这些均为优化我国外资结构和提升外商直接投资质量，推动向高端产业集聚的改革创新之举。

1998～2018 年全国 31 个省份外商投资企业投资总额如表 8－14 所示。

1998～2018 年全国 31 个省份生产总值如表 8－15 所示。

表 8－14　　1998～2018 年全国 31 个省份外商投资企业投资总额　　单位：亿美元

省份	1998 年	1999 年	2000 年	2001 年	2002 年	2003 年	2004 年	2005 年	2006 年	2007 年	2008 年	2009 年	2010 年	2011 年	2012 年	2013 年	2014 年	2015 年	2016 年	2017 年	2018 年
北京	326	393	402	429	455	463	532	607	697	876	983	1066	1192	1344	1494	1771	2010	3810	4274	4864	5477
天津	237	294	331	342	365	416	470	568	686	829	938	977	1096	1148	1189	1274	1441	1813	2226	2548	2906
河北	152	146	140	148	155	175	201	219	247	291	338	370	403	457	490	545	621	736	848	958	1087
山西	37	47	48	49	58	61	69	77	111	178	180	205	229	319	320	342	391	411	422	497	630
内蒙古	22	23	25	22	24	38	108	126	148	171	222	240	232	255	258	229	264	351	411	460	449
辽宁	428	431	655	638	664	735	679	815	945	1088	1248	1318	1476	1660	1856	1832	1986	2066	2133	3159	3775
吉林	73	73	77	81	179	183	194	207	308	313	175	193	223	233	239	318	333	352	356	389	490
黑龙江	99	90	83	77	75	81	95	110	137	145	162	181	196	209	222	228	240	223	283	337	427
上海	918	907	985	1127	1280	1508	1722	2007	2255	2570	2940	3084	3394	3774	4138	4579	5305	6613	7342	7982	8849
江苏	717	729	750	920	1255	1500	2170	2657	3243	3820	4159	4444	5081	5729	6250	6664	7181	7822	8799	9658	10560
浙江	277	275	293	341	432	612	834	1019	1257	1457	1583	1640	1832	2019	2178	2404	2629	2918	3199	3734	4458
安徽	87	91	91	92	96	116	129	155	183	238	255	279	303	329	400	416	480	1065	673	866	1130
福建	479	494	471	513	594	661	689	753	878	1027	1121	1175	1248	1369	1457	1565	1732	1967	2263	2607	2787
江西	57	49	69	74	99	137	163	185	232	290	335	369	439	491	539	588	670	726	777	808	877
山东	393	381	390	425	471	597	694	786	885	963	1012	1120	1245	1434	1581	1765	1992	2193	2519	3042	3452
河南	122	120	114	101	118	126	149	206	233	257	293	347	379	424	463	478	589	687	822	1045	1054
湖北	172	163	167	141	159	177	227	258	280	313	340	377	429	519	583	654	777	892	993	1151	1423
湖南	78	72	73	66	87	102	119	158	213	243	266	280	324	350	384	405	463	521	580	1634	1832
广东	2217	2152	2165	2218	2364	2413	2610	2889	3143	3507	3726	3939	4213	4525	4786	5126	5621	6443	7816	17622	19235
广西	120	109	109	102	104	104	127	147	180	219	258	272	280	299	311	319	374	425	437	562	627
海南	228	232	234	215	99	89	86	92	118	941	967	903	259	221	271	270	279	312	760	761	928
重庆	66	73	66	70	69	65	72	80	93	198	238	278	349	452	537	588	675	788	881	946	1107
四川	96	100	101	109	120	136	140	166	199	269	421	461	544	574	640	725	828	884	942	1128	1256

续表

省份	1998年	1999年	2000年	2001年	2002年	2003年	2004年	2005年	2006年	2007年	2008年	2009年	2010年	2011年	2012年	2013年	2014年	2015年	2016年	2017年	2018年
贵州	24	20	15	16	19	21	22	23	26	28	32	36	41	57	77	119	155	181	237	313	453
云南	42	44	48	54	61	73	79	84	107	118	141	159	179	206	226	241	253	327	330	374	544
西藏	3	3	3	3	3	4	3	4	4	5	6	6	5	7	11	13	13	20	23	30	26
陕西	68	77	83	96	106	116	125	137	149	165	137	162	180	199	311	366	447	516	561	800	1188
甘肃	18	18	26	25	22	22	31	32	28	31	38	49	63	64	70	65	68	77	75	202	236
青海	4	9	6	6	7	8	10	7	20	24	33	28	23	31	28	30	31	74	75	77	79
宁夏	6	8	9	11	23	39	41	45	44	22	24	25	40	44	31	35	52	90	87	304	185
新疆	15	13	11	11	11	13	14	19	26	31	46	48	52	56	67	65	76	85	97	133	212

资料来源：国家统计局。

表8-15　　1998~2018年全国31个省份生产总值　　单位：亿元

省份	1998年	1999年	2000年	2001年	2002年	2003年	2004年	2005年	2006年	2007年	2008年	2009年	2010年	2011年	2012年	2013年	2014年	2015年	2016年	2017年	2018年
北京	2377	2679	3162	3708	4315	5007	6033	6970	8118	9847	11115	12153	14114	16252	17879	19801	21331	23015	25669	28015	33106
天津	1375	1501	1702	1919	2151	2578	3111	3906	4463	5253	6719	7522	9224	11307	12894	14442	15727	16538	17885	18549	13363
河北	4256	4514	5044	5517	6018	6921	8478	10012	11468	13607	16012	17235	20394	24516	26575	28443	29421	29806	32070	34016	32495
山西	1611	1667	1846	2030	2325	2855	3571	4231	4879	6024	7315	7358	9201	11238	12113	12665	12761	12766	13050	15528	15958
内蒙古	1263	1379	1539	1714	1941	2388	3041	3905	4944	6423	8496	9740	11672	14360	15881	16917	17770	17832	18128	16096	16141
辽宁	3882	4172	4669	5033	5453	6003	6672	8047	9305	11164	13669	15212	18457	22227	24846	27213	28627	28669	22247	23409	23511
吉林	1577	1673	1952	2120	2349	2662	3122	3620	4275	5285	6426	7279	8668	10569	11939	13046	13803	14063	14777	14945	11254
黑龙江	2774	2856	3151	3390	3637	4057	4751	5514	6212	7104	8314	8587	10369	12582	13692	14455	15039	15084	15386	15903	12846
上海	3801	4189	4771	5210	5741	6694	8073	9248	10572	12494	14070	15046	17166	19196	20182	21818	23568	25123	28179	30633	36012
江苏	7200	7698	8554	9457	10607	12443	15004	18599	21742	26018	30982	34457	41425	49110	54058	59753	65088	70116	77388	85870	93208
浙江	5053	5444	6141	6898	8004	9705	11649	13418	15718	18754	21463	22990	27722	32319	34665	37757	40173	42886	47251	51768	58003

续表

省份	1998 年	1999 年	2000 年	2001 年	2002 年	2003 年	2004 年	2005 年	2006 年	2007 年	2008 年	2009 年	2010 年	2011 年	2012 年	2013 年	2014 年	2015 年	2016 年	2017 年	2018 年
安徽	2543	2712	2902	3247	3520	3923	4759	5350	6113	7361	8852	10063	12359	15301	17212	19229	20849	22006	24408	27018	34011
福建	3160	3414	3765	4073	4468	4984	5763	6555	7584	9249	10823	12237	14737	17560	19702	21868	24056	25980	28811	32182	38688
江西	1720	1854	2003	2176	2450	2807	3457	4057	4821	5800	6971	7655	9451	11703	12949	14410	15715	16724	18499	20006	22717
山东	7021	7494	8337	9195	10276	12078	15022	18367	21900	25777	30933	33897	39170	45362	50013	55230	59427	63002	68024	72634	66649
河南	4308	4518	5053	5533	6035	6868	8554	10587	12363	15012	18019	19480	23092	26931	29599	32191	34938	37002	40472	44553	49936
湖北	3114	3229	3545	3881	4213	4757	5633	6590	7617	9333	11329	12961	15968	19632	22250	24792	27379	29550	32665	35478	42022
湖南	3026	3215	3551	3832	4152	4660	5642	6596	7689	9440	11555	13060	16038	19670	22154	24622	27037	28902	31551	33903	36330
广东	8531	9251	10741	12039	13502	15845	18865	22557	26588	31777	36797	39483	46013	53210	57068	62475	67810	72813	80855	89705	99945
广西	1911	1971	2080	2279	2524	2821	3434	3984	4746	5823	7021	7759	9570	11721	13035	14450	15673	16803	18318	18523	19628
海南	442	477	527	579	643	714	820	919	1066	1254	1503	1654	2065	2523	2856	3178	3501	3703	4053	4463	4911
重庆	1602	1663	1791	1977	2233	2556	3035	3468	3907	4676	5794	6530	7926	10011	11410	12783	14263	15717	17741	19425	21589
四川	3474	3649	3928	4293	4725	5333	6380	7385	8690	10562	12601	14151	17185	21027	23873	26392	28537	30053	32935	36980	42902
贵州	858	938	1030	1133	1243	1426	1678	2005	2339	2884	3562	3913	4602	5702	6852	8087	9266	10503	11777	13541	15353
云南	1831	1900	2011	2138	2313	2556	3082	3463	3988	4773	5692	6170	7224	8893	10309	11832	12815	13619	14788	16376	20881
西藏	92	106	118	139	162	185	220	249	291	341	395	441	507	606	701	816	921	1026	1151	1311	1548
陕西	1458	1593	1804	2011	2253	2588	3176	3934	4744	5757	7315	8170	10123	12512	14454	16205	17690	18022	19400	21899	23942
甘肃	888	956	1053	1125	1232	1400	1688	1934	2277	2704	3167	3388	4121	5020	5650	6331	6837	6790	7200	7460	8104
青海	221	239	264	300	341	390	466	543	649	797	1019	1081	1350	1670	1894	2122	2303	2417	2572	2625	2748
宁夏	245	265	295	337	377	445	537	613	726	919	1204	1353	1690	2102	2341	2578	2752	2912	3169	3444	3510
新疆	1107	1163	1364	1492	1613	1886	2209	2604	3045	3523	4183	4277	5437	6610	7505	8444	9273	9325	9650	10882	12809

资料来源：国家统计局。

第 9 章 我国省际创新能力的综合评价

9.1 指标体系数据的获取与整理

因海南、西藏、青海地区的数据存在缺失，为确保综合评价模型的系统性和测算的可执行性，我们运用数据完备的全国 28 个省份的 33 个指标对我国省际创新能力展开综合评价。

所使用的数据来自《新中国 60 年统计资料汇编》、国家统计局官网数据库、各年《中国统计年鉴》《中国人力资本指数报告 2019》、2017 ~ 2018 年《中国科技统计年鉴》《中国科技统计年鉴》和 2016 ~ 2017 年《全国企业创新调查年鉴》，部分指标数据是直接整理使用，大部分指标数据则是通过测算整理形成，以下基于省际创新指标体系中创新环境支撑、高技术产业创新引领作用、企业技术效率与创新发展和技术扩散能力四个模块对评价指标体系数据构成、来源进行具体的说明（见表 9 - 1）。

表 9-1　　中国省际创新能力指标体系（含变量代码）

<table>
<tr><th>一级指标</th><th>二级指标</th><th>三级指标</th><th>四级指标</th><th>变量</th></tr>
<tr><td rowspan="2">创新环境支撑</td><td>物质生产部门技术效率参数</td><td>物质生产部门技术效率参数</td><td>物质生产部门技术效率参数</td><td>TE1</td></tr>
<tr><td>人力资本生产部门技术效率参数</td><td>人力资本生产部门技术效率参数</td><td>人力资本生产部门技术效率参数</td><td>TE2</td></tr>
<tr><td rowspan="3">高技术产业的创新引领作用</td><td rowspan="2">高技术产业技术效率</td><td>高技术产业技术效率水平指标</td><td>高技术产业纯技术效率
高技术产业规模效率</td><td>HT1
HT2</td></tr>
<tr><td>高技术产业 TFP 变动</td><td>高技术产业技术变动
高技术产业纯技术效率变动
高技术产业规模效率变动</td><td>HT3
HT4
HT5</td></tr>
<tr><td>国家级高新区企业劳动效率</td><td>人均营业收入
人均总产值
人均出口额</td><td>人均营业收入
人均总产值
人均出口额</td><td>HT6
HT7
HT8</td></tr>
<tr><td rowspan="4">企业技术创新效率</td><td rowspan="2">企业技术效率</td><td>企业技术效率水平</td><td>企业纯技术效率
企业规模效率</td><td>CT1
CT2</td></tr>
<tr><td>全要素生产率</td><td>企业技术变动
企业纯技术效率变动
企业规模效率</td><td>CT3
CT4
CT5</td></tr>
<tr><td rowspan="2">企业创新发展</td><td>创新费用支出</td><td>内部研发费用
外部研发费用
获取机器设备
从外部获取技术</td><td>CT6
CT7
CT8
CT9</td></tr>
<tr><td>开展创新活动企业占比</td><td>开展产品或工艺创新企业占比
实现营销或组织创新企业占比</td><td>CT10
CT11</td></tr>
<tr><td rowspan="5">技术扩散能力</td><td>技术市场输出地域合同金额</td><td>技术市场输出地域合同金额</td><td>技术市场输出地域合同金额</td><td>TD1</td></tr>
<tr><td>技术市场流向地域合同金额</td><td>技术市场流向地域合同金额</td><td>技术开发
技术转让
技术咨询
技术服务合同金额</td><td>TD2
TD3
TD4
TD5</td></tr>
<tr><td>引入技术等费用存量</td><td>技术引进费
消化吸收费
技术改造费
购买国内技术</td><td>技术引进费
消化吸收费
技术改造费
购买国内技术</td><td>TD6
TD7
TD8
TD9</td></tr>
<tr><td>高技术产品进出口贸易</td><td>进出口总额</td><td>进口贸易额
出口贸易额</td><td>TD10
TD11</td></tr>
<tr><td>FDI 占 GDP 份额</td><td>FDI 占 GDP 份额</td><td>FDI 占 GDP 份额</td><td>TD12</td></tr>
</table>

9.1.1 创新环境支撑指标数据

基于宇泽—卢卡斯两部门模型，我们对中国省际物质生产部门和人力资本生产部门（教育部门）的技术参数（A 和 B）展开估算，并以此作为我国技术创新综合评价体系中最为核心的技术环境支撑指标。关于对物质生产部门和人力资本生产部门技术参数 A、B 的估算涉及两部门模型中物质部门和人力资本部门的资本折旧率（折现率）δ、资本报酬率 r、物质资本存量 K 与人力资本存量 H、物质部门生产中人力资本的份额 U、物质资本存量与人力资本存量的比值 $\frac{K}{H}$、消费与物质资本存量的比值 $\frac{C}{K}$ 等相关变量的测算和参数的估算，其中，产品部门产出 Y 的数据来自国家统计局，人力资本存量 H 和物质资本存量 K 来自《中国人力资本指数报告 2019》。该部分涉及大量的两部门内生模型的理论推导及相关核心指标的估算（详见第 3 章 3.3 理论推导和第 5 章创新环境支撑的测度），这也是本书研究我国省际创新能力测算与评估的核心。在评估指标体系中变量 TE1 即为物质生产部门技术参数 A，变量 TE2 为人力资本生产部门技术参数 B。

9.1.2 高技术产业创新引领作用指标数据

高技术产业作为引领产业发展与经济效益的技术产业，是实现国家创新驱动发展战略的前沿阵地，更是中国对外开放、参与国际竞争的重要战略性产业，它构成我国省际创新能力的测度体系非常重要的核心指标。高技术产业创新引领作用指标由高技术产业技术效率指标和国家级高新区企业技术效率（劳动效率）指标两个部分构成。

9.1.2.1 高技术产业技术效率指标数据

高技术产业技术效率由技术效率水平指标和 TFP 变动指标两类指标体现。技术效率水平指标是以全国各省人员当量、投资额作为投入指标，有效发明专利数和新产品销售收入作为产出指标，运用数据包络分析方法（DEA）建立 BCC 模型，得到基于产出视角下全国省际生产率水平，进而分解为全国省际高技术产业纯技术效率（变量HT1）和规模效率（变量HT2）的数据；以2016～2017年全国各省从业人员当量、投资额作为投入指标，有效发明专利数、新产品销售收入作为产出指标，运用DEA-Malmquist指数方法测算得到基于产出视角下2016～2017年全国省际高技术产业技术变化（变量HT3）、规模效率变化（变量HT4）和纯技术效率变化（变量HT5）数据。

9.1.2.2 国家高新区企业劳动效率指标数据

以国家级高新区企业的营业收入、总产值和出口额变量为产出变量，以从业人数作为劳动投入变量，测算出高新区企业人均营业收入（HT6）、人均总产值（HT7）和人均出口额（HT8）数据，并以此作为高新区企业劳动效率指标数据。

上述关于高技术产业创新引领评价变量HT1～HT8数据源自本书第6章测算。

9.1.3 企业效率与创新发展指标数据

企业是市场经济运行的微观主体，企业创新同样也是省际创新体系中最为核心的主体，通过企业技术效率和企业创新发展两个方面来体现（数据源自第7章测算与整理）。

9.1.3.1 企业技术效率指标数据

企业技术效率主要由企业技术效率水平和企业技术效率变动两个方面来决定。企业技术效率水平以年末从业人员数量、资产总额作为投入指标，主营业务收入和利润总额作为产出指标，运用数据包络分析方法（DEA）建立BCC模型测得，并分解为企业纯技术效率水平（CT1）和企业规模效率水平（CT2），测算所使用的数据来自《2016－2017年全国企业创新调查年鉴》；企业技术效率变动则使用2016～2017年省际企业数据，以当年从业人员数量、资产合计作为投入指标，主营业务收入、利润总额作为产出指标，运用DEA-Malmquist指数方法测得企业全要素生产率的变动，它又被分解为企业技术变动（CT3）、企业纯技术效率变动（CT4）和企业规模效率变动（CT5）。

9.1.3.2 企业创新发展指标数据

企业创新发展情况通过绝对量指标——创新费用支出和相对指标——开

展创新活动企业占比两个维度进行分析。其中创新费用支出包括内部研发费用（CT6）、外部研发费用（CT7）、获取机器设备（CT8）、从外部获取技术（CT9）四个规模指标；而开展创新活动企业占比则由开展产品或工艺创新企业占比（CT10）和实现营销或组织创新企业占比（CT11）两个指标构成。企业创新发展框架下 CT6 ~ CT11 指标数据均来源于《中国科技统计年鉴》。

9.1.4 技术扩散指标数据

技术扩散一方面是技术进步的主要组成部分；另一方面又推动了技术进步。省际技术扩散能力从技术市场技术输出地域合同金额、技术市场技术流向地域合同金额、引入技术等费用存量、高技术产品进出口贸易（进口贸易额和出口贸易额）和 FDI 占 GDP 份额五个维度展开测度（数据源自第 8 章测算与整理）。

（1）技术市场成交合同金额。技术市场交易的两个方向指标——技术市场技术输出地域合同金额（TD1）、技术市场技术流向地域合同金额。其中技术市场技术流向地域合同金额又细分为技术开发（TD2）、技术转让（TD3）、技术咨询（TD4）、技术服务合同金额（TD5）四个分项指标。

（2）引入技术费用等存量。引入技术费用等存量通过技术引进费（TD6）、消化吸收费（TD7）、技术改造费（TD8）和购买国内技术（TD9）四个分项指标数据来体现。

（3）高技术产品进出口贸易（进口贸易额和出口贸易额）和 FDI 占 GDP 份额。由于高技术产品对地区技术扩散的主要对象和渠道，对地区创新发展至关重要，因此，我们引入了高技术产品出口额（TD10）、高技术产品进口额（TD11）；同时 FDI 也是技术扩散的主要渠道，因此，我们也将地区 FDI 强度指标（TD12）作为核心技术扩散指标。

技术扩散能力的框架下，技术市场成交额、技术开发、技术转让、技术咨询、技术服务合同金额、技术引进费、消化吸收费、技术改造费、购买国内技术和高技术产品进出口贸易数据均来源于《中国科技统计年鉴》，FDI 占 GDP 份额数据来源于国家统计局，并进一步计算其比值。

综合上述来源整理汇总得到我国省际创新能力评价指标原始数据（见表 9 -2）。

表 9-2　2017 年我国省际创新能力综合评价指标体系四级指标数据

省份	技术创新环境支撑		高技术产业的创新带动作用							
	TE1	TE2	HT1	HT2	HT3	HT4	HT5	HT6（万元）	HT7（万元）	HT8（万元）
北京	1.49	0.54	1.00	1.00	0.99	1.01	1.00	207.82	42.31	8.17
天津	2.63	0.46	0.71	1.00	1.18	0.71	1.00	123.22	65.00	10.12
河北	0.37	0.33	0.28	0.94	1.31	0.96	0.94	149.36	99.09	4.21
山西	0.87	0.33	0.31	0.99	1.12	1.18	1.19	139.69	116.66	0.58
内蒙古	1.00	0.23	1.00	1.00	1.48	1.87	1.00	122.22	76.49	2.03
辽宁	0.81	0.37	0.53	1.00	1.21	0.82	1.00	136.48	79.98	11.70
吉林	0.95	0.26	0.37	0.96	1.46	0.62	0.96	167.08	150.78	4.80
黑龙江	0.82	0.39	0.22	0.98	1.09	0.99	1.02	194.28	135.99	7.64
上海	2.29	1.17	0.70	1.00	1.04	1.17	1.00	195.27	111.11	26.36
江苏	0.41	0.40	0.79	0.85	1.19	0.82	0.98	154.58	133.16	31.60
浙江	0.63	0.50	0.50	1.00	1.18	1.29	1.00	145.92	98.42	15.00
安徽	0.52	0.50	0.61	0.90	1.35	0.99	0.90	191.08	164.86	20.96
福建	1.06	0.56	0.44	1.00	1.19	0.77	1.00	123.11	118.37	27.52
江西	0.54	0.38	0.41	0.84	1.48	0.71	0.84	182.87	167.55	12.72
山东	0.39	0.50	0.56	1.00	1.19	0.96	1.02	158.43	127.37	15.14
河南	0.23	0.24	1.00	1.00	1.24	1.00	1.00	107.92	80.75	5.67
湖北	0.48	0.38	0.43	0.94	1.26	0.86	0.94	177.75	122.58	12.07
湖南	0.61	0.59	0.39	1.00	1.19	0.64	1.00	163.97	139.95	15.22
广东	0.51	0.71	1.00	1.00	1.06	1.00	1.00	141.62	108.90	30.38

续表

省份	技术创新环境支撑		高技术产业的创新带动作用							
	TE1	TE2	HT1	HT2	HT3	HT4	HT5	HT6（万元）	HT7（万元）	HT8（万元）
广西	0.51	0.30	0.76	0.98	1.26	1.34	0.98	134.27	109.65	9.37
重庆	0.73	0.33	0.87	0.99	1.29	1.06	0.99	140.49	121.52	13.07
四川	0.39	0.50	0.52	0.98	1.25	0.89	0.98	142.52	122.24	28.18
贵州	0.70	0.39	0.45	0.93	1.10	0.94	1.05	120.38	81.04	2.95
云南	0.48	0.32	0.41	0.97	1.09	0.75	1.20	310.46	220.57	1.81
陕西	0.87	0.44	0.26	0.98	1.21	0.98	0.98	140.25	79.00	2.08
甘肃	1.42	0.50	0.53	0.95	1.29	1.36	0.96	71.67	103.24	0.52
宁夏	3.33	0.25	0.37	0.98	1.28	0.76	0.98	234.05	59.99	1.17
新疆	1.10	0.33	0.61	0.99	1.35	0.72	0.99	216.75	57.50	1.44

省份	企业技术创新效率										
	CT1	CT2	CT3	CT4	CT5	CT6（亿元）	CT7（亿元）	CT8（亿元）	CT9（亿元）	CT10（%）	CT11（%）
北京	1.00	1.00	1.08	1.00	1.00	269.10	37.20	143.80	30.30	28.92	29.58
天津	0.93	0.99	1.06	0.93	0.99	241.10	13.20	60.30	7.00	24.41	29.11
河北	0.75	0.99	0.95	0.96	1.00	351.00	15.00	192.70	11.90	20.06	31.67
山西	0.54	0.98	1.02	1.11	0.99	112.20	9.30	101.10	5.30	13.76	23.78
内蒙古	0.86	0.98	1.04	1.30	1.00	108.30	5.00	34.50	3.40	12.37	24.74
辽宁	0.66	0.99	1.02	1.05	0.99	274.90	18.40	168.90	17.60	18.55	23.24
吉林	0.83	0.96	1.00	0.92	0.98	75.00	11.20	69.80	5.30	12.32	20.84
黑龙江	0.54	0.95	1.02	0.85	0.98	82.60	7.50	29.50	3.10	12.00	21.60

续表

省份	企业技术创新效率										
	CT1	CT2	CT3	CT4	CT5	CT6（亿元）	CT7（亿元）	CT8（亿元）	CT9（亿元）	CT10（%）	CT11（%）
上海	1.00	1.00	1.08	1.00	1.00	540.00	71.80	290.30	118.10	26.59	28.97
江苏	1.00	0.95	0.91	1.00	1.05	1833.90	65.20	845.00	41.60	35.41	33.50
浙江	0.88	0.99	0.91	1.15	0.99	1030.10	39.30	328.80	21.70	38.06	33.60
安徽	0.81	0.98	0.93	1.07	1.00	436.10	24.20	267.60	7.60	28.80	36.63
福建	1.00	1.00	0.91	1.12	1.01	448.80	15.00	231.90	29.30	22.51	31.50
江西	1.00	1.00	0.95	1.00	1.00	221.70	7.50	144.60	11.60	26.48	29.32
山东	1.00	1.00	0.92	1.00	1.00	1563.70	63.20	476.00	37.80	22.55	32.66
河南	1.00	0.96	0.94	1.10	0.98	472.30	12.80	159.20	6.80	16.66	26.35
湖北	0.77	0.99	0.97	1.00	1.00	468.90	22.80	157.70	19.20	27.07	31.93
湖南	0.86	0.99	0.91	0.96	1.01	461.80	20.00	348.10	9.00	32.03	29.90
广东	1.00	0.89	0.91	1.02	1.10	1865.00	159.20	1036.00	139.00	33.31	31.30
广西	0.84	0.97	0.91	1.11	1.00	93.60	6.50	100.70	4.10	15.03	25.17
重庆	0.72	0.98	0.91	0.87	1.00	280.00	13.90	122.10	40.00	25.21	31.73
四川	0.76	0.99	0.91	1.13	1.00	301.10	21.50	153.60	10.30	22.57	33.59
贵州	0.85	0.97	0.96	0.99	1.00	64.90	4.00	63.30	6.90	19.64	28.43
云南	0.66	0.98	1.04	1.21	0.99	88.60	4.60	72.80	5.70	25.95	36.71
陕西	0.91	0.98	0.95	1.36	1.00	196.40	14.20	90.40	5.60	21.92	34.13
甘肃	0.65	0.94	1.03	0.97	0.98	46.70	2.90	50.40	0.50	19.28	32.47
宁夏	0.56	0.87	1.09	0.97	0.97	29.10	1.30	41.40	1.00	25.00	35.19
新疆	0.60	0.97	1.09	1.05	0.99	40.00	8.40	37.80	0.40	12.55	23.88

续表

省份	技术扩散能力											
	TD1（亿元）	TD2（万元）	TD3（万元）	TD4（万元）	TD5（万元）	TD6（万元）	TD7（万元）	TD8（万元）	TD9（万元）	TD10（万美元）	TD11（万美元）	TD12
北京	44868872.00	2204037.00	616430.00	211897.00	3021432.00	265947.00	108628.00	671225.00	37019.00	2660700	1131900	0.17
天津	5514411.00	6410835.00	1270008.00	1376241.00	9818096.00	62699.00	8244.00	363736.00	7334.00	2832100	1630200	0.14
河北	889245.00	467331.00	947044.00	449464.00	2348509.00	89304.00	13540.00	1262379.00	29860.00	95400	219000	0.03
山西	941471.00	769499.00	244617.00	91034.00	1927275.00	36597.00	4397.00	527376.00	16157.00	356400	595300	0.03
内蒙古	196087.00	1300049.00	68237.00	26417.00	1098489.00	29289.00	20925.00	248334.00	4918.00	32600	56100	0.03
辽宁	3858317.00	313740.00	56647.00	41570.00	1162641.00	76311.00	35003.00	1046231.00	99934.00	547400	555800	0.13
吉林	2199199.00	1183069.00	286635.00	59464.00	1380717.00	52282.00	144095.00	262979.00	325.00	212700	29400	0.03
黑龙江	1467121.00	775936.00	194126.00	91038.00	932612.00	15075.00	2575.00	221465.00	15678.00	47100	16900	0.02
上海	8106177.00	245032.00	135669.00	61395.00	708103.00	965059.00	473977.00	1616021.00	216144.00	8462900	8453400	0.26
江苏	7784223.00	3481193.00	2192495.00	58611.00	1389111.00	294264.00	73582.00	4696552.00	122016.00	9532300	13865000	0.11
浙江	3247310.00	5383089.00	1283987.00	193323.00	2335112.00	75805.00	18892.00	1855348.00	140841.00	1023300	1865000	0.07
安徽	2495697.00	2118097.00	811347.00	79685.00	1689530.00	28518.00	17070.00	1554425.00	47056.00	626800	774000	0.03
福建	754634.00	830421.00	206639.00	98382.00	1571367.00	199628.00	26561.00	1939794.00	93260.00	1573200	1483300	0.08
江西	962096.00	477890.00	408409.00	31671.00	873264.00	48914.00	1350.00	537309.00	66635.00	338400	417700	0.04
山东	5116448.00	433989.00	153136.00	36792.00	1366884.00	130882.00	83306.00	2577329.00	246961.00	1472400	1464400	0.04
河南	768528.00	2580646.00	731876.00	487709.00	2959553.00	18999.00	7034.00	1053359.00	49015.00	2060500	3090500	0.02
湖北	10330773.00	408816.00	135571.00	68851.00	1406153.00	162376.00	13573.00	729899.00	29755.00	618300	1152800	0.03
湖南	2031915.00	1155538.00	575029.00	251932.00	4794947.00	55355.00	50519.00	2281336.00	34766.00	239500	337300	0.05

续表

省份	技术扩散能力											
	TD1（亿元）	TD2（万元）	TD3（万元）	TD4（万元）	TD5（万元）	TD6（万元）	TD7（万元）	TD8（万元）	TD9（万元）	TD10（万美元）	TD11（万美元）	TD12
广东	9370755.00	450262.00	165521.00	71750.00	1090103.00	946120.00	38867.00	3141214.00	443884.00	20375800	21704200	0.20
广西	394228.00	7697161.00	2263049.00	163052.00	4390779.00	8060.00	3183.00	789279.00	32623.00	333200	466900	0.03
重庆	513581.00	95688.00	55415.00	31006.00	630321.00	344998.00	4600.00	628000.00	54684.00	1285700	2835400	0.05
四川	4058307.00	542776.00	475992.00	122705.00	1199535.00	35602.00	6384.00	852742.00	67240.00	2388500	2514900	0.03
贵州	807409.00	850442.00	326061.00	73395.00	4116154.00	2870.00	392.00	461488.00	66507.00	133000	255700	0.02
云南	847625.00	550924.00	57618.00	140385.00	1184059.00	12554.00	775.00	353495.00	44418.00	81200	164100	0.02
陕西	9209395.00	34800.00	3642.00	30271.00	150895.00	30224.00	2800.00	456105.00	25544.00	1107700	1906500	0.04
甘肃	1629587.00	1461215.00	192992.00	79176.00	3485186.00	862.00	37543.50	375682.00	4488.00	27300	30700	0.03
宁夏	66679.00	114885.00	23146.00	69840.00	567339.00	2275.00	549.00	318648.00	257.00	8500	16700	0.09
新疆	57554.00	296267.00	24633.00	5086.00	444108.00	2285.00	4865.00	129709.00	1313.00	7000	40000	0.01

资料来源：部分源自本书第 5 ~ 第 8 章测算数据表。

9.2 综合评价方法的选择

9.2.1 熵权法

熵权法是根据已知评价对象评价指标体系指标数据来确定每个指标客观权重的一种方法。一般熵权法要在对评价指标体系中被评价指标进行高优指标（正指标）、低优指标（逆指标）以及中优指标（适度指标）甄别的基础上，展开数据正向化处理、消除量纲的数据处理工作。

若被评价指标中同时存在高优指标、中优指标和低优指标则先要完成对被评价指标数据的正向化处理，这种处理同时也实现了对数据的无量纲化处理，成为可比的评价指标。对于高优指标，其正向化公式为：

$$X'_{ij}=\frac{X_{ij}-\min(X_{1j},X_{2j},\cdots,X_{mj})}{\max(X_{1j},X_{2j},\cdots,X_{mj})-\min(X_{1j},X_{2j},\cdots,X_{mj})},\quad i=1,2,\cdots,m;j=1,2,\cdots,n \tag{9.1}$$

对于低优指标，其正向化公式为：

$$X'_{ij}=\frac{\max(X_{1j},X_{2j},\cdots,X_{mj})-X_{ij}}{\max(X_{1j},X_{2j},\cdots,X_{mj})-\min(X_{1j},X_{2j},\cdots,X_{mj})},\quad i=1,2,\cdots,m;j=1,2,\cdots,n \tag{9.2}$$

对于适度（中优）指标，设最佳值范围为（a_{1j}，a_{2j}），a_j'为无法容忍下限，a_j''为无法容忍上限，其正向化公式为：

$$X_{ij}=\begin{cases}1-(a_{1j}-X_{ij})/(a_{1j}-a_j'),X_{ij}<a_{1j}\\ 1,a_{1j}\leqslant X_{ij}\leqslant a_{2j}\\ 1-(X_{ij}-a_{2j})/(a_j''-a_{1j}),X_{ij}>a_{2j}\end{cases} \tag{9.3}$$

而本书所涉及的指标均是正向指标，为减少信息损失度，只对指标进行量纲化处理，不再进行正向化处理。

9.2.2 TOPSIS 方法

TOPSIS 方法是通过逼近理想解的程度来评估各个样本的优劣等级、进行评价打分的，其基本原理是借助于多目标决策问题的“理想解”与“负理想解”来对方案进行排序。“理想解”是设想得到最好的解，其各项指标值都达到各候选方案中最好的值，“负理想解”则是另一设想得最坏的解，其各项指标都达到候选方案中最坏的值。“理想解”与“负理想解”在原有的方案中并不存在，因此，如果方案集中有一个解靠近“理想解”，同时又最远离“负理想解”这个解就是方案中的最优解。

9.2.3 熵权 - TOPSIS 评估方法的确定

由于 TOPSIS 评价模型一般采用专家打分法、层次分析法、模糊综合分析法等主观赋权的方式来确定各个被评价指标的权重，容易由于人为因素而造成评价结果有较大偏差，但 TOPSIS 法的优势是能充分利用原始数据的信息且对数据分布与样本含量没有严格限制。而熵权法忽略了指标本身的重要程度，有时确定的指标权数与预期的结果相差甚远，但熵权法能根据被评估指标体系指标数据客观地反映数据本身信息的有序性，通过评价指标体系指标矩阵来确定权重，这样消除了主观赋权的主观因素，使评价结果更加符合实际，因此，针对前述各章对我国省际不同创新能力的测算指标及数据特征，我们选择熵权 - TOPSIS 法对我国省际创新能力进行综合评价。

9.2.4 熵权 - TOPSIS 法的步骤

9.2.4.1 形成决策矩阵

设有 m 个评价对象，n 个决策指标，则目标决策指标矩阵为：

$$X=\begin{bmatrix} X_{11} & X_{12} & \cdots & X_{1n} \\ X_{21} & X_{22} & \cdots & X_{2n} \\ \cdots & \cdots & \cdots & \cdots \\ X_{m1} & X_{m2} & \cdots & X_{mn} \end{bmatrix} \tag{9.4}$$

其中，X_{ij}表示第 i 个样本第 j 项评价指标的数值。

9.2.4.2　构造加权矩阵

指标的权重向量 $W=(W_1, W_2, \cdots, W_n)$，权重的计算方法有熵权法、离散系数法等。评价方法的赋权方法可分为主观赋权法和客观赋权法两大类。主观赋权法如层次分析法、模糊综合分析法等，客观赋权法包括熵权法、主成分分析法、离散系数法、CRITIC 法、因子分析法等。由于主观赋权法来自专家的主观经验，容易受到主观因素的影响，因此，本书选择客观赋权法对数据进行处理分析，且主要介绍熵权法的加权方法。

（1）求比值。

其公式为：

$$P_{ij}=\frac{X_{ij}}{\sum_{i=1}^{m} X_{ij}} \tag{9.5}$$

（2）计算熵值。

令 e_j 为指标值 j 的熵值，由信息熵的原理可知，指标的熵值越小，它所提供的效用价值越大，对地区绩效表现的贡献程度越大，其计算公式为：

$$e_j=-\frac{1}{\ln m}\sum_{i=1}^{m} P_{ij}\ln P_{ij} \tag{9.6}$$

（3）计算差异系数。

令 g_j 为指标值 j 的差异系数，对于第 j 项指标，指标的差异越大，对方案评价的作用越大，熵值就越小。其计算公式为：

$$g_j=1-e_j \tag{9.7}$$

（4）计算指标熵权。

令 W_j 为指标 j 的熵权，指标权重矩阵为指标的熵值越小，其熵权越大，则表明该指标越重要，越具有影响地区绩效优劣的能力，其计算公式为：

$$W_j = \frac{g_j}{\sum_{i=1}^{n} g_j} \tag{9.8}$$

9.2.4.3 将指标去量纲化

其公式为：

$$Z_{ij} = \frac{X_{ij}}{\sqrt{\sum_{i=1}^{m} X_{ij}^2}} \tag{9.9}$$

则可以算出相应的加权指标 Z_{ij}^*：

$$Z_{ij}^* = Z_{ij} \cdot W_j \tag{9.10}$$

9.2.4.4 寻找最优、最劣方案

其公式为：

$$Z_{ij}^{*+} = (\max Z_{i1}^{*+}, \max Z_{i2}^{*+}, \cdots, \max Z_{ip}^{*+}), (i = 1, 2, \cdots, m) \tag{9.11}$$

$$Z_{ij}^{*-} = (\min Z_{i1}^{*-}, \min Z_{i2}^{*-}, \cdots, \min Z_{ip}^{*-}), (i = 1, 2, \cdots, m) \tag{9.12}$$

求解最优、最劣距离：

$$D_i^+ = \sqrt{\sum_{j=1}^{n} (Z_{ij}^* - Z_j^{*+})^2} \tag{9.13}$$

$$D_i^- = \sqrt{\sum_{j=1}^{n} (Z_{ij}^* - Z_j^{*-})^2} \tag{9.14}$$

9.2.4.5 计算理想解的贴近度

第 i 个评价对象到理想解的贴近度为：

$$C_i = \frac{D_i^-}{D_i^- + D_i^+} \tag{9.15}$$

最终根据结果 C_i 的大小排序。由于 C_i 综合考虑了各指标的正理想解与负理想解的距离，表示在正理想解和负理想解连线上，指标值到负理想解的距离所占比例，因而 C_i 越大，表明被评价对象离负理想解的距离越远，说明被评价的对象更接近理想解，排名越靠前。

9.3 综合评价与分析

9.3.1 综合评价

我们使用我国省际创新能力指标体系数据，运用熵权 - TOPSIS 法得到 2017 年我国省际创新能力评价体系各级评价指标得分值色阶表、省际创新能力综合评价得分值及其排名（见表 9 - 3、表 9 - 4）。

表 9 - 3　　2007 年我国创新能力评价体系各级评价指标得分值色阶

一级指标		二级指标		三级指标		四级指标	
创新环境支撑	0.0255	物质生产部门技术效率参数	0.0193	物质生产部门技术效率参数	0.0193	物质生产部门技术效率参数	0.0193
		人力资本生产部门技术效率	0.0062	人力资本生产部门技术效率参数	0.0062	人力资本生产部门技术效率参数	0.0062
高技术产业的创新引领	0.0493	高技术产业技术效率	0.0107	高技术产业技术效率水平指标	0.0072	高技术产业纯技术效率	0.0071
						高技术产业规模效率	0.0001
				高技术产业 TFP 变动	0.0035	高技术产业技术变动	0.0004
						高技术产业纯技术效率	0.0029

续表

一级指标		二级指标		三级指标		四级指标	
高技术产业的创新引领	0.0493					高技术产业规模效率	0.0002
		国家级高新区企业劳动效率	0.0386	人均营业收入	0.0032	人均营业收入	0.0032
				人均总产值	0.0049	人均总产值	0.0049
				人均出口额	0.0305	人均出口额	0.0305
企业技术效率与创新发展效率	0.1976	企业技术效率	0.0023	企业技术效率水平	0.0016	企业纯技术效率	0.0015
						企业规模效率	0.0000
				全要素生产率	0.0007	企业技术变动	0.0002
						企业纯技术效率	0.0002
						企业规模效率	0.0000
		企业创新发展	0.1953	创新费用支出	0.1902	内部研发费用	0.0452
						外部研发费用	0.0461
						获取机器设备	0.0375
						从外部获取技术	0.0614
				开展创新活动企业占比	0.0051	开展产品或工艺创新企业占比	0.0041
						实现营销或组织创新企业占比	0.0010
技术扩散能力	0.7276	技术市场输入地域合同金额	0.0730	技术市场输入地域合同金额	0.0730	技术市场输入地域合同金额	0.0730
		技术市场流向地域合同金额	0.1861	技术市场流向地域合同金额	0.1861	技术开发	0.0505
						技术转让	0.0496
						技术咨询	0.0588
						技术服务合同金额	0.0273
		引入技术等费用存量	0.2530	技术引进费		技术引进费	0.0777

续表

一级指标		二级指标		三级指标		四级指标	
技术扩散能力	0.7276			消化吸收费		消化吸收费	0.0922
				技术改造费		技术改造费	0.0305
				购买国内技术		购买国内技术	0.0527
		高技术产品进出口贸易	0.1864	进出口总额		进口贸易额	0.0944
						出口贸易额	0.0919
		FDI 占 GDP 份额	0.0291	FDI 占 GDP 份额		FDI 占 GDP 份额	0.0291

表9-4　2017年我国省际创新能力综合评价得分值及排名

省份	技术创新环境支撑	高技术产业创新引领作用	企业创新效率与创新发展	技术扩散能力	综合评价	排名
北京	0.0085	0.0164	0.0659	0.2425	0.3333	4
天津	0.0071	0.0138	0.0554	0.2042	0.2806	5
河北	0.0029	0.0056	0.0226	0.0834	0.1146	14
山西	0.0011	0.0021	0.0085	0.0313	0.0431	24
内蒙古	0.0010	0.0019	0.0078	0.0287	0.0394	26
辽宁	0.0024	0.0046	0.0183	0.0675	0.0927	18
吉林	0.0034	0.0066	0.0263	0.0969	0.1332	10
黑龙江	0.0009	0.0018	0.0071	0.0262	0.0360	27
上海	0.0130	0.0252	0.1012	0.3726	0.5121	2
江苏	0.0099	0.0192	0.0769	0.2831	0.3891	3
浙江	0.0047	0.0091	0.0363	0.1337	0.1837	8
安徽	0.0026	0.0051	0.0204	0.0752	0.1033	17
福建	0.0032	0.0062	0.0249	0.0915	0.1258	12
江西	0.0015	0.0029	0.0116	0.0429	0.0589	21
山东	0.0052	0.0101	0.0407	0.1499	0.2060	6
河南	0.0036	0.0069	0.0277	0.1020	0.1402	9
湖北	0.0028	0.0055	0.0219	0.0807	0.1109	15

续表

省份	技术创新环境支撑	高技术产业创新引领作用	企业创新效率与创新发展	技术扩散能力	综合评价	排名
湖南	0.0030	0.0058	0.0234	0.0861	0.1183	13
广东	0.0142	0.0274	0.1099	0.4047	0.5562	1
广西	0.0049	0.0094	0.0378	0.1390	0.1911	7
重庆	0.0033	0.0064	0.0256	0.0943	0.1296	11
四川	0.0028	0.0054	0.0217	0.0800	0.1100	16
贵州	0.0015	0.0029	0.0115	0.0424	0.0583	22
云南	0.0010	0.0020	0.0079	0.0290	0.0398	25
陕西	0.0021	0.0042	0.0167	0.0614	0.0844	19
甘肃	0.0016	0.0031	0.0123	0.0453	0.0622	20
宁夏	0.0014	0.0028	0.0111	0.0407	0.0560	23
新疆	0.0005	0.0009	0.0037	0.0137	0.0189	28

9.3.1.1 全国总体评价分析

在综合评价指标体系的一级指标四个模块中，按照创新能力水平分析，首先是技术扩散能力水平，总评价得分值为0.7276；其次是企业技术创新效率评价得分值为0.1976；再其次是高技术产业创新引领作用，评价得分值为0.0493；最后是创新环境支撑，评价得分值为0.0255。

9.3.1.2 各省市创新评价分析

2017年我国28个省份技术创新能力综合评价的得分值中最大值0.5562（广东省），最小值为0.0189（新疆），均值为0.1546，标准差为0.1395，标准差系数为0.9023，有8个省份的分值高于均值，占比28.6%。我国省际技术创新能力从其得分值分布情况来看，呈现出平均水平较低，得分差异较大（见表9-5）。表明2017年我国省际技术创新能力发展综合水平整体较弱，不同省份之间存在较为明显的空间差异。

表9-5　2017年我国省际创新能力综合评价的分值分布的统计特征

分布特征变量	综合评价	技术创新环境支撑	高技术产业创新引领作用	企业技术效率与创新发展	技术扩散能力
最小值	0.0189	0.0005	0.0009	0.0037	0.0137
最大值	0.5562	0.0142	0.0274	0.1099	0.4047
平均	0.1546	0.0039	0.0076	0.0305	0.1125
标准差	0.1395	0.0036	0.0069	0.0276	0.1015
标准差系数	0.9023	0.9031	0.9011	0.9024	0.9023
极差	0.5373	0.0137	0.0265	0.1062	0.3910
极差系数	3.4763	3.4841	3.4787	3.4775	3.4768
峰度	2.5205	2.5378	2.5246	2.5191	2.5204
偏度	1.7379	1.7407	1.7384	1.7376	1.7378

资料来源：根据表9-4中综合评价及各项分项评价的分值分别计算得到。

基于省际创新能力综合评价得分，运用自然断点分层法，将各省份创新能力由高到低分为五个层级：第一层级是广东、上海；第二层级是江苏、北京、天津；第三层级是山东、广西、浙江、河南、吉林、重庆、福建、湖南、河北、湖北、四川；第四层级是安徽、辽宁、陕西、甘肃、江西、贵州、宁夏；第五层级是山西、云南、内蒙古、黑龙江和新疆（见图9-1）。

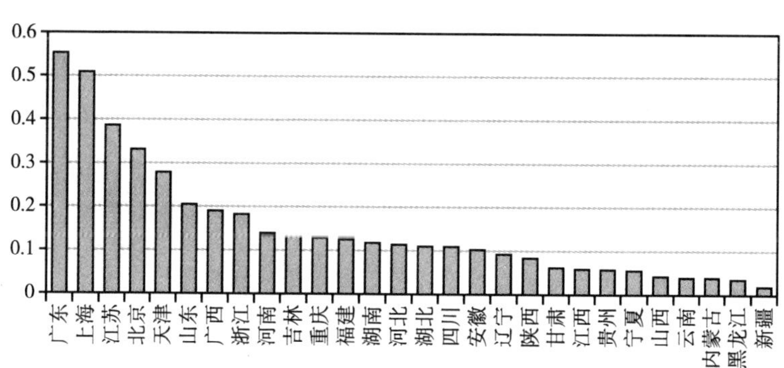

图9-1　我国省际创新能力综合评价得分分布

9.3.2　创新环境支撑评价

创新环境支撑是我国省际创新能力评价指标体系四个模块中得分值为最

低的 0.0255，其中物质生产部门技术效率参数为 0.0193，人力资本生产部门技术效率参数为 0.0062，两者相对于创新环境支撑评价得分值的 75.69% 和 24.31%，由此可见物质生产部门的技术效率远高于人力资本技术效率。

2017 年我国 28 个省份技术创新能力创新环境支撑评价得分值中最大值为 0.0142（广东省），最小值为 0.0005（新疆），均值为 0.0039，标准差为 0.0036，标准差系数为 0.9231，有 8 个省份的分值高于均值，占比 28.6%。从我国省际创新环境支撑评价得分值分布情况来看，呈现出平均水平较低，得分差异较大（见表 9－5），表明我国创新环境支撑在整个省际创新能力指标体系中呈现出非常低的水平，并且不同省份之间存在较为明显的空间差异。

从省际创新能力的创新环境支撑评价排名分析，由高到低分为五个层级：第一层级是广东、上海、江苏；第二层级是北京、天津、山东、广西、浙江；第三层级是河南、吉林、重庆、福建、湖南、河北、湖北、四川、安徽、辽宁；第四层级是陕西、甘肃、江西、贵州、宁夏；第五层级是山西、内蒙古、云南、黑龙江和新疆（见图 9－2）。

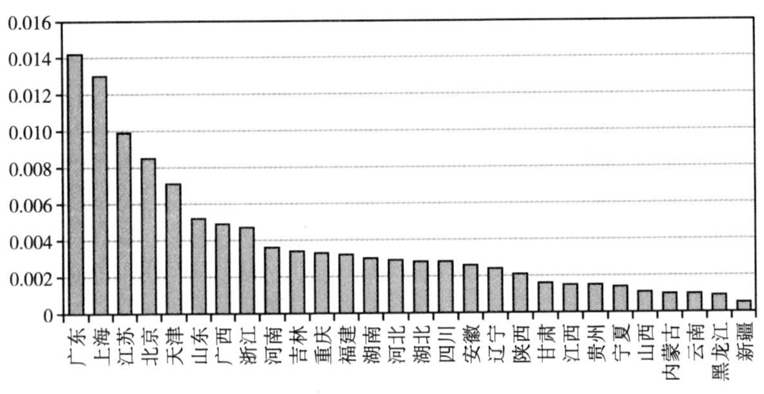

图 9－2　我国省际创新环境支撑评价得分分布

9.3.3　高技术产业创新引领作用评价

高技术产业创新引领作用在我国省际创新能力中虽然起到一定作用，但相对较低，其创新能力综合评价得分值为 0.0493，而其中国家级高新区企业劳动效率水平得分值为 0.0386，相对于高技术产业创新引领总得分值的78.3%。

2017年我国28个省份高技术产业创新引领作用指标评价得分值中最大值为0.0274（广东省），最小值为0.0009（新疆），均值为0.0076，标准差为0.0069，标准差系数为0.9079，有8个省份的分值高于均值，占比28.6%。从我国省际高技术产业创新引领作用指标评价得分值分布情况来看，呈现出平均水平较低，得分差异较大（见表9－5），表明我国高技术产业创新引领指标在整个省际创新能力指标体系中呈现出比较低的水平，它在四个一级评价指标的分值排在第三位，并且不同省份之间还是存在较为明显的空间差异。

从省际创新能力的高技术产业创新引领作用评价排名分析，由高到低分为五个层级：第一层级是广东、上海、江苏；第二层级是北京、天津、山东、广西、浙江；第三层级是河南、吉林、重庆、福建、湖南、河北、湖北、四川、安徽、辽宁；第四层级是陕西、甘肃、江西、贵州、宁夏；第五层级是山西、云南、内蒙古、黑龙江和新疆（见图9－3）。

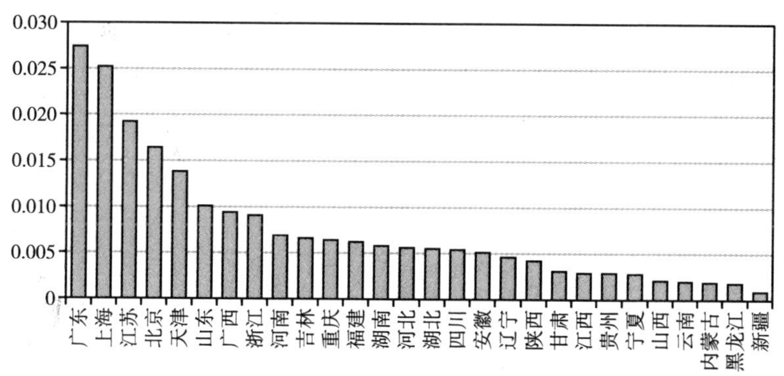

图9－3　我国省际高技术产业创新引领作用评价得分分布

9.3.4　企业技术效率与创新发展评价

企业技术效率与创新发展在我国省际创新能力评价体系的四个影响要素中排在第二重要位置。其中企业创新发展得分较高分为0.1953（相对于企业技术效率与创新发展总和创新能力水平得分0.1976而言，其贡献为98.84%）；而在企业创新发展构成内容中从外部获取技术、企业外部研发费用支出、企业内部研发费用支出以及获取机器设备支出贡献较大，分别为31.07%、23.33%、22.87%、18.98%。

2017年我国28个省份企业技术效率与创新发展指标评价得分值中最大值为0.1099（广东省），最小值为0.0037（新疆），均值为0.0305，标准差为0.0276，标准差系数为0.9049，有8个省份的分值高于均值，占比28.6%。从我国省际企业技术效率与创新发展指标评价得分值分布情况来看，呈现出平均水平较低，得分差异较大的特征（见表9-5），表明我国企业技术效率与创新发展在整个省际创新能力指标体系中呈现出较高水平，它在四个一级评价指标体系中的评价分值排在第二位，但它在不同省份之间仍然存在较为明显的空间差异。

从省际创新能力的企业技术效率与创新发展评价排名分析，由高到低分为五个层级：第一层级是广东、上海；第二层级是江苏、北京、天津；第三层级是山东、广西、浙江、河南、吉林、重庆、福建、湖南、河北、湖北、四川；第四层级是安徽、辽宁、陕西、甘肃、江西、贵州、宁夏；第五层级是山西、云南、内蒙古、黑龙江和新疆（见图9-4）。

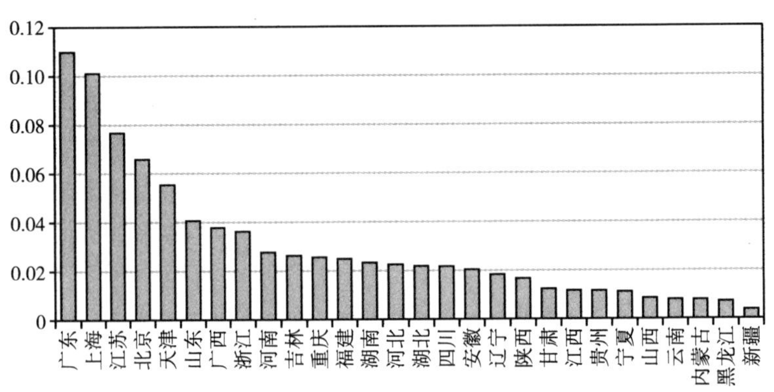

图9-4　我国省际企业技术效率与创新发展指标评价得分分布

9.3.5　技术扩散能力评价

技术扩散能力的评价得分是在我国省际创新能力的四个影响要素评价得

分中是最高的，也是具有绝对优势的要素。进一步细分其二级影响因素，消化吸收费、技术引进费、购买国内技术费、技术改造费构成的引入技术费用存量为最高，得分为0.2530（相对于技术扩散能力而言其贡献为34.77%）；高技术产品进出口贸易和技术市场流向地域合同金额两项实力相当，综合评价得分分别为0.1864、0.1861（相对于技术扩散能力而言其贡献为25.62%、25.58%）；而技术市场输入地域合同金额最低为0.0730（相对于技术扩散能力而言其贡献为10.03%）。

2017年我国28个省份技术扩散能力指标评价得分值中最大值为0.4047（广东省），最小值为0.0137（新疆），均值为0.1125，标准差为0.1015，标准差系数为0.9022，有9个省份的分值高于均值，占比32.1%（见表9-5）。从我国省际技术扩散能力指标评价得分值分布情况来看，呈现出平均水平高、差异较大的特征。表明技术扩散能力在整个省际创新能力指标体系中呈现出较绝对优势，它在四个一级评价指标体系中的评价分值排在第一位，但它在不同省份之间仍然存在较为明显的空间差异。

从省际创新能力的技术扩散能力指标评价排名分析，由高到低分为五个层级：第一层级是广东、上海；第二层级是江苏、北京、天津；第三层级是山东、广西、浙江、河南、吉林、重庆、福建、湖南、河北、湖北、四川；第四层级是安徽、辽宁、陕西、甘肃、江西、贵州、宁夏；第五层级是山西、云南、内蒙古、黑龙江和新疆（见图9-5）。

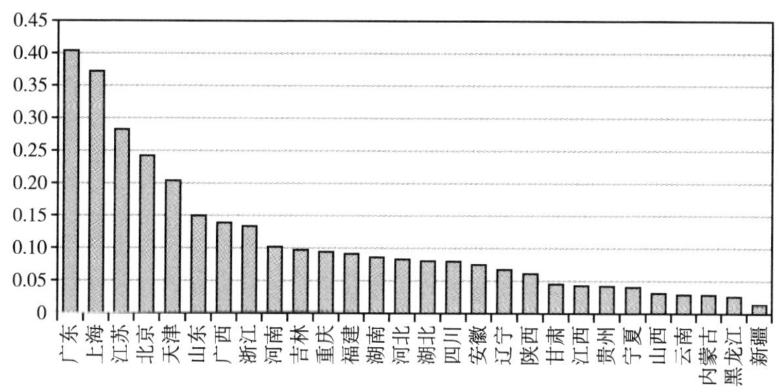

图9-5　我国省际技术扩散能力指标评价得分分布

综合上述分析，无论是我国省际创新能力综合评价结果还是四个一级指标评价结果，广东、上海、江苏、北京、天津位于全国前列，而排名处于中间位置的地区有山东、广西、浙江、河南、吉林、重庆、福建、湖南、河北、湖北、四川等省份，排名处于靠后地区的有山西、云南、内蒙古、黑龙江、新疆。

第 10 章
结论与对策建议

10.1 结　　论

10.1.1 基于中国经济实践视角的分析结论

（1）2008 年之后国际经济格局调整，中国源自发达国家的技术模仿空间日趋缩小，国内经济出现产能过剩、结构性失衡，依赖要素投入驱动经济增长的方式难以为继。

（2）辨析中国经济新常态下供给侧结构性改革同经典内生经济增长理论之间的关系，得出在既有环境资源约束条件下，推进供给侧结构性改革是实现创新发展的重要决策，而创新发展是推动中国经济增长的根本驱动力。

（3）中国通过供给侧要素改革提高经济增长质量，由要素投入驱动转向创新发展驱动经济增长，势在必行。值此经济发展方式转变、增长动力转换、经济结构优化的特殊时期，技术进步则成为解放和发展生产力、推动经济增长最为核心的驱动力，其中创新发展作为我国现代化经济体系建设的战略支撑。

（4）基于我国区域发展不均衡的基本国情，如何推动落后地区的技术效率提升与技术创新，是促进我国经济全面协调发展的关键问题；基于打破单一追求 GDP 政绩考评管理体制视角，如何尽快建立以新发展理念为指导，供给侧结构性改革为主线，实现高质量、高效率、公平、可持续发展的社会经济发展目标的政府绩效评价体系，迫在眉睫。省际创新能力的测度与评价则是政府绩效评价体系的核心。

10.1.2 基于内生增长理论的研究结论

（1）技术进步是技术发明、技术创新和技术扩散三种要素互相重叠、相互作用的综合过程。其中，技术发明是一个技术范畴的概念；技术创新则是经济范畴的概念，它出于盈利，把已有的技术发明引入应用领域，形成新的生产能力；技术扩散则将新技术、新创新实现发达国家之间或由发达国家向技术落后国家的扩散。

（2）从研究的理论基础分析，在我国供给侧结构性改革是以内生增长理论为研究的核心基础，具体涉及创新理论、宇泽—卢卡斯两部门内生增长模型以及技术扩散理论三个基本理论构架，以此作为我国省际创新能力指标体系构建的理论基础。

10.1.3 基于我国省际创新能力经验研究的结论

（1）基于内生增长理论框架下，根据影响省际创新能力四个主要因素——区域创新环境、高新技术引领作用、创新主体和技术扩散能力构建了我国省际创新能力指标体系，涉及 4 个一级评价指标，11 个二级指标、19 个三级指标、33 个四级指标。

（2）基于宇泽—卢卡斯两部门模型对我国省际物质生产部门和人力资本生产部门（教育部门）的技术参数（A 和 B）展开估算，并以此作为我国技术创新综合评价体系中最为核心的技术环境支撑指标。测算结果表明，教育部门技术参数 B 低于物质生产部门技术参数 A；各省份教育部门技术参数差异较小，比较稳定；各省份物质生产部门技术效率参数差异较大，呈现出较大的波动；两部门技术效率参数差距存在地区差异。

（3）在我国省际创新能力综合评价体系中，技术创新能力基本要素中，依照技术创新能力水平由高到低排序依次为技术扩散能力、企业技术效率和创新发展、高技术产业创新引领和创新环境支撑。按这四个构成要素的创新能力水平分析分为三个层级：第一层级为技术扩散能力，它以绝对优势远高于其他三个基本要素；第二层级为企业技术效率和创新发展；第三层级为高技术产业的创新引领和创新环境支撑。

（4）技术扩散能力水平在省际创新能力评价中为得分最高的要素。其中消化吸收费、技术引进费、购买国内技术费、技术改造费构成的引入技术费用存量为贡献最大，约为1/3，高技术产品进出口贸易和技术市场流向地域合同金额两项实力相当，两者之和贡献过半；而技术市场从其他地区输入技术规模为10.03%。

（5）尽管企业技术效率与创新发展对省际创新能力的贡献居于第二位，但其创新能力水平较低，没有真正起到其核心主体的作用。而且呈现出企业技术效率水平低下，创新发展主要依赖外部获取技术、企业外部研发力量，而用于企业内部研发投入相对较小。

（6）本书从高技术产业技术效率和国家级高新区企业技术效率（劳动效率）两个方面对高技术产业的创新带动作用进行测度，从测评结果分析，高技术产业没有很好地起到创新引领作用，高技术产业的创新过度依赖国家级高新区企业的创新，相比之下省际高技术产业技术效率的引领示范效应水平非常低。

（7）创新环境支撑在省际创新能力总体评价中是水平最低的要素，仅为总体的2.5%。其中物质生产部门技术效率远高于人力资本技术效率，约3倍有余。

（8）省际创新能力综合评价省市排名以及一级指标技术扩散能力、企业技术效率与创新发展评价的省份排名是完全一致的：第一层级是广东、上海；第二层级是江苏、北京、天津；第三层级是山东、广西、浙江、河南、吉林、重庆、福建、湖南、河北、湖北、四川；第四层级是安徽、辽宁、陕西、甘肃、江西、贵州、宁夏；第五层级是山西、云南、内蒙古、黑龙江和新疆。

（9）省际创新能力的高技术产业创新引领作用、创新环境支撑评价省市排名是完全一致的：第一层级是广东、上海、江苏；第二层级是北京、天津、山东、广西、浙江；第三层级是河南、吉林、重庆、福建、湖南、河北、湖北、四川、安徽、辽宁；第四层级是陕西、甘肃、江西、贵州、宁夏；第五层级是山西、内蒙古、云南、黑龙江和新疆。

10.2 对策与建议

10.2.1 提高两部门生产率水平，改善并提升省际创新支撑环境

物质生产部门技术参数 A 和教育部门技术参数 B 被视为两部门内生增长理论模型的全要素生产率，它们是省际创新能力的环境支撑，其水平高低充分体现了该地区包括政策、制度在内的改革、开放程度，还包括知识产权保护等技术政策以及规模经济、组织管理等人文环境改善等推动地区创新能力的依托与保证。

发展省际技术创新能力的同时要加强制度创新和激励机制创新，根据区域间和省际的发展需求来打造良好的创新“软”环境，提供优质的创新政策保障和服务是发展技术创新能力的关键。首先，加强知识产权保护，健全科技合作和技术转移服务平台的建设，营造有利于创新合作的科技创新环境。知识产权保护缺失的“窃取效应”将在一定程度上替代研发合作和技术转移的正当收益，影响创新者发明创新的积极性，进而影响国家和地区、产业和企业等层面的创新能力。其次，加快跨地方政府部门协调机制的建设。区域政策落实过程中需要各级政府部门间的参与及协调，具有权威性的协调机构和长效化协调机制的建立，有利于推动区域政策的落实和实施。再其次，完善主体功能区建设试点示范工作的绩效考核体系，建立完善、差别化的动态监测、管理和评估体系，充分发挥财政杠杆作用和税收调节作用，为企业创新活动提供充足的资金支持。最后，加强区域内创新合作交流机制，促进区域之间资源共享。同时，在构建完善的知识产

权保护机制基础上，政府、企业、高校等组织应积极探索创新成果转化机制，加快科技创新成果的产业化。

10.2.2 提高教育部门生产率，缩小两部门生产率差距

知识、技术的创造源自其生产部门——教育部门，无论其生产、扩散过程如何复杂，其源头一定是教育部门的产出，因此，省际创新的环境支撑中教育部门的生产率是非常重要的知识的创造、转化的重要因素，也是衡量省际创新能力的重要因素。

基于两部门模型测算得到的物质生产部门广义技术参数和教育部门广义技术参数，并通过进一步的分析得出两者对创新环境支撑的作用，发现物质生产部门对创新环境支撑的影响份额具有较大的优势，然而教育部门的发展也是各省在提升创新能力时不可忽略的重要环节。为提高教育资源配置效率，财政性教育经费等资源配置要有所侧重：在空间上要向我国农村地区、中西部地区和东北地区等经济不发达的省份侧重；在教育性质上，要向基础教育倾斜。同时，要适当控制高等教育招生规模，纠正用庞大教育资源扶植重点高校发展而忽视普通高等院校和中等教育发展的片面做法。应该转变只重教育投入而忽视教育产出，只注重教育产出数量而轻视教育产出质量的教育发展观念，将过去以教育产出数量的多少、考试成绩或升学率为评价标准，逐步转变为以教育部门对劳动生产率贡献作用大小、对经济增长的贡献程度作为判定标准。

10.2.3 提高高技术产业技术效率，充分发挥高技术产业的创新引领作用

高技术产业的发展推动了我国产业结构明显朝着智能化、服务业化、高端化的方向升级换挡，一个个新的产业增长点不断涌现。高技术产业的创新发展对区域创新能力发展的辐射带动作用明显，已经成为推动经济增长的重

要技术。

国家级高新区企业在高技术产业创新带动方面起着主要的作用，高技术产业的技术效率作用则较弱。高新区充分发挥辐射带动功能，促进了产业结构的调整和优化提升，使国家级高新区较多的省份相应的高技术产业带动作用影响较强。对于广东、上海、江苏、北京、天津、山东、广西、浙江、河南等高技术产业创新带动作用较强的省份来说，这些省份的国家级高新区的个数也要多于其他省份，在占据这个优势的同时，这些省份也应注重各省高技术产业的技术效率，使高技术产业技术效率和国家级高新区企业劳动效率齐头并进。排名处于靠后的山西、云南、内蒙古、黑龙江和新疆地区，它们的高技术产业创新带动作用相对较弱，尽管这与地理位置以及资源禀赋差异大、随之变化的科技人才流动性大有关，但这些省份更应当积极地与排名较前的省份合作、交流，提升自身的创新能力。

10.2.4 企业产品创新和工艺创新，提升企业技术效率

企业是创新的主体，一个地区的技术创新效率的提高必须依赖企业，要明确企业在技术转移和技术创新中的主体作用，建立企业为主体的产、学、研相结合的技术转移体系。企业产品和工艺创新的提升能快速直接地带来企业效率水平提升，因此，各省份应以企业产品创新和工艺创新为主，兼顾发展企业组织创新和营销创新。

产品创新通过增加产品品种、提高产品性能、开拓新市场、扩大市场份额、取代过时产品五种方式来影响企业生产技术效率。工艺创新通过提高生产灵活性、提高生产效率、降低人力成本、节约原材料、降低能源消耗、减少环境污染和改善工作条件七种方式对企业产生影响。组织创新通过加快对客户或供应商响应速度、提高新产品或新工艺开发能力、提高产品质量、降低单位成本、提高信息交换与共享水平、改善员工工作条件及提升管理效率七种方式对企业产生影响。营销创新通过保持或扩大市场份额、开拓新客户群体、开拓新市场区域三种方式对企业生产效率产生影响。企业能够确保技术创新的方向和目标更加符合市场和消费需求，同时具有把技术创新成果转

化为规模化产品的综合能力。因此，要确立企业在技术市场中的主体地位，围绕企业技术创新构建技术转移的产业链条，并提升技术市场的运作效率，促进区域创新能力的发展。

10.2.5 高质量完成地区间合作项目，加强国内区域间技术扩散

技术扩散对于技术进步和经济发展起着重要作用，它同时还是影响一个地区整体创新能力和可持续发展水平的重要因素，创新成果对现实经济所能产生的实际影响很大程度上取决于创新扩散的程度。因此，技术扩散能够推动创新在更大的区域范围内和社会范围内产生经济效益，并促进区域产业集聚创新和产业结构的优化。

由综合评价结果显示，技术扩散能力在省际创新能力中起着绝对作用，因此，在各省份积极进行创新发展的同时，应该对各省份技术扩散能力投入更多的关注。一方面，继续围绕各国家级高新区特色优势产业，建设专业生产基地，形成创新能力较强的产业集群；另一方面，区域创新能力涉及不同的创新主体，我国各省份应当有各自的独立组织设立目标。我国应当鼓励区域间合作，促进区域间的技术扩散。综合评价结果显示，我国省际技术创新存在较为显著的地区空间差异，东部地区的省份技术创新能力远远高于中部地区和西部地区，其中西部地区的技术创新能力最弱，因此，中部地区和西部地区应根据自身的资源优势，提出相应的解决措施，提高自身的技术创新能力。如中西部地区应当积极与东部地区的高新技术企业进行合作，汲取东部地区的技术创新要素，提升自身的技术创新水平。不同主体因其创新资源的异质性，使得解决问题的途径更加多样全面，形成系统性合力，有益于集中突破单一要素难以应对的影响地区整体发展的关键性核心问题，使区域发展焕发新的活力，因此，各省份应积极开展省级、市级等不同层级的高技术示范区，依托各自区域内的高新技术产业开发区，吸引科技人才，从而提高区域技术创新能力。依据各省份创新能力的自身优势，加强区域间创新资源共享，协同合作，推动区域创新发展，充分提高创新成果的空间溢出水平。

10.2.6 完善人才引进与培育机制，提升人力资本

我国的技术进步大部分来源于模仿和引进技术，而重大技术只能依靠进口，这表明我国自主创新能力的薄弱，有能力进行技术重大创新的人才的匮乏，而人才管理的运行机制不成熟，人才市场中介服务整体水平不高等成为制约人才培养的因素。因此，各省份应积极构建和完善人才引进与培育机制。

各省份应根据自身的情况，因地制宜实施人才政策。加大引进人才力度，针对不同层次水平的人才制定不同的引进政策，建立有层次、有重点、符合区域发展需要的人才引进机制。对于中、西部地区而言，应当积极培养人才并留住人才。教育是促进人力资本提升的关键途径，因此，应加大教育投入，提升教育的“质”和“量”，建立行之有效的人才创新激励制度。集中力量发展和培养创新型人才，为人才提供良好的创新环境。构建创新型人才培养模式，培养富有科学精神，敢于承担风险的创新型人才队伍。尊重个性发展，注重兴趣爱好及创造性思维培养。健全人才流动机制，保证创新人才能够人尽其用有所作为。实行有竞争力的人才吸引政策，大力引进高层次科技创新人才。各省份应积极开展高技术示范区，依托各自区域内的高新技术产业开发区，吸引科技人才，从而提高区域技术创新能力。依据各省份创新能力的自身优势，加强区域间创新资源共享，协同合作，推动区域创新发展，充分提高创新成果的空间溢出水平。

参考文献

[1] 白嘉．中国区域技术创新能力的评价与比较［J］．科学管理研究，2012（1）：15－18.

[2] 白俊红，江可申，李婧．中国地区研发创新的相对效率与全要素生产率增长分解［J］．数量经济技术经济研究，2009（3）：139－151.

[3] 柏宇光．创新型企业技术创新能力测度及提升策略研究——以辽宁省为例［J］．生产力研究，2015（4）：123－127.

[4] 陈爱贞，李舜．基于全球价值链的技术引进与自主创新［J］．中国国情国力，2017（2）：57－59.

[5] 陈国宏，康艺苹，李美娟．区域科技创新能力动态评价——基于改进的“纵横向”拉开档次评价法［J］．技术经济，2015（10）：17－23.

[6] 陈武，常燕．跨国技术转移和扩散对国家创新能力的作用机理及相关关系——来自中国的经验证据［J］．科技管理研究，2015（1）：6－11.

[7] 陈宪．为供给侧改革注入创新探索［N］．解放日报，2016－01－05（011）.

[8] 杜凤莲，董竞泽，高国鹏．技术效率、全要素增长率与地区间经济增长差异——以内蒙古为例［J］．经济理论与经济管理，2011（5）：90－97.

[9] 顾六宝，李辉英．主导产业的评价选择模型［J］．统计与决策，2002（3）：9－10.

[10] 郭艳，张群，吴石磊．国际贸易、环境规制与中国的技术创新［J］．上海经济研究，2013（1）：122－129.

[11] 韩春花，佟泽华．基于Fussy-GRNN网络的区域创新能力评价模型研究［J］．科技管理研究，2016（14）：55－60.

［12］侯鹏，刘思明，建兰宁. 创新环境对中国区域创新能力的影响及地区差异研究［J］. 经济问题探索，2014（11）：73－80.

［13］胡鹤，刘志迎. 中国高技术产业发展现况及绩效分析［J］. 经济论坛，2009（5）：7－11.

［14］胡舒立，吴敬琏，厉以宁. 新常态改变中国：首席经济学家谈大趋势［J］. 中国对外贸易，2015（5）：84.

［15］胡小娟，胡安萍. 外源技术引进对我国工业结构高级化影响的实证研究［J］. 软科学，2016（2）：9－12，18.

［16］江兵. 国家技术创新能力分类与评价［J］. 系统工程理论与实践，2002（3）：88－92.

［17］江春，吴磊，滕芸. 中国全要素生产率的变化：2000－2008［J］. 财经科学，2010（7）：55－62.

［18］姜滨滨，匡海波. 基于"效率—产出"的企业创新绩效评价——文献评述与概念框架［J］. 科研管理，2015（3）：71－78.

［19］瞿辉，闫霏. 基于产业知识多样性的区域创新能力评价研究［J］. 科技管理研究，2019（20）：39－44.

［20］赖明勇，王文妮. 全要素生产率和经济增长方式——基于1952－2006年的Malmquist指数分析［J］. 求索，2008（11）：52－54.

［21］郎丽华，赵家章. 中国经济二次转型与防范外部冲击——中国经济增长与周期（2016）高峰论坛综述［J］. 经济研究，2016（10）：183－189，192.

［22］李斌，王宋涛. 区域创新生态系统研究综述［J］. 当代经济，2020（5）：69－71.

［23］李妃养，黄何，陈凯. 广东各地市创新能力评价研究［J］. 科研管理，2018（S1）：111－121.

［24］李京文，郑友敬，杨树庄，龚飞鸿. 中国经济增长分析［J］. 中国社会科学，1992（1）：15－36.

［25］李俊慧. "供给侧"改革的经济学分析［J］. 学术研究，2017（1）：88－92.

[26] 李涛. 西部区域创新能力对经济增长的影响研究 [D]. 西安: 陕西师范大学, 2017.

[27] 李研. 找准创新驱动的“治理空间” [N]. 中国高新技术产业导报, 2014-07-14 (B07).

[28] 林晓言, 王红梅. 技术经济学教程 [M]. 北京: 经济管理出版社, 2005.

[29] 刘帮成. 技术引进模式和消化吸收机制分析: 基于上海市企业的案例研究 [J]. 科技与经济, 2007 (2): 22-25.

[30] 刘凤朝, 刘靓, 马荣康. 区域间技术交易网络、吸收能力与区域创新产出——基于电子信息和生物医药领域的实证分析 [J]. 科学学研究, 2015 (5): 774-781.

[31] 刘鹤. 刘鹤: 事关中国经济安危的三大政策思考 [J]. 记者观察, 2015 (10): 11-14.

[32] 刘世锦. 中国有五大新的经济增长动能 [J]. 宁波经济 (财经视点), 2019 (4): 19.

[33] 刘伟, 李星星. 中国高新技术产业技术创新效率的区域差异分析——基于三阶段 DEA 模型与 Bootstrap 方法 [J]. 财经问题研究, 2013 (8): 20-28.

[34] 马建峰, 何枫. 包含共享投入与自由中间产出的技术创新两阶段 DEA 效率评价 [J]. 系统工程, 2014 (1): 1-9.

[35] 潘建成. 经济增长新动力在哪? [N]. 中国环境报, 2015-10-29 (012).

[36] 沈建光. 稳增长需政策“加码” [J]. 中国外汇, 2015 (12): 12.

[37] 沈坤荣. 供给侧结构性改革是经济治理思路的重大调整 [J]. 南京社会科学, 2016 (2): 1-3.

[38] 沈坤荣. 中国综合要素生产率的计量分析与评价 [J]. 数量经济技术经济研究, 1997 (11): 53-56, 62.

[39] 舒元, 才国伟. 我国省际技术进步及其空间扩散分析 [J]. 经济研究, 2007 (6): 106-118.

[40] 孙敬水. TFP 增长率的测定与分解 [J]. 数量经济技术经济研究, 1996 (9): 46 – 48.

[41] 陶爱萍, 宗查查. 安徽省工业技术创新能力的测度与评价 [J]. 科技管理研究, 2013 (17): 72 – 75.

[42] 滕泰. 加强供给侧改革　开启增长新周期 [N]. 经济参考报, 2015 – 11 – 18 (001).

[43] 汪欢欢. 基于 K – 均值聚类与贝叶斯判别的区域创新极培育能力评价——以我国30个省市自治区为例 [J]. 工业技术经济, 2019 (5): 136 – 142.

[44] 汪寅, 黄翠瑶. 科技创新评价指标体系研究进展综述 [J]. 科技管理研究, 2009 (6): 88 – 90.

[45] 王公博, 马悦, 向坤, 刘龚熠. 中国地级市创新能力评价与空间分异 [J]. 中国科技论坛, 2020 (3): 118 – 125.

[46] 王松, 胡树华, 牟仁艳. 区域创新体系理论溯源与框架 [J]. 科学学研究, 2013 (3): 344 – 349, 436.

[47] 王晓光, 周静婷. 哈尔滨市技术创新能力评价及研究 [J]. 科技管理研究, 2011 (6): 89 – 92.

[48] 王一鸣. 通过供给侧改革重塑发展动力 [N]. 人民日报, 2015 – 12 – 28 (017).

[49] 魏江, 许庆瑞. 企业技术创新机制的概念、内容和模式 [J]. 科技进步与对策, 1994 (6): 37 – 40.

[50] 魏巍, 杨宇, 张越, 杨彩凤. 湖南省科技创新指数的构建研究 [J]. 科技经济导刊, 2019 (9): 5 – 6.

[51] 吴丰华, 刘瑞明. 产业升级与自主创新能力构建——基于中国省际面板数据的实证研究 [J]. 中国工业经济, 2013 (5): 57 – 69.

[52] 习近平. 决胜全面建成小康社会　夺取新时代中国特色社会主义伟大胜利——在中国共产党第十九次全国代表大会上的报告 [J]. 理论学习, 2017 (12): 4 – 25.

[53] 谢启龙. 中国技术引进有效性研究 [D]. 南京: 南京理工大学, 2007.

[54] 谢千里, 罗斯基, 郑玉歆. 改革以来中国工业生产率变动趋势的估

计及其可靠性分析［J］．经济研究，1995（12）：10－22．

［55］徐盈之，赵豫．中国信息制造业全要素生产率变动、区域差异与影响因素研究［J］．中国工业经济，2007（10）：45－52．

［56］杨冬梅，袁岩．城市竞争力综合测评指标体系的构建及评价方法［J］．价值工程，2006（9）：4－7．

［57］杨瑞龙．推进供给侧改革需摆脱“高增长依赖症”［N］．中国证券报，2016－11－30（A04）．

［58］易平涛，李伟伟，郭亚军．基于指标特征分析的区域创新能力评价及实证［J］．科研管理，2016（S1）：371－378．

［59］尹彦．基于粗糙集和 Choquet 积分的区域协同创新能力评价［J］．统计与决策，2015（16）：39－42．

［60］约瑟夫．熊彼特．经济发展理论［M］．北京：华夏出版社，2015．

［61］岳书敬，刘朝明．人力资本与区域全要素生产率分析［J］．经济研究，2006（4）：90－96，127．

［62］斋藤优．技术转移论［M］．东京：文真堂，1979．

［63］詹湘东．基于知识管理的区域创新能力评价研究［J］．科技进步与对策，2008（4）：117－121．

［64］张军，施少华．中国经济全要素生产率变动：1952－1998［J］．世界经济文汇，2003（2）：17－24．

［65］张杨，汤凌冰，金培振．金砖国家创新能力测度与影响因素研究［J］．中国软科学，2015（6）：148－157．

［66］赵青霞，夏传信，施建军．科技人才集聚、产业集聚和区域创新能力——基于京津冀、长三角、珠三角地区的实证分析［J］．科技管理研究，2019（24）：54－62．

［67］郑京海，胡鞍钢．中国改革时期省际生产率增长变化的实证分析（1979—2001 年）［J］．经济学（季刊），2005（1）：263－296．

［68］周大亚．科技社团在国家创新体系中的地位与作用研究述评［J］．社会科学管理与评论，2013（4）：69－84．

［69］朱梦菲，陈守明，邵悦心．基于 AHP-TOPSIS 和 SOM 聚类的区域创

新策源能力评价 [J]. 科研管理, 2020 (2): 40 -50.

[70] 朱有为, 徐康宁. 中国高技术产业研发效率的实证研究 [J]. 中国工业经济, 2006 (11): 38 -45.

[71] Aghion and Howitt. Endogenous Growth Theory [M]. MIT Press, 1998.

[72] Aghion P. and P. Howitt. A Model of Growth Through Creative Destruction [J]. Econometrica, 1992, 60 (2): 323 -351.

[73] Aghion, Philippe and Robert Howitt. A model of growth through creative destruction [J]. Econometrica, 1992, 60, 2 (3): 323 -351.

[74] Barro, R. J. and Sala-i-Martin. X., Regional Growth and Migration: A Japan-United States Comparison [J]. Journal of the Japanese and International Economics, 1997, 6: 312 -346.

[75] Barro RJ. Government spending in a simple model of endogenous growth [J]. Journal of Political Economy, 1990, 98 (5): S103 -S126.

[76] Beneito P. The innovative performance of in-house and contracted R&D in terms of patents and utility models [J]. Research Policy, 2006, 35 (4): 502 -517.

[77] Berchicci L. Towards an open R&D system: Internal R&D investment, external knowledge acquisition and innovative performance [J]. Research Policy, 2012, 42 (1): 1 -11.

[78] Blomstrom, M. and A. Kokko. Multinational Corporations and Spillovors [J]. Journal of Economic surveys, 1998 (12): 247 -277.

[79] Burns, T. & Stalker, GM. The management of innovation [M]. London: Tavistock, 1961.

[80] Caves R. E. International Corporations: the industrial economics of investment [J]. Economic, 1971 (38): 1 -27.

[81] Chames. A, Cooper. W. and Rhodes. E. Measuring the efficiency of decision-making units [J]. European Journal of Operational Research, 1978 (2): 429 -444.

[82] Chia S, Kakiappa PK. Gauging the Sources of Growth of High tech and Low-tech Industries: the Case of Korean Manufacturing. Australian Economic Papers

[J]. 2005, 44 (2): 170 - 185.

[83] Chien-Hsun Chen. Regional determinants of foreign direct investment in mainland China [J]. Journal of Economic Studies, 1996, 23 (2).

[84] Clark J, Guy K. Innovation and competitiveness: a review [J]. Technology Analysis & Strategic Management, 1998 (3): 363 - 395.

[85] Clark K. B & Fujimoto T. Product development performance strategy, organization, and management in the world auto industry [M]. Boston: Harvard Business School Press, 1991.

[86] Cooke Philip. Regional innovation Systems: Competitive Regulation in the New Europe [J]. Cooke Philip, 1992, 23 (3): 365 - 382.

[87] Dale Jorgenson, Barbara Fraumeni. Investment in Education and U. S. Economic Growth [J]. Scandinavian Journal of Economics, 1992 (94).

[88] Das. xteralies and Tehoioy Tanster. Multinational Corporations: A Theoretical, Analysis [J]. Journal of International Economics, 1987 (123) : 188 - 206.

[89] DJ. Aigner, C. A. K. Iovell and P. Schmidt. Formulation and estimation of stochastic production function models [J]. Journal of Econometrics, 1977 (6): 21 - 37.

[90] Dunning John H. Market power of the firm and international transfer of technology: A historical excursion [J]. Dunning John H. , 1983, 1 (4).

[91] Ester Martinez-Ros. Explaining the decisions to carry out product and process innovations [J]. Journal of High Technology Management Research, 1999, 10 (2).

[92] Farrell. MJ. The measurement of productive efficiency [J]. Journal of The Royal Statistical Society, 1957 (3): 253 - 281.

[93] Feenstra Robert C. , Madani Dorsati, Yang Tzu-Han, Liang Chi-Yuan. Testing endogenous growth in South Korea and Taiwan [J]. Feenstra Robert C. ; Madani Dorsati; Yang Tzu-Han; Liang Chi-Yuan, 1999, 60 (2).

[94] Freeman C. The national system of innovation in historical perspective

[J]. Cambridge Journal of Economics, 1995 (1): 5 -24.

[95] Furman JL, Porter M, Stem S. The determinants of national innovative capacity [J]. Research Policy, 2002, 31.

[96] G. D. A. MacDougall , The benefits and costs of private investment from abroad: a theoretical approach [J]. G. D. A. MacDougall, 1960, 22 (3).

[97] Grossman, Gene, Elhanan Helpman. "Technology and Trade" Handbook of International Economics vol. 3, Gene Grossman and Kenneth Rogoff eds [M]. North-Holland, 1995.

[98] Grossman, Gene M, Elhanan Helpman. Endogenous product cycles [J]. The Economic Journal, 1991 (101): 1214 -1229.

[99] Hao Jiao. The more interactions the better? The moderating effect of the interaction between local producers and users of knowledge on the relationship between R&D investment and regional innovation systems [J]. Technological Forecasting & Social Change, 2016, 110.

[100] Hirofumi Uzawa. Optimum Technical Change in An Aggregative Model of Economic Growth [J]. International Economic Review, 1965 (1): 18 -31.

[101] Howitt, P. and Aghion, P. Capital Accumulation and Innovation as Complementary Factors in Long-run Growth [J]. Journal of Economic Growth, 1998 (3): 11 -30.

[102] Hymer, S. H. The international operations of national firms: A study of direct for investment [M]. Cambridge, MA: MIT Press, 1960.

[103] Kaihua Chen, Jiancheng Guan. Measuring the Efficiency of China's Regional Innovation Systems: Application of Network Data Envelopment Analysis (DEA) [J]. Regional Studies, 2012, 46 (3).

[104] Koizumi, Tetsunori and Kenneth J. Kopecky. Economic Growth, Capital Movement and the International Transfer of Technical Knowledge [J]. Journal of International Economics, 1977, 7 (1): 45 -65.

[105] Kokko, A. Foreign direct investment, Host Country Characteristics and Spillovers [J]. The Economic Research institute, Stockholm, 1992.

[106] Krugman. P, R. A Model of Innovation, Technology Transfer, and The Word Distribution of Income [J]. Journal of Political Economy, 1979 (87): 253 - 266.

[107] Kumbhakar, Lovell. Stochastic Frontier Analysis [M]. Cambridge University Press, 2003.

[108] Kumbhakar, S. C. and C. A. K. Lovell. Stochastic Frontier Analysis [M]. Cambridge: Cambridge university Press, 2000.

[109] Lall S. Technological capabilities and industrialization [J]. World Development, 1992, 20 (2).

[110] Lall, S. Vertical Inter-Firm Linkages in LDCs: An Empirical Study [J]. Oxford Bulletin of Economic Statistics, 1980 (42): 203 - 206.

[111] Luca Berchicci. Towards an open R&D system: Internal R&D investment, external knowledge acquisition and innovative performance [J]. Research Policy, 2013, 42 (1).

[112] Lucas, Robert E. On the Mechanics of Economic Development [J]. Journal of Monetary Economics, 1988 (22): 3 - 42.

[113] Mansfield E. Industrial Research and Technological Innovation: An Econometric Analysis [J]. The Economic Journal, 1968.

[114] Mansfield E, Romeo A. Technology Transfer to Overseas Subsidiaries by U. S. -Firms [J]. Quarterly Journal of Economics, 1980 (4): 737 - 750.

[115] Maurice Kugler. Spillovers from foreign direct investment: Within or between industries? [J]. Journal of Development Economics, 2005, 80 (2).

[116] Meeusen W. and van den Broeck J. Efficiency Estimation from Cobb-Douglas Production Functions with Composed Error [J]. International Economic Review, 1977 (18): 435.

[117] Metcoalf J. C. Technological Innovation and the Competitive Process [J]. Technological Innovation and Economic Policy, 1984.

[118] Mohnen P. International R&D Spillovers and Economic Growth, Information Technology Productivity and Economic Growth: International Evidence and

implication for economic development [M]. Oxford University Press, 2001.

[119] Mukesh Eswaran, Nancy Gallini. Patent Policy and the Direction of Technological Change [J]. The RAND Journal of Economics, 1996, 27 (4).

[120] Nelson, R. National Innovation Systems: A Comparative Analysis [M]. Oxford University Press, 1993.

[121] Nelson R R. National systems of innovation: A comparative analysis [M]. Oxford: Oxford University, 1993.

[122] Paul M. Romer. Growth Based on Increasing Returns Due to Specialization [J]. The American Economic Review, 1987, 77 (2).

[123] Ping Lin, Kamal Saggi. Product differentiation, process R&D, and the nature of market competition [J]. European Economic Review, 2002, 46 (1).

[124] Porter M, Stem S. The new challenge to America's prosperity findings from the innovation index [R]. Washington DG Council on Competitiveness, 1999.

[125] Rick Brown. Managing the "S" curves of innovation [J]. Rick Brown, 2010, 7 (2).

[126] Rivera-Batiz F, Rivera-Batiz L. The effects of direct foreign direct investment in the presence of increasing returns due to specialization [J]. Journal of Economic Development, 1990, 34 (2): 287 -307.

[127] Rivera-Batiz, L. A. and Romer, P. M. Economic Integration and Endogenous Growth [J]. Quarterly Journal of Economics, 1990 (106): 531 -555.

[128] Robert J. Barro. Government Spending in a Simple Model of Endogeneous Growth [J]. Robert J. Barro, 1990, 98 (5).

[129] Romer, Paul M. Increasing Returns and Long-Run Growth [J]. Journal of Political Economy, 1986 (10): 1002 -1037.

[130] Romer, P. M. Endogenous Technological Change [J]. Journal of Political Economy, 1990, 98 (5): 71 -102.

[131] Ronald Findlay. Relative Backwardness, Direct Foreign Investment, and the Transfer of Technology: A Simple Dynamic Model [J]. The Quarterly Journal of Economics, 1978, 92 (1).

[132] Schumpeter J. The Theory of Economic Development [M]. Cambridge: Harvard University Press, 1912.

[133] Stephanie Rosenkranz. Simultaneous choice of process and product innovation when consumers have a preference for product variety [J]. Journal of Economic Behavior and Organization, 2003, 50 (2).

[134] Stoneman P. Intra-Firm Innovation Diffusion, Bayesian learning and profitability [J]. Economic Journal, 1981, 91: 375 -388.

[135] Taylor M, Plummer P. Promoting local economic growth: the role of entrepreneurship and human capital [J]. Education and Training, 2003, 45 (8/9): 558 -564.

[136] Trott P. Innovation management and new product development [M]. Boston: HT Prentice Hall, 1998.

[137] Utterback James M, Abernathy William J. A dynamic model of process and product innovation [J]. Utterback James M; Abernathy William J, 1975, 3 (6).

[138] Uwe Walz. Innovation, Foreign Direct Investment and Growth [J]. Economica, 1997, 64 (253).

[139] Wang Jian-Ye. and M. Blomstrom. Foreign Investment and Technology Transfer: A Simple Model [J]. European Economic Review, 1992, 36 (1): 137 -155.

[140] Wilfred J. Ethier, James R. Markusen. Multinational firms, technology diffusion and trade [J]. Journal of International Economics, 1996, 41 (1).